MARY O'HARA
EIN SOMMMER MIT UNSEREN PFERDEN

MARY O'HARA

Ein Sommer mit unseren Pferden

ROMAN

VERLEGT BEI
KAISER

Titel der Originalausgabe: »WYOMING SUMMER«
im Verlag Doubleday & Co., Inc., New York
Übertragung aus dem Amerikanischen: Leopold Voelker

Berechtigte Ausgabe für den Neuen Kaiser Verlag,
Hans Kaiser, Klagenfurt
mit Genehmigung des Verlages Ullstein GmbH.,
Frankfurt/Main–Berlin

Schutzumschlag: Volkmar Reiter
unter Verwendung eines Fotos von Reinhard/Mauritius
Druck: Wulfenia, Feldkirchen, Kärnten

1

Gänselandgestüt, Wyoming

Ich bin zur Weide hinausgegangen, um mir den Stier anzuschauen.
Da steht er. Die lange Kette, die an seinem Nasenring hängt, liegt mehrere Fuß schlaff auf der Erde. Er frißt nicht, steht unbeweglich. Die Kette ist das einzige, das ihn hier festhält. Das üppige Gras, der kühle plätschernde Bach, die schattigen Bäume, seine schönen Guernsey-Frauen . . . sie interessieren ihn nicht.
Er würde lieber gegen den Zaun anrennen, bis er ihn mit zerschundener Haut durchbricht, dann fünf Meilen weit in der Hitze zum nächsten Wasserloch laufen, jede Ranch und jeden Pferch der Gegend umschleichen, um mit Schlägen und Flüchen vertrieben zu werden . . .

Alle Rancher in unserer Umgebung züchten Hereford-Rinder, die mit dem weißen Stirnfleck, eine ausgesprochene Fleischrasse, so Burt Langley jenseits des Sattelrückens im Süden, Haygood im Osten und Pomroy im Westen. Nichts kann einen Fleischviehhalter wütender machen als ein Milchstier in seinem Pferch. Stromer ist ein Milchstier.
Langley hat Drohungen ausgestoßen, die uns über den Nachbarschaftsklatsch erreichten: „Falls ich Bergwins

weißen Stier noch einmal auf meinem Grund und Boden antreffe, ist er kein Stier mehr, wenn er wieder nach Hause kommt."

Es ist dies ein typischer Rancherwitz, und wir nehmen ihn nicht ernst.

Immerhin . . . wir haben Stromer an die Kette gelegt. Während ich mich jetzt von ihm entferne, wendet er den Kopf, um mir nachzuschauen, und gibt ein tiefes Stöhnen von sich.

Ich bin soeben von New York zurückgekommen und fühle mich noch nicht zu Hause.

Wenn ich jeden Frühling nach New York gehe, um Jungens für unser Sommerlager zusammenzubringen, ziehe ich von einer Wohnung meiner Familie — Reese, Elma und Bess — oder meiner Freunde in die andere. Ich fühle mich wie ein Flugkraut, das über die westlichen Ebenen treibt und nur zur Ruhe kommt, wenn es sich an etwas anlehnen kann, das eine Wurzel hat.

Es ist qualvoll, und ich kann es nicht erwarten, nach Hause zu kommen, doch nun, da ich hier bin, fühle ich mich wie fremd, selbst innerhalb des Hauses, das ich so sehr liebe; Michael und ich haben es zusammen gebaut, richtiger, ich habe es entworfen, und er hat es gebaut, und es ist wundervoll; es hat dicke Steinmauern aus dem rosafarbenen Granit unserer Hügel, Kamine in jedem Zimmer, Zementfußböden, dunkel und glänzend wie altes Eichenholz, alles in ihm ist einfach und bequem, oft ungewöhnlich, doch immer persönlich. Aber jetzt stehe ich hier, als ob ich auf etwas warte, schaue wie benommen um mich, habe noch nicht richtig ausgepackt . . .

„Wie sind die Kälber?" habe ich Michael gefragt. Es sind nämlich die ersten von dem Stier, den ich im vori-

gen Jahr aus der berühmten Golden-Guernsey-Zucht in Colorado gekauft habe.
„Oh, sehr typisch", sagte er. „Die besten, die wir bis jetzt hatten. Du mußt zur Scheune gehen und sie dir anschauen."
„Ja", erwiderte ich, doch ich war nicht in Stimmung dazu. Ich hätte mich lieber an den Flügel gesetzt. Ich habe ihn kaum berührt, seit ich zurück bin. Ich hatte nicht den Mut. Wenn ich anfange, ist es schwer, aufzuhören und meinen Alltagspflichten nachzugehen.
Auf der harten, ungepolsterten Klavierbank vor dem Flügel, den Rücken der blauen Holländischen Türe, die auf die Terrasse und den Rasen hinausgeht, zugewandt . . . das ist mein Platz.
Der große, wuchtige Lehnsessel neben dem Radio mit geschweiften Mahagonibeinen und weicher, blaugrauer Polsterung . . . das ist Michaels Platz. Als ich den Sessel gekauft hatte und er es sich in ihm zum ersten Mal bequem machte, sagte er: „Der gefällt mir. Ich komme mir so wichtig vor in ihm." Und er tätschelte liebevoll anerkennend die gepolsterten Seitenlehnen.
Es ist ein einsamer Sessel, abseits der Geselligkeit des Kaminfeuers. Neben ihm steht ein kleiner Rauchständer. Die Lehne hat die richtige Höhe, seinem Ellenbogen als Stütze zu dienen und ihm zu erlauben, nach der Pfeife in seinem Mund zu greifen, ohne den Arm zu heben. Ohne den Kopf zu wenden, kann er zur Türe hinausschauen, deren obere Hälfte immer offen steht, mit jenem starren Blick, der verkündet: „Ich bin nicht hier . . . meine Gedanken sind auf Wanderschaft." Wenn er noch mehr Einsamkeit und Freiheit wünscht, steht dicht neben ihm das Radio, er braucht nur an einem Knopf zu drehen.

Immer wenn er todmüde ist, sucht er Zuflucht in diesem Sessel.

Ich möchte mich jetzt gerne mit ihm zusammensetzen und richtig mit ihm reden, ihm alles erzählen, was in New York geschehen ist. Ja, ich platze einfach vor Neuigkeiten. Doch er steckt mitten in einem wirklich aufregenden Unternehmen, im Bohren eines Brunnens, damit wir mehr Wasser haben für das Lager, und er kann an nichts anderes mehr denken.

Im letzten Jahr, als der Sommer nahte, hatte er Angst, daß unsere Quelle versiegte. Dieses Jahr will er sich nicht überraschen lassen, wie trocken das Wetter auch wird.

So sind jetzt die Bohrleute hier, drei fremde Männer, im Gesindebau neben Riley, unserem ständigen Arbeiter, und dem alten George. George kocht für sie.

Ich habe Michael die Liste der neuen Jungen gezeigt, die kommen sollen; ich zog sie aus der Tasche, als er mich zur Schlucht hinaufführte, wo sie bohren, las ihm die Namen vor, nannte ihm das Alter jedes einzelnen, sagte ihm, aus welcher Familie und von welcher Schule sie kommen. Doch er war anderswo mit seinen Gedanken und hörte kaum zu. Diese Sache überläßt er ganz mir.

Die Jungen kommen aus dem Osten, wie ich auch.

Alle Winter meiner Kindheit verbrachte ich in Brooklyn Heights, wo mein Vater, Reese Fell Alsop, Rektor einer Episkopalkirche war, und alle Sommer in Deercreek, dem Landgut meiner Großmutter, Mary O'Hara Spring, in Pennsylvania.

Die Werbung, das Aufspüren und die Aufnahme dieser Jungen bei Besuchen in Vorbereitungsschulen des Ostens

und Begegnungen mit Eltern, die Verschickung von Briefen und Bildern . . . all das ist meine Arbeit.
Doch ich habe noch andere Neuigkeiten, Neuigkeiten, die so aufregend sind, daß ich jeden Morgen aufwache und mich frage: „Oh, was war es? Was war es denn noch? Irgend etwas . . . etwas entsetzlich Aufregendes, Wundervolles ist geschehen!"
Und dann fällt es mir ein, und ich spüre, daß ich lächle; und wenn jemand da wäre, würde ich es ihm verheimlichen, denn ich weiß, daß meine Freude und mein Stolz kindisch sind.
Erstens, ich habe meine neue Komposition, die ich *Freude am Morgen* nenne, fertig; es ist ein Tongedicht, anspruchsvoll genug, in einem öffentlichen Konzert gespielt zu werden, und es ist mir wirklich gelungen. Und zweitens, ich habe vier Etüden für Kinder verkauft: *Indianerkind, Wenn der Wind weht, Mädchentanz* und *Schuhplattler*. Schirmer will sie veröffentlichen.
Es Michael zu erzählen, wird klingen, als ob ich zu ihm sagte: „Siehst du?" Denn Michael hält nicht viel von meiner Musik. Wie oft hat er gejammert: „Die Stunden und Stunden, die du am Flügel verbringst . . . oder beim Notenschreiben an deinem Schreibtisch! Wochen! Monate! Jahre! Und für was? Für was? Für nichts und wieder nichts!" Und er schaut bekümmert drein, mitleidig, als wolle ihm das Herz brechen um meinetwillen. Und verzweifelt ruft er aus: „So eine Zeitverschwendung!"
Und jetzt kann ich ihm das sagen. Ich werde es ihm heute abend nach dem Dinner sagen . . .

Wir haben zu Abend gegessen. Michael sitzt in seinem Eremitensessel und lauscht einem Hörspiel im Radio. Er zieht in regelmäßigen Abständen gemächlich an seiner Pfeife, und seine Augen werden immer schmäler. Ich sehe, daß seine Gedanken weit fort sind, und ich wage nicht, ihn in die Wirklichkeit zurückzurufen.

Hilda, die Köchin, die ich letzten Sommer hatte, ist nicht wiedergekommen. Sie war eine tüchtige Schwedin aus San Francisco, die ihre Sommerferien gerne hier oben bei uns verbrachte. Ich muß sehen, daß ich jemand anders bekomme. Inzwischen muß ich wohl oder übel selbst kochen ...

O diese ewige Hausarbeit! Ich habe zu Michael gesagt, ich könnte sie vielleicht besser erledigen als er, doch für ihn ist ein guter Soldat immer eine gute Hausfrau.

Und er antwortete nur: „O nein! Ich mache es, weil ich es besser kann."

Alles, was er tut, tut er mit Krach. Während ich mir Zeit nehme, die Dinge mit Muße zu tun, natürlich nicht, ohne das Verbrechen zu begehen, an andere Dinge zu denken, während ich arbeite, sogar an meine Musik, stürmt er plötzlich herein, entfesselt einen gewaltigen Lärm, rennt wild hin und her, stößt aufmunternde und übermütige Rufe aus, und die Arbeit ist getan ... Was für ein toller Bursche ich bin! Die Küche ist aufgeräumt in der Manier eines Offiziers, der ein Regiment zum Sturmangriff führt.

So eilte ich heute morgen, bevor er aufwachte, in das Wohnzimmer und warf alle kleinen Teppiche hinaus auf die Terrasse, damit George sie ausschüttelte. Ich fegte und wischte den Fußboden. Als Michael zum Frühstück herunterkam, glänzte das Wohnzimmer vor Sauberkeit, und ich stand am Küchenherd, um die Eier zu braten. Da kam seine Hand über meine Schulter, tat mehr Butter in die Pfanne ...

Immer dieses Unmaß. Ich bitte um einen Schubkarren Dung für mein Blumenbeet. Ankommt ein Pferdegespann mit einer Wagenladung. Ich wünsche mir ein kleines Feuer im Kamin, und ein Armvoll Scheite poltert auf den Rost . . .

Sanft schob er mich beiseite und nahm mir die Pfanne aus der Hand . . .

2

Als ich vor zehn Jahren meinem Bruder Reese schrieb, daß ich eine Ranch in Wyoming gekauft hätte und wir auf ihr Schafe züchten wollten, rief er aus: „Ein abenteuerlicher Einfall!"

Jedermann sagte das gleiche. „Die Welt" zu verlassen, das Leben, in das man geboren und an das man gewöhnt war, und in die Wildnis ... „nach Westen" ... zu gehen, alle hielten es für ein verrücktes Abenteuer.

In meinem Herzen wußte auch ich, daß es nur ein Abenteuer war, nichts Endgültiges. Die Idee kam vielleicht mehr von Michael als von mir. Er war nie wirklich über die Kriegsjahre hinweggekommen ... welcher Mann könnte das? Doch auch ich war fertig, bereit zu jeder Abwechslung. Ich mußte mich von Hollywood und zehn Jahren Drehbuchschreiben erholen.

So kamen wir in diese großen Grasebenen, und ich sah das hohe Tafelland, höher in der Mitte, niedriger am Horizont, so daß ich zum ersten Mal nicht nur wußte, sondern fühlte, daß die Erde rund ist. Und ich schaute um mich und starrte in die Ferne, und meine Augen wurden nicht satt, Hunderte von Meilen rollender, mit smaragdgrünem Teppich belegter Hügel in einem Blick zu erfassen. Das weite Land war gewellt von schattigen Linien wie schillernde Seide und überwölbt von einer mit tiefem Lapislazuliblau umrandeten, umgestülpten

Schale. In dieser Kuppel hingen schimmernd-weiße, unentwirrbar aufeinandergetürmte Wolken. Ihre Schatten auf der Prärie waren riesig und seltsam dunkel ... blauschwarz, purpurn, indigoblau. Auf den ersten Blick schien sich nichts zu bewegen. Doch dann bemerkte man die fast unwahrnehmbare Drift; Wolken und Schatten zogen, ständig ihre geheimnisvollen Formen verändernd, wie magisch angezogen nach Osten. Es war eine saubere und leere Welt mit einem langsamen Herzschlag.

Wenn man Glück hat mit Schafen, kann man ein Vermögen machen. Doch keiner hatte Glück in jenen Jahren. Schafzüchter verloren Vermögen. Die Preise fielen. Um die Kosten für Melassekuchen und Heu und den Lohn für die Hirten zu sparen, verkauften wir zweitausend Schafe zu einem Kopfpreis, niedriger als der für ein einziges Lammkotelett. Die Preise fielen weiter. Dann schickten wir den Rest der Herde hinaus auf die Prärie, damit sie für sich selbst sorgte, und das Herz brach uns fast bei dem Anblick der kleinen Schar, die sich vor dem Pferchtor drängte und bettelte, wieder aufgenommen zu werden, oder verstört und verlassen mit zerschundenen oder von den Coyoten zerfetzten Fellen umherirrte. Sie wurde immer kleiner und schmolz schließlich ganz hinweg.

Dann dachten wir an Pferde.

Eigentlich war die Ranch bereits reichlich versehen mit Pferden, denn wenn man im Westen eine Ranch kauft, sind bestimmte Brandzeichen in den Handel eingeschlossen. Wir hatten die Buchstaben IZ und das jüdische A. Dies bedeutet, daß von den Hunderten von wilden Pferden, die auf den Prärien Wyomings in Freiheit leben, alle, die jene Brandzeichen tragen, uns gehören, auch die Fohlen, die sie begleiten, manchmal ein Füllen, aber auch Einjährige und Zweijährige und sogar Dreijährige und Vierjährige. So wußten wir nicht, wieviel Pferde wir hatten. Einhundert? Oder zweihundert? Oder dreihundert? Das Romantische an diesen wilden Pferden des Westens ist, daß sie königliches Blut in den Adern haben. Abstammend von dem ursprünglich von den Spaniern nach Mexiko gebrachten Araber oder Berber, sind sie in die spärlich besiedelten Staaten unseres Südwestens herübergekommen und weiter nordwärts gezogen in die Hochebenen, wo im Sommer die besten Röhrengräser zu finden sind.

Der Stamm ist etwas degeneriert in Generationen der Inzucht und infolge mangelnden Schutzes vor den Unbilden der Witterung, doch die Sprache des Blutes ist noch nicht verstummt. Sie haben immer noch den kurzen Rücken, den stolz hochgetragenen Kopf, die Schnelligkeit und Wendigkeit, die Fähigkeit, alles zu ertragen und von nichts zu leben, und darüber hinaus die Intelligenz, die aus einem Hütepferd einen Partner und Gefährten macht, willig und eifrig, Arbeit und Leben seines Herrn zu teilen, wie es das urrassige Araberpferd tat, das seinem Herrn ins Zelt folgte und sich neben ihm zum Schlafen niederlegte.

Michael und ich standen auf dem höchsten Kamm hinter dem Bergsattel, überblickten das Labyrinth gegen Süden zu den Buckhorn-Bergen von Colorado ansteigender Hügel und die Hunderte von Meilen in Wellen nach Westen abfallender Grasebenen, suchten die Weite ab nach Lebenszeichen. Manchmal schwang sich eine Kette von Kammläufern in den Himmel. Oder wir entdeckten plötzlich eine Gruppe regloser schwarzer Punkte am Fuße eines zwanzig Meilen entfernten Hügels.

Grasende Pferde! Und wir erschauerten bei dem Gedanken an die Möglichkeit, daß sich unter den Fohlen ein Treffer befindet, ein Juwel unter Steinen, ein arabischer Prinz unter gemeinen Pferden, daß er wahrscheinlich uns gehörte, und daß wir ihn eines Tages vielleicht beim Zusammentreiben in den Pferch bekommen und zähmen werden!
Mancher Cowboy reitet ein Pferd, ebenbürtig den berühmten Abkömmlingen arabischen Geblüts.

Für Michael, der während des Krieges dem Remontedienst angehörte, war die Idee, diese Pferde zu züchten, unwiderstehlich.
In allen Staatsgütern haben sie reinrassige Hengste zur Verfügung. Man braucht sich von ihnen nur einen auszuwählen, die Stute zur rechten Zeit in den Waggon zu verladen, was bei einer wilden Stute eine Sache für sich ist, und sie zur Deckung in das Gestüt zu bringen.

Doch das Remontegestüt, das unserer Ranch am nächsten lag, war in Nebraska. So mußten wir unseren eigenen Zuchthengst haben. Wir kauften Blazes und im Laufe der Jahre einen Harem von zwanzig halbgezähmten Stuten.
Man kann ein Schaf aufziehen und das Lamm verkaufen, alles innerhalb eines Jahres. Doch ein Pferd trägt keinen Reiter, bevor es drei Jahre alt ist. Außerdem muß es trainiert werden für die Arbeit, die es tun soll, bei der Armee oder bei der Polizei, als Polopferd, Rennpferd, Jagdpferd oder Zugpferd, sonst bringt es keinen anständigen Preis. Doch zu alledem braucht es drei, vier oder fünf Jahre ... keine sehr ermutigende Geschäftsaussicht. Doch wir waren voller Zuversicht.

Ich hatte bemerkt, daß die Rancher in dieser Gegend, gleichgültig, was sie sonst züchteten, eine Reihe von

Milchkühen hielten, um, wie sie halbverschämt erklärten, durch diese kleine Nebenbeschäftigung die allgemeinen Unkosten zu decken. Dies erschien mir als eine wunderbare Versicherung. Während Michael sich mit den Pferden abgab, konnte ich die Milchwirtschaft besorgen.

So kaufte ich dreißig Milchkühe und lieferte ein ganzes Jahr lang nach Cheyenne in die Molkerei die sauberste Milch der ganzen Umgebung.

Um die Kühe zu füttern und diese Supermilch zu produzieren, scheute Michael keine Mühe. Er fuhr nach Colorado um Zuckerrüben, nach Nebraska um Korn, zum Futterhändler um Gerste, Kleie und Hafer. Alle diese riesigen Entfernungen legte er in einem Lastwagen aus zweiter Hand, der in jeder Kurve in Stücke zu fallen drohte, zurück.

An manchem Winterabend stand ich am Fenster, folgte mit angestrengtem Blick dem Ranchweg nach Norden, der verschwindet, wenn er dem Hügel in einem Bogen ausweicht, und dann wieder auftaucht, zwei Meilen weiter die Eisenbahnstrecke überquert und in die Lincoln-Überlandstraße einmündet. Neun Uhr ... zehn Uhr ... elf Uhr ... Mitternacht. Ah ... da! Zwei große Scheinwerfer leuchten auf ... verschwinden wieder. Übrig bleiben nur die schwarze Nacht und der Wind. Und dann sind die Lichter wieder da, und jetzt ist auch das Geklapper des Lastwagens zu hören, der noch zusammenhält ... aber wie lange noch?

Nach diesen entsetzlichen Fahrten war Michaels Gesicht grau, in seinem Blick mischten sich Empörung und Verwunderung.

„Oh ... dieser Lastwagen ...!" Er suchte das richtige Wort. „Er ist eine Katastrophe."

Ich war nicht ohne romantische Vorstellungen über meine Molkerei gewesen. Ich wollte sie „Molkerei Mary" nennen. Auf die Seitenwand des fast eleganten Lieferwagens wollte ich eine schöne Guernsey-Kuh malen lassen. Unter dem Bild würde der Slogan stehen „Mary's goldgelbe Sahne".

Aber in Wirklichkeit brachte ich die Milch selbst zur Molkerei.

Die Zehn-Gallonen-Kannen wurden in dem Anhänger verstaut, dieser an meinen Wagen angehängt, und ich fuhr die dreißig und einige Meilen auf der Lincoln-Überlandstraße in die Stadt.

Diese wundervolle Straße verläuft quer durch Wyoming dicht neben der Strecke der Union-Pacific-Railroad und liegt etwas höher als die Ränder der neben ihr steil abfallenden Schluchten, so daß die Fahrbahn im Winter durch den Wind von Schnee leidlich freigehalten wird.

Die Eisenbahnstrecke bildet die Nordgrenze unserer Dreitausend-Morgen-Ranch.

Ich lieferte die Milch bei jedem Wetter. Das bedeutet bei einer Meereshöhe von achttausend Fuß Schneestürme, Temperaturen unter Null und Winde von rasender Geschwindigkeit.

Oft hatte ich das Gefühl, mein Wagen samt Anhänger und Milch wird im nächsten Augenblick in den Graben geweht.

An einem Winternachmittag, als ich alle meine Gänge in Cheyenne erledigt hatte und im Begriff war, die Heimfahrt anzutreten, bemerkte ich, daß es viel dunkler war, als es um vier Uhr sein sollte.

Gewöhnlich hatte man, wenn man gegen Tagesende in westlicher Richtung die Lincoln-Überlandstraße hinauffuhr, die orangefarbene Glut des Abendrots oder eine gleißend untergehende Sonne vor sich. Doch heute sah ich überall nur bleiernen Himmel. Dies bedeutet Schnee; doch man weiß nie, wann der Schnee kommt.

Um sicher zu gehen, sagte ich dem Mann in der Garage, er solle meinem Wagen Schneeketten anlegen.

Der Anhänger war ziemlich schwer beladen. Michael hatte um Zement, Kalk und Nägel gebeten, und zwischen den leeren Milchkannen hatte ich einige Säcke Futter und die üblichen Einkäufe verstaut.

Der Mann nahm die Ketten aus meinem Wagen. Eine Menge Glieder war zerbrochen.

„Wenn Sie es nicht eilig haben, kann ich Ihnen die Glieder zusammenschweißen. Es wird nicht lange dauern."

Während er arbeitete, vertrat ich mir die Beine, schaute nach Osten. Ja, Schnee. Aber wann? Und aus welcher Richtung? Es ging kein Wind. Wenn der Sturm aus dem Osten kam, würde er mir helfen. Ich hätte den Wind im Rücken.

Unsere Ranch hat kein Telefon. Als ich solche Möglichkeiten mit Michael besprach, hatten wir entschieden, daß wir bei plötzlich eintretendem Schlechtwetter in Cheyenne bleiben würden und der auf der Ranch Wartende sich keine Sorgen machen sollte.

Doch ich wußte, er würde sich Sorgen machen. Außerdem zweifelte ich nicht daran, daß ich selbst bei Schnee nach Hause kommen würde; es war die Dunkelheit, vor der ich Angst hatte. Also tat höchste Eile not.

Doch es dauerte eine ganze Weile, Benzin zu tanken, Öl und Wasser nachzufüllen, die Ketten zu reparieren und sie aufzulegen. Natürlich mußte der Anhänger ausgekuppelt, zurückgestoßen, wieder vorgefahren und

von neuem eingehängt werden, wobei zwei Mann nötig waren, die Deichsel zu heben.
Schließlich bezahlte ich den Mann, stieg ein und fuhr in einer scharfen Kurve auf die Überlandstraße. Der schwere Anhänger schwang sich in mein Kielwasser. Er hat dicke Reifen und rollt weich.
Ich hatte kaum den letzten Gang eingeschaltet und wollte eben Gas geben, als ich sah, daß Schneeflocken fielen. Sie waren groß und weit entfernt. Sie zögerten und versiegten. Dann fielen von neuem welche.
Als ich aus Cheyenne herauskam, wo die Straße viele Meilen auf einer Art Rampe verläuft, fühlte ich, daß der Wagen sich quälte. Das bedeutete Wind, und zwar nicht hinter mir, sondern gegen mich. Ich stellte den Motor ab und lauschte dem tiefen, steten Jaulen. Ich stieg aus und schaute um mich. Kein Wagen zu sehen, weder vor mir noch hinter mir.
Es waren ungefähr dreißig Meilen bis zur Ranch, doch die Steigung betrug hundert Fuß. Sie war so allmählich, daß man sie kaum bemerkte, doch sie war da, und ich hatte eine schwere Ladung.
Und dies ist die Möglichkeit, dachte ich, über die Michael und ich gesprochen hatten. Jetzt ist es klug, zurückzufahren. Und eine Vorahnung überkam mich. Ich begann, die Stellung des Wagens und des Anhängers und die Breite der Fahrbahn zu berechnen; drei Wagen konnten dicht nebeneinander stehen. Ich sah, daß die Hänge zu beiden Seiten steil waren und die Gräben tief, etwa fünfzehn Fuß. Ziemlich steil und ziemlich tief. Doch mit einigem Vor- und Zurückstoßen, und bei genauer Berechnung der entgegengesetzten Bewegung meines Anhängers, war es möglich zu wenden; aber ich sah auch die Gefahr, Wagen und Anhänger in eine Stellung

zu bringen, aus der ich sie nicht wieder herausmanövrieren konnte. Auch wäre ich, wenn ich den Anhänger auskuppelte und mit dem Wagen allein wendete, niemals fähig, die Deichsel zu heben und den Anhänger wieder festzumachen.

Jetzt begriff ich, daß ich von allen Seiten her in der Klemme saß, und mein Herz begann zu hämmern.

Doch der Mensch hat eben einen Drang nach vorwärts. Es ist schwer, selbst im Geist kehrt zu machen und zurückzugehen, nicht zu reden, mit Wagen und Anhänger. So stieg ich wieder ein zu einer langen, harten Fahrt.

Der Schnee fiel jetzt stetig in einem durchsichtigen Vorhang. Der Wind blies ihn schräg von der Fahrbahn.

Ich trat das Gaspedal ständig durch, der Wagen tat sein Bestes. Meile um Meile erkletterten wir den großen Hügel. Es wurde immer dunkler, das Heulen des Windes wurde lauter, der Schnee dichter, die Steigung steiler.

Ich hatte keine Angst, bemühte mich nur mit aller Macht, Fassung zu bewahren. Es war nicht leicht, denn die Fahrt erschien mir immer länger, der Weg immer weiter, und die Wegmarkierungen blieben immer länger aus.

Auf halbem Wege umhüllte der Schnee meinen Wagen wie ein Leintuch. Es war schwierig, etwas zu sehen.

An manchen Stellen wurde die Steigung schärfer, und ich mußte in den zweiten Gang gehen, dann in den ersten. Und dann stieg mir das Herz in die Kehle, als, im niedrigsten Gang, der Motor langsamer und langsamer lief, doch plötzlich nahm die Steigung etwas ab, und wir hatten den toten Punkt überwunden. Mein Herz sank wieder hinunter, wo es hingehörte, und ich starrte und starrte durch die Scheiben und den Schneevorhang, versuchte festzustellen, wo wir waren. Ich hatte das Gefühl, als ob wir nahe bei der Ranch wären. Vielleicht hatten wir auch den Weg verfehlt.

Schließlich erkannte ich, daß ich die Orientierung verloren hatte. Wir konnten nahe daran sein, vielleicht auch schon vorbeigefahren, doch ich sagte zu mir: „Nein, das ist nicht möglich, da ist ja noch das letzte steile Stück mit der Kurve", und dann merkte ich, daß ich bereits auf dieser Steigung war. Wieder ging ich in den zweiten Gang hinunter. Der Motor wurde noch langsamer. Ich begann im Zickzack zu fahren, tat alles, um den Motor in Schwung und den Wagen in Bewegung zu halten.

Während ich dies tat und bei jeder Schleife nur wenige Meter vorwärtskam, glaubte ich zu erkennen, daß die Chancen jetzt gegen mich standen. Dies gab meinem ganzen Denken eine neue Richtung. Alle Furcht fiel von mir ab.

Doch auch diese Steigung ging zu Ende. Ich war über den Berg, fuhr wieder geradeaus, den Kopf weit zum Fenster hinausgestreckt, nach etwas Bekanntem am Rand der Fahrbahn ausspähend, das mir sagen konnte, wann ich abbiegen mußte.

Da . . . die Abzweigung!

Und ein tröstliches Gefühl stieg in mir auf. Ich war auf dem Heimweg . . . nicht verloren. Nicht mehr als zwei Meilen noch zu fahren, und das mußte leicht sein. Doch jetzt lag der Schnee ziemlich hoch.

Ich hatte mehrere harte Kämpfe zu bestehen, doch ich kam jedes Mal durch, und dann fuhr ich in eine Schneewehe und kam nicht durch. Ich gab Vollgas. Die Reifen schleiften, fraßen sich fest. Der Motor erstarb. Ich startete von neuem, versuchte wieder. Der Wagen saß im Schnee fest und bewegte sich nicht mehr. Jetzt blieb mir nur noch eins, ich mußte die Schaufel aus dem Kofferraum holen und den Schnee wegräumen, und dann hätte ich freie Fahrt und würde bald am flackernden Kaminfeuer sitzen und Michael mein Abenteuer berichten . . .

Ich stieg aus dem Wagen, und der Wind warf mich um.

Erstaunt raffte ich mich auf, doch im Augenblick, da ich aus dem Windschutz des Wagens trat, konnte ich mich nicht auf den Beinen halten. Der Wind war eisig. Das Heulen klang wie eine Sirene.

Mich an den Wagen klammernd, untersuchte ich die Schneewehe. Es war nicht eine kleine Verwehung, durch die ich mich hindurchgraben konnte, sondern eine meterhohe Decke, die alles ausgelöscht hatte, Fahrbahn, Felsen, Zäune, jedes Kennzeichen. Eine endlose wellige Ebene lag vor mir, doch jetzt weiß, nicht mehr grün.

Die Seite meines Gesichts, die dem Wind zugewandt war, hatte sich mit einer gefrorenen Schneeschicht bedeckt. Ich klopfte sie ab, die Stücke fielen wie Eissplitter zu Boden. Mein Körper war steif und plump von der Kälte; meinen Händen, ich wußte es, würde es nie gelingen, den Hebel des Kofferraums zu drehen oder die Schaufel zu finden. Außerdem, was hätte es für einen Zweck?

Ich stand da, schwankend, mich an der Tür des Wagens festhaltend, und dachte, daß mir vielleicht nichts anderes übrigblieb, als in den warmen Wagen zurückzuklettern und dort sitzenzubleiben bis zum Morgen. Ich gab den Gedanken jedoch sofort auf, denn ich wußte, daß ich am Morgen tot wäre. Ich hatte jeden Winter die Artikel in den Zeitungen gelesen. Ich hatte ein Foto

von einem Paar gesehen, das eng umschlungen in seinem Wagen saß, erfroren, kaum hundert Meter von seinem Heim entfernt.
Das einzige, was ich tun konnte, war, zu Fuß nach Hause zu gehen. Mit angespannten Muskeln, dieses Mal gefaßt auf den Anprall des Windes und tief gebückt, löste ich mich von dem Wagen und machte mich auf den Weg. Meine Augen waren geblendet von dem gespenstischen, flimmernden Widerschein des Schnees. Ich sah nur das verschwommene Auf und Ab von Hügeln und Tälern vor mir. Ich stolperte und versank, fiel oft und arbeitete mich wieder auf die Füße. Immer wieder mußte ich mir eine gefrorene Schneekruste vom Gesicht wischen.
Ich sah eine Reihe von Punkten im Schnee, etwa drei Meter voneinander entfernt. Als ich begriff, daß sie die Spitzen der Zaunpfosten sein mußten, fühlte ich mich besser, denn der Zaun säumte den ganzen Weg zum Ranchhaus. Er würde mich nach Hause führen.
Doch ich mußte wieder kleine Schneehügel überklettern. Bei jedem Schritt versank ich bis über die Knie. Ich gewann immer wieder Kraft und Energie aus meiner verzweifelten Entschlossenheit, und ich war unendlich überrascht, als ich erkannte, daß meine Anstrengungen vielleicht vergeblich waren.
Ich erinnerte mich an den Flieger, der mir erzählt hatte, er habe, als er Rauch aus seinem Flugzeug aufsteigen sah, ausgerufen: „Das ist das Ende!"
Ich fragte mich, welche Arbeiten ich unvollendet hinterlassen mußte und ob da jemand war, der sich ohne mich verloren fühlen würde. Ich war geistig in einer Situation, in der ich mich zuvor nie befunden hatte, und das gab mir den entscheidenden Auftrieb.
Mechanisch kämpfte mein Körper weiter, und so oft

ich auch fiel, eine, so schien mir, fremde Kraft riß mich wieder hoch.

Am Morgen hatte der Sturm sich erschöpft, und die Sonne schien gleißend.
Als Michael und ich hinausgingen zum Wagen, war sein Inneres von der Gummifußbodenmatte bis zum Dach ein fester Block gefrorenen Schnees.

Die „Molkerei Mary" existierte gerade ein Jahr. Am Ende dieser Zeit gaben wir auf. Und Michael rief aus: „Alles für nichts und wieder nichts! So eine Verschwendung!"
Ich fragte mich, was mein Experiment zum Scheitern brachte, während andere Rancher Erfolg hatten. Nachträgliche Einsicht gab mir die Antwort. Ich hatte *en detail* eingekauft und *en gros* verkauft. Wenn es umgekehrt gewesen wäre, was bei der Lage unserer Ranch unmöglich war, hätte meine Milchwirtschaft die allgemeinen Unkosten gedeckt.
So verfüttern wir jetzt die Milch an die Jungens.

3

Als wir auf die Ranch kamen, hatten wir keine Katze, und das Gelände war übervölkert von Taschenratten.
„Schaffen Sie sich eine Katze an", sagte jemand zu uns. „Geben Sie ihr nichts zu fressen. Sie wird von den Ratten leben."
Ich hatte mir nie etwas aus Katzen gemacht. Aus Hunden ja. Wir hatten eine Menge von ihnen gehabt in Deercreek. Ich war mit ihnen aufgewachsen, hatte jedoch nie etwas mit Katzen zu tun gehabt, weder auf dem Lande noch in der Stadt. Wenn welche da waren, dann in der Küche und im Keller, Untergrundkreaturen, nahe verwandt den Schatten, die man in den Hinterhöfen der Stadt um die Mülltonnen herumschleichen sah, die aber wohl nie in Haus und Familie aufgenommen wurden.
Ein Hund jedoch war seinem Herrn aus ganzer Seele ergeben. Er vollbrachte rührende Taten, rettete einen, wenn man am Ertrinken war, trug einen aus einem brennenden Haus, wenn man als hilfloses Baby in der Wiege lag, oder labte einen aus einer kleinen Schweizer Flasche mit Cognac, wenn man als verirrter Wanderer in den Alpen im Begriff war, in tödlichen Schneeschlaf zu versinken.
Doch eine Katze ... schon der Name selbst drückt etwas Unheildrohendes aus.

Als wir an einem kalten Wintertag im Getreidespeicher Korn kauften, sahen wir eine schwarze Katzenmutter mit einigen Jungen im verspielten Alter. Zwischen zwei Kornsäcken hindurch starrte uns ein winziges, wildes, schwarzes Gesicht an.

Die Taschenratten fielen mir ein, und ich fragte den Verkäufer, ob wir ein Kätzchen haben könnten. Er sagte: „Suchen Sie sich eins aus." Ich deutete auf den kleinen schwarzen Teufel. Er packte das Kätzchen und brachte dann das kleine, sich wild wehrende Ding zum Wagen.

Ich kannte den Grund für das Schreien und Zappeln des Tieres. Es verlangte nach dem Dunkel, wollte nichts sehen und sich an etwas Warmes und Lebendiges schmiegen. Ich verstehe sehr wohl Freuds Behauptung, daß es sogar für menschliche Lebewesen natürlich ist, sich nach dem Mutterleib zurückzusehnen.

Ich nahm das Kätzchen und schob es unter meine Cordjacke, die mit Schaffell gefüttert war. Sofort beruhigte es sich und rühte sich nicht mehr während der ganzen Heimfahrt.

Nachdem wir in der Ranch angekommen waren und im Wohnzimmer ein großes Feuer entfacht hatten, setzten wir es vor den Kamin mit einer Untertasse warmer Milch. Und hier wurde es aufgezogen.

Ich begann zu bemerken, daß es, während es dalag, mich mit seinem Blick verfolgte. Immer, wenn ich nach dem Feuer schaute, sah ich seine unverwandt auf mich gerichteten Augen, selbst wenn ich Klavier spielte.

Eines Tages fragte ich Michael: „Hast du bemerkt, daß Felix mich die ganze Zeit beobachtet?"

„Ja, ich habe es bemerkt", sagte er. „Er ist verrückt nach dir."

Ich war sehr stolz, denn man sagt den Katzen nach, sie seien Menschen gegenüber indifferent. Wie kam es also, daß Felix ohne besondere Ermutigung es wagte, seine Augen zu der regierenden Königin der Ranch zu erheben und sich in sie zu verlieben?
Von nun an verließ Felix mich nicht mehr. Während ich meinen täglichen Pflichten nachging, saß er immer in der traditionellen Haltung der Sphinx irgendwo in der Nähe und beobachtete mich. Die tiefe Ruhe und Zufriedenheit, die auf seinem Gesicht lagen, wenn er das meine betrachtete, vermittelte den Eindruck, als habe er den Zweck seines Daseins erreicht.
Ich wurde ausgesprochen katzenbewußt.
Felix fand irgendwo eine Frau. Die Katzen vermehrten sich, und die Kolonie der Ratten schmolz zusammen.
Felix wurde das Vorbild aller Katzenväter und ist es geblieben. Wenn Katzenmütter müde werden, ihre Jungen zu nähren, oder wenn die Zeit kommt, sie zu entwöhnen, springt Felix ein. Er legt sich auf die Seite und überläßt jedem Kätzchen ein winziges Büschel Haare, daran zu saugen. Da liegen sie dann in einer Reihe, glückselig an seinem Magen nibbelnd. Wenn wir zu ihm treten, um ihn zu betrachten, hebt er den Kopf und schaut uns stolz an, stört jedoch die Kleinen nicht.
Wenn sie das Fressen erlernen müssen, führt er sie zu den Futterschalen an der Küchentüre, frißt selbst ein wenig, tritt dann zurück und ermuntert sie, näherzukommen und zu versuchen.
Um ihnen zu zeigen, daß sie keine Angst vor den Hunden zu haben brauchen, tritt er frech vor die Hunde hin, versetzt ihnen einen Klaps auf die Nase und schaut dann die Kätzchen an, als wollte er sagen: „Seht ihr? Sie tun nichts!"

Wenn sie älter werden, erschließt er ihnen das Reich der Musik.

Wenn er den Klang des Flügels hört, sammelt er die Kätzchen und führt sie im Gänsemarsch durch das Eßzimmer in das Wohnzimmer . . .: „Und jetzt keinen Unfug, bitte! Dies ist ein Privileg. Legt euch so nahe wie möglich an der Klavierbank nieder und gebt euch dem höchsten Genuß hin, der Katzennerven zuteil werden kann."

In einem Herbst brach unter den Katzen der Ranch eine Epidemie aus. Sie verminderten sich rasch an Zahl. Felix blieb immun, doch seine Frauen verschwanden, seine Kinder und Kindeskinder. Schließlich blieb nur noch ein kränkliches Enkelkind übrig, dann starb auch dieses.

Felix litt sichtlich unter Einsamkeit. Suchend durchstreifte er alle Räume, kroch in alle Ecken, hinter Sofas, unter Betten, überzeugt, daß er irgendwo seinen letzten Nachkommen finden würde.

Manchmal stieß er einen einzigen scharfen Schrei aus.

Michael und ich kamen überein, daß wir eine zweite Katze besorgen müßten.

Eines späten Nachmittags, als ich meine Besorgungen in der Stadt erledigt hatte, suchte ich den Veterinär auf, um mit ihm eine Verabredung für das Impfen der Kühe zu treffen.

Während ich mit ihm sprach, bemerkte ich auf der Rükkenlehne eines Sessels ein Kätzchen. Es kletterte zwischen den Stangen auf und ab, warf Blicke in meine Richtung, als berechne es die Distanz für einen Sprung. Es war eine dreifarbige Katze mit langem, seidigem Haar, einem sehr kurzen Körper, so daß sie aussah wie ein runder Ball, mit einem Schwanz, der kriegerisch

hochstand, und einem besonders hübschen Gesicht mit gelben Schlitzaugen.
Als ich aufbrach, sagte ich: „Haben Sie nicht eine Katze übrig für mich?"
„Meinen Sie denn die da?" Sein nach hinten gebogener Daumen deutete auf den Flauschball in dem Sessel.
„Ja."
Er nahm das Tierchen und reichte es mir. „Ich wollte gerade zum Metzger gehen, um Schabefleisch für sie zu kaufen." Warnend fügte er hinzu: „Es ist eine Kätzin."
„Die wollte ich."
Ich trug sie hinaus in den Wagen, machte ihr ein behagliches kleines Nest aus der Decke auf dem Rücksitz, setzte sie hinein, nahm Platz hinter dem Steuer und sagte: „Auf nach Westen, Missy!"
Mit einem Satz landete sie auf meinen Schultern, sprang in meinen Schoß, kletterte hinauf zu meinem Hals und hing unter meinem Kinn.
Ich fragte mich, seit wann sie wohl entwöhnt war, denn ihre kleinen Pfoten und ihr Mäulchen suchten die Wärme meines Körpers.
Ich versuchte, mich mit einer Hand von ihr zu befreien; sie wollte sich nicht wegnehmen lassen. Mit scharfen Krallen klammerte sie sich an meinen Mantel. Ich mußte an den Straßenrand fahren, anhalten und viel sanfte Gewalt darauf verwenden, sie wieder in ihr Nest auf dem Rücksitz zu legen.
Als ich mich durch die Gänge geschaltet hatte, hing sie wieder an meinem Hals.
Verständlich, sie fühlte sich einsam . . . der Rücksitz war zu weit entfernt. Ich machte ihr mit der Decke ein Nest auf dem Vordersitz neben mir, doch das Resultat war das gleiche.

Dann versuchte ich, mit einer Hand zu fahren und sie mit der anderen in ihrem Nest festzuhalten. Doch auf der Dreihundert-Meter-Steigung gegen den Wind bei zunehmender Dunkelheit braucht man beide Hände zum Fahren. So gab ich auf und fuhr die dreißig Kilometer mit ihren Vorderpfoten um meinen Hals, ihrer Nase unter meinem Kinn und ihrem kleinen Hinterteil auf dem V meiner Mantelaufschläge.

Felix war entzückt und nahm sie in seine Obhut. Er teilte seine Beute mit ihr; er war ein großer Jäger. Er lag neben ihr, leckte sie und putzte sie. Er brachte sie zum Flügel, wenn ich spielte. Er brachte ihr bei, daß Milch, warm und frisch von der Kuh, die beste war, lehrte sie, zur Melkzeit, am Rand der Wasserrinne sitzend, zu warten, bis ihre kleine Extraschale gefüllt wurde, oder, wenn sie zu lange warten mußten, zu dem Melker hinzukriechen, sich zwischen dem Eimer und den Beinen des Melkers, eine Pfote auf sein Knie stützend, aufzurichten und zu versuchen, mit der Zunge den dünnen scharfen Milchstrahl abzufangen.

Wenn ich hinausritt, die Kühe hereinzuholen — und manchmal waren sie sehr weit weg, und ich mußte eine Stunde nach ihnen suchen —, waren Felix und Missy mit von der Partie. Oft waren die Katzen mir voraus, lagen, die vollen Euter sehnsüchtig betrachtend, unter den Kühen.

Felix und Missy leben nach dem Kalender. Im Winter, wenn wir weg sind, hausen sie im Gesindebau bei den Männern. Im Frühling, wenn wir zurückkommen, kehren sie zurück ins Haus, auf die Terrasse und den Rasen.

Im ersten Frühling hatte Missy uns vergessen. Michael und ich sahen ihr belustigt zu, wie sie, ohne uns zu be-

achten, auf dem dunklen Pfad im Schnee zwischen Stall und Gesindebau hin- und herlief. Sie sah unsere Füße und unsere Beine, hob jedoch nicht die Augen.
Ich sprach zu ihr, doch ihre Ohren schienen taub. Zu viele Monate hatte sie keine menschlichen Stimmen gehört.
Aber eines Tages, als ich an ihr vorbeiging, blieb sie stehen, schaute mich an, und ich lächelte.
Sie erstarrte zu vollkommener Reglosigkeit, als hätte sie ein Schlag getroffen. Dann stieg die Vergangenheit in ihr hoch ... die Musik und das Feuer im Kamin und die warme Küche, in der ich am Morgen hin- und herging, das Frühstück zu bereiten, und sie auf meiner Schulter saß, die rechte Vorderpfote um meinen Hals geschlungen.
Und dann schrie sie auf, lief zu mir her und stellte sich mit erhobenen Vorderpfoten auf die Hinterbeine. Ich hob sie auf, und sie schlang ihre Vorderbeine um meinen Hals, schnurrte, hörte auf zu schnurren und zu miauen und in ihrer Katzensprache zu reden, versuchte mir das Gesicht abzulecken.
Sie vergaß uns nie wieder. Wenn wir in den nächsten Jahren zurückkehrten, war es, als ob sie auf uns gewartet hätte, sicher, daß wir kommen würden.

Eines Tages hörte ich Michaels Wagen von den Ställen hinter dem Haus herkommen. Er hielt an, rief: „Ich fahre hinunter zu der Buckelwiese. Willst du mitkommen?"
Ich lief zum Hinterfenster, steckte den Kopf hinaus und antwortete: „Ach nein, ich habe zu viel zu tun." Dann, als er abfuhr, schrie ich: „Warte, ich komme."
Ich holte ihn ein, bevor er das Pferchtor erreichte. Er

grinste, lehnte sich herüber, um den Schlag für mich zu öffnen, und ich kletterte hinein.

Unten an der Wiese ließ er mich aussteigen und fuhr weiter, um den Bruch an dem Damm zu besichtigen, an dem Riley arbeitete.

Ich stand da und schaute absichtslos um mich. Und plötzlich überkam mich ein Gefühl wunschlosen Glücks. Die Luft des späten Nachmittags war mild. Die lange ovale Wiese, etwa fünfhundert Meter lang und zweihundert Meter breit, stand bereits in saftigem Grün, gesprenkelt von roten und blauen Grasblüten. Wir hatten viel Regen in diesem Jahr. Über der Ranch hing eine dicke purpurrote Gewitterwolke. Sie trieb langsam, und vielleicht öffnete sie sich bald, überschüttete uns mit einem prasselnden Regenguß, schloß sich wieder, trieb, vielleicht grollend, weiter, bis sie hinter den Bergen verschwand und die Sonne das Land zum Dampfen brachte. Was konnte besser sein für das Heu? Wir sind sicher, eine gute Ernte zu bekommen. Michael ist stolz. Die Wiese hat die köstliche Farbe jenes frischen Grüns mit einem schwachen Schimmer von Blau, die ich auf der Palette meines Malkastens so oft mischte, als ich noch ein Kind war.

Der Bach schießt, oft Kaskaden bildend, von der Höhe der dreißig Meilen weit entfernten Wasserscheide der Rocky Mountains herab und fließt an der Längsseite unserer muldenförmigen Ranch entlang. Er ist zwischen den Wiesen gestaut, um uns einen Wasservorrat zu liefern.

An einzelnen Stellen hat Michael kleine Bogenbrücken gebaut, sauber verlegtes Mauerwerk, natürlich aus unserem eigenen rosafarbenen Granit. Er ist unfähig, etwas zu machen, ohne es schön zu machen.

Der Bach heißt Einsamer-Baum-Bach. Man könnte ihn als Bach, als Fluß oder als Strom bezeichnen, je nachdem, wieviel es gerade geregnet hat, denn hier auf dem Dach der Welt haben wir alles, vom Nebel bis zum jahreszeit-ungemäßen Hagel, Schnee und Schneesturm oder Wolkenbrüche.

Eines Abends verließen Michael und ich die Ranch, um zu einem Ball auf Fort Russel Warren, nördlich von Cheyenne, zu gehen. Die Luft war klar und lind. Ich trug keinen Mantel über meinem Chiffon-Abendkleid. Als wir nach Mitternacht aufbrachen, rief uns jemand von einem anderen Wagen zu: „Ihr Weg ist überschwemmt!" So waren wir etwas vorbereitet, als wir einen fremden, breiten neuen Fluß durch unsere Ranch fließen sahen.

Unser Weg war auf eine weite Strecke verschwunden. Wir hielten an und starrten in das gurgelnde Wasser.

Wo war die kleine Bogenbrücke? Hatte die Strömung sie weggeschwemmt? Michael zog Schuhe und Socken aus, krempelte die Hosen hoch und watete ins Wasser. Mit den Füßen tastend fand er die Brücke. Die Steinbrüstungen lagen etwa 30 Zentimeter unter der Wasseroberfläche.

Wir ließen den Wagen auf dem Weg stehen. Ich zog Schuhe und Strümpfe aus, raffte mein langes Kleid, legte es über den Arm, und lachend und kreischend wie zwei Kinder balancierten wir über die Brüstung auf die andere Seite und kamen so nach Hause und ins Bett.

Am Morgen war der Fluß verschwunden. Unser Einsamer-Baum-Bach floß wieder friedlich unter den Brükkenbögen hindurch.

Auch jetzt benahm er sich gesittet, wand sich in raschem,

aber ruhigem Fluß durch das tiefe Bett, das er sich durch die Wiese gegraben hat.

Ich konnte kaum sein Wasser sehen wegen der schlängelnden Reihen von Erlen und Weiden, die ihn, weit überhängend, auf beiden Seiten säumen.

Weit entfernt hörte ich Michael Riley etwas zurufen.

Über mir hing ein tiefer, blaßblauer und friedlicher Himmel. In ihm schwammen flache Wolkenschichten mit unbestimmten, zerfließenden Kanten so ruhig, so unbekümmert, so heiter, daß sie auch mich ruhig, unbekümmert und heiter machten. Eine weiche Brise blies stetig von der Wiese herunter und hielt mein Haar in schwach flatternder Bewegung.

Ich steckte die Hände in die Taschen meiner Flanellhosen und stand eine halbe Stunde unbeweglich an der gleichen Stelle.

4

Von allen Dingen, die wir angefangen haben — Schafe, Milch, Pferde, Jungens —, hat nur die Sache mit den Jungens sich selbst getragen. Mehr als das. Sie ist gewachsen. Sie ist organisch. Und wir sind von Eltern und Lehrern gefragt worden, ob wir die Arbeit nicht auf die Wintermonate ausdehnen könnten, in Form einer kleinen Privatschule für Jungens, die aus irgendeinem Grunde in ihrer Klasse nicht mehr mitkamen.

Es könnte nicht hier in Wyoming sein; die Winter sind zu abgeschieden. Wir brauchten ein größeres Landhaus in Neu-England. Und das ist uns angeboten worden. Meine alte Schulfreundin Betty Bedford (ihr Sohn Alan kommt regelmäßig in unser Sommerlager) hat zwei Landsitze, benutzt sie jedoch selten — sie geht nach Europa. Sie hat uns den einen in Nord-Connecticut zur Verfügung gestellt, mietfrei.

Doch wir haben die Ranch, und sie will versorgt sein, und ein Halbjahrbetrieb (das Sommerlager) bringt nur halbe Einnahmen. Die Winter fressen die Sommer auf. Lange, einsame, teure Winter.

Nach dem Osten zu ziehen, die Schule einzurichten und zu betreiben, bis sie sich selbst trägt, dazu brauchten wir einige tausend Dollar. Es ist nicht unmöglich, daß eine kleine Ranch von der Größe der unseren so viel abwirft in einem glücklichen Jahr, durch einen guten Verkauf

von Pferden oder Kühen oder von unserem feinen Bergheu.
Das ist es, auf was wir hoffen und warten. Mehrere Male glaubten wir, wir hätten es geschafft, doch dann geschah immer etwas, das diese paar Tausender verschlang, und wir mußten von neuem beginnen und ein weiteres Jahr warten.
Michael ist so sehr mit der Bohrmannschaft beschäftigt, daß er sich nicht die Zeit nimmt, sich zum Essen hinzusetzen.
Ich hatte meinen Lunch beendet, saß am Flügel und spielte *Freude am Morgen,* als ich ihn in der Küche hörte, und er kam durch das Eßzimmer herein und stellte sich neben mich. In der einen Hand hatte er ein riesiges Käse-Sandwich, in der andern eine Dose Bier.
„Was spielst du da? Das muß neu sein. Du hast es letzten Sommer nicht gespielt."
„Ja, es ist neu. Gefällt es dir?"
„Ja. Es ist hübscher als die meisten deiner Sachen. Einfacher."
Er ging hinaus zu den Männern, und ich spielte weiter. Ich liebe dieses Stück.
Ich wachte eines Morgens in New York auf mit der fertigen Melodie im Kopf.
Die musikalischen Ideen bedrängten mich, und ich erkannte ihren Geist des frühen Morgens und der Freude. Ich wählte den Titel *Freude am Morgen.*
Die Freude, mit der Kinder aus dem Bett springen, aus der Nacht in den Tag und ins Leben!
Die Freude, die alle die kleinen und großen Lebewesen auf der Ranch zeigen, wenn der Tag beginnt!
Sonnenschein und Sonnenschein und mehr Sonnenschein! Sonnenstrahlen mit treibenden, gleitenden und tanzen-

den Stäubchen, kein Bacchanal, das der Nacht gehört, sondern der unschuldige Tanz unbekümmerter Wesen und Dinge — Bienen und Weidegras, Distelwolle und Baumwipfel!

All dies ist im *Morgen* enthalten.

Und der letzte Winter, als das Thermometer tief unter Null stand und ich der Melker war. Zwei Kühe und kein Mann, sie zu melken. Ich mußte laufen und schreien, um mich warm zu halten.

Ich trug meine blauen Leinenbreeches und einen dicken Sweater.

Michael sagte: „Werde ich denn nie erleben, daß diese Hosen kaputt gehen?"

Ich rannte aus der Küche in die bittere Kälte, den blendenden Sonnenschein, den kobaltblauen Himmel, und hier warteten auf mich die Tiere.

Wie sehr lieben sie den Morgen. Woher wissen sie immer so genau, wann die klappernden Milcheimer an meinem Arm durch die Türe kommen? Michael meint, sie beobachteten das Haus und sehen die Rauchwolke aus dem Schornstein steigen. Denn bevor ich hinausgehe zum Melken, mache ich Feuer im Küchenherd. Da sind sie; Bunny, der braune Cocker, der immer so andächtig vor der Türe sitzt und sich in einen Wirbel von Wackeln und Springen verwandelt, wenn ich erscheine.

Die Enten, Papa und Mama und sieben Kinder, die so groß sind wie ihre Eltern, doch genau ihren Platz in der Reihe kennen und in strengster Marschordnung hinter mir herwatscheln, wenn ich zum Stall gehe.

Die Katzen und die Kätzchen. Felix, der würdige pater familias, groß und stark, mit glänzendem schwarzen Mantel, weißen Gamaschen und weißer Schürze, ganz

Autorität. Missy, die kleine dreifarbige Angorateufelin mit Topasaugen.
Und der junge Rotfuchshengst Reinhold, der weiß, daß es unter seiner Würde ist, sich an der Küchentüre mit dem kleinen Getier zu versammeln, doch der Anziehung nicht widerstehen kann und jedes Mal davonsprengt, wenn die klappernden Eimer erscheinen, sich dann aber besinnt und kleinlaut hinter den Enten hertrottet.

5

Ich habe mir soeben die Kälber angesehen. Sie sind reinrassig und sehr typisch und mehr weiß als gelb. Eine der jungen Mütter, eine kaum zwei Jahre alte Färse, verspricht ein gutes Zuchttier zu werden.

So sehr ich das Haus liebe, die Scheune liebe ich noch mehr. Sie ist tief in den Boden eingelassen, und das rote Dach sitzt so tief, daß nur ein schmaler Streifen der geweißten Wand über dem Grund zu sehen ist.

Sie bildet die untere Grenze des Angers.

Dieser Anger ist das Herz der Ranch.

Als wir hierherkamen, war er der Abfallhaufen. Jetzt ist er eben und mit Gras bedeckt. Drei Pferde weiden auf ihm und halten das Gras kurz.

Er bedeckt etwa ein Ar und ist fast quadratisch. Er fällt von den Ranchgebäuden rechts — Gesindehaus, Brunnenhaus, Geräteschuppen und Eishaus — ab zu der Scheune links unten. In der Mitte ist ein Steinbecken, aus dem alle Tiere trinken. Das Wasser, das aus dem Brunnenhaus abgeleitet wird, ist kalt und schmeckt köstlich.

Auf der gegenüberliegenden Seite, schräg zu unserem Haus gelegen, erhebt sich die hohe, fast senkrechte Klippe, dicht bewachsen mit Zwergkiefern, Farn und wilden Blumen. Es ist ein richtiger Steingarten mit schmalen

Pfaden, auf denen unsere Pferde sich sicheren Fußes bewegen.

Nach Osten geht die Scheune auf einen Pferch hinaus, der sich seinerseits auf eine etwa eine halbe Quadratmeile große Weide öffnet, die wir die Kälberweide nennen. Diese fällt nach Norden ab bis zum Einsamer-Baum-Bach. Die Kühe kommen durch den Pferch und über die Weide hierher, um zu trinken, und grasen dann im Schatten der großen Pappeln an seinem Ufer.

Ich weiß nicht, wie lange die Scheune steht. Sicherlich seit die Ranch existiert, und das ist lange her. Sie scheint ein Teil des Bodens zu sein.

Innen ist sie so groß wie ein kleiner Häuserblock, kühl und dunkel wie eine Kirche.

Sie enthält Pfostenreihen für Kühe, Boxen für trächtige Tiere, Pferche für Arbeitsgespanne und einige Reittiere, Verschläge für Kälber, den Stier und den Jungstier, Kästen für Körnerfutter, abgeteilte Lagerräume für Körbe und Kisten. Die größere Hälfte ist für Heu reserviert. Sie könnte einhundertfünfzig oder zweihundert Tonnen fassen, wenn das Heu gepreßt wäre, doch da wir keine Heupresse haben und es nicht nötig ist, das Heu zu pressen, da wir es an unsere eigenen Tiere verfüttern, werfen wir es lose durch eine Öffnung im Dach in die Scheune, die so bis zu zwanzig Tonnen aufnimmt.

Der Rest der Heuernte wird in einem langen Haufen an der Außenwand der Scheune und in einem viereckigen spitzen Turm am äußersten Ende des Kuhschuppens, der mit der Scheune ein L bildet, gestapelt. Dieses L umschließt zwei Pferche und bietet mit einer Außenfutterraufe den Kühen im Winter willkommenen Schutz.

Ich stand in der Scheune, genoß den Geruch des Heus,

des alten Holzes, des harten Erdbodens. Aufblickend sah ich über mir das lange, spitze, mit Pechpinienstämmen abgestützte Dach. Die Stämme waren glatt, vollkommen gleichmäßig und von einem schönen, warmen, verwitterten goldenen Braun.
Diese Stämme kamen vom Balkenberg, der so genannt wird, weil auf ihm die graden Pechpinien wachsen, die für alle Rancher der Gegend die Dachbalken liefern.

Eines Tages sagte Michael, als er in der Scheune stand und zu dem kühlen, dunklen, mit den Kiefernbalken so sauber abgestützten Dach hinaufschaute: „Ich bin froh, daß wir die überzähligen Möbel hier herausgenommen haben, die Kisten mit dem Spiegel deiner Mutter, mit den Bildern."
Er meint, die Scheune sei eine Zündholzschachtel wegen des Pechs im Kiefernholz. Das erste, wonach er schaut, wenn er aus der Stadt zurückkehrt und um die Flanke des Hügels kommt, ist die Scheune. Ist sie noch da? Er erlaubt den Männern nicht, in ihr zu rauchen.
Sie tun es aber trotzdem.
Er auch.
Ich hörte das tiefe Stöhnen von Stromer, ging zu der Seitentüre der Scheune und schaute hinaus in den Pferch. Ich sah ihn jenseits des Pferchzaunes auf der Weide stehen. Er ist fast weiß, doch der Haaransatz hat die richtige Guernsey-Farbe. Bevor ich ihn kaufte, schob ich die weißen Haare auf seiner Schulter auseinander und sah die Haut — man hätte sie für Orangenschale halten können. Und die Ansätze seiner Hörner sind gelb, ebenso die Ränder seiner Augenlider und seine Hufe und das Innere seiner Nüstern, und am Körper hat er einige der charakteristischen, gelb-braunen Guernsey-Flecken.

Die lange Schleppkette, stellte ich fest, war verschwunden. Ich hatte mit Michael über sie gesprochen und einen seiner kurzen Wutanfälle ausgelöst.
„Er fällt vom Fleisch! Er verhungert! Ich kann Tiere nicht so behandeln!"
„Aber was ist mit ihm, Michael?"
„Nichts! Er ist eben ein nervöses, ruheloses, streunendes Biest — wie sie alle."
Jetzt sah ich von seinem Nasenring eine kurze Kette herabhängen, die kaum den Boden berührte, gerade lang genug, nahm ich an, ihn davon abzuhalten, durch oder über Zäune zu gehen.
Ich ging hinaus in den Pferch und betrachtete ihn (vom Inneren des Pferches aus). Wir waren etwa vier Meter voneinander entfernt.
„Hallo, alter Junge."
Er stand im Profil zu mir und drehte den Kopf nicht, doch ich sah die kleinen Augen in den goldenen Guernsey-Lidern herumrollen, um mich mit nach hinten gewandtem Blick anzuschauen.
Stiere tun das immer.
Das gefährlichste Tier in den Vereinigten Staaten, sagen die Statistiken, ist nicht die Wildkatze, der Panther, der Berglöwe oder der Grizzlybär, es ist der reinrassige Milchstier.
Den ersten Stier, den ich für meine Milchwirtschaft hatte, zog ich selbst auf und nannte ihn Cricket.
Die Aufzucht eines Eimerkalbes ist anstrengend, würdelos und muß in Blue-jeans geschehen.
Es gilt, das Tier dazu zu bringen, aus einem Eimer zu trinken in einem Alter, da es für seinesgleichen natürlich ist, den Kopf zu heben und zu saugen. Man muß seine Nase nach unten in einen Eimer voll Milch stecken

und gleichzeitig ihm in der Milch etwas hinhalten, das sich für ihn wie eine Zitze anfühlt, die er packen soll, und gleichzeitig muß man ihn festhalten, wo man ihn haben will, und verhindern, daß er durch sein heftiges Stoßen den Eimer umwirft.

Man nimmt das Kalb zwischen die Beine, drückt sich mit ihm hinten in eine Ecke, hält den Eimer in der linken Hand und schubst mit der rechten den Kopf des Tieres in die Milch. Es riecht die Milch, wird erregt und fängt an, nach allen Richtungen zu stoßen. Jetzt klemmt man es mit den Knien gut fest, stellt den Eimer auf den Boden, steckt seine linke Hand in die Milch und läßt das Kalb an seinen Fingern saugen. Während es dies tut, schluckt es gleichzeitig Milch.

Es bedarf drei oder vier Tage des Fastens und jeden Tag morgens und abends eines Versuches, bevor das Kalb so hungrig ist, daß es begreift — und trinkt.

Nachher geht es leicht.

So habe ich Cricket aufgezogen, und noch zwölf Monate lang lief er zu mir her, wenn er mich sah, streckte die Nase vor, und wenn ich ihm die Hand hinhielt, nahm er meine Finger ins Maul und saugte. So konnte ich ihn hinführen, wohin ich wollte.

Diese Gewohnheit legte er nie ab. Doch er wurde größer, und allmählich schien aus seinem Zu-mir-Herlaufen ein Gegen-mich-Anrennen zu werden, und das gefiel mir weniger.

Als ich in einem Frühjahr zurückkam, nachdem ich den ganzen Winter weggewesen war, ging ich eines Abends hinaus, um die Kühe zum Melken hereinzuholen, und ich kam zurück, das Herz in der Kehle. Zwischen der Herde tummelte sich ein riesiger schwarzer Stier, der

darauf bestand, mir höchst unwillkommene Aufmerksamkeit zu erweisen.
Ich war gezwungen gewesen, einen Stock zu nehmen und ihm zu drohen.
„Geh weg, Cricket!" rief ich ihm zu, als er mich mit seltsamen kleinen Knurrlauten von hinten anstieß und nach meinen Fingern schnappte.
Ich schwang den Stock. Er gab ein heftiges Schnauben von sich, machte kehrt, warf die Hinterhufe hoch und galoppierte davon mit steil aufgestelltem Schwanz, doch bald folgte er wieder dicht hinter mir.
„Er hat mit dir gespielt", sagte Michael. „Kein Wunder. Er hat dich den ganzen Winter nicht gesehen, und jetzt war er erregt und wollte zärtlich sein."
Mit zwei Jahren mochte Cricket erregt und zärtlich gewesen sein, mit vier war er eine Gefahr, die jeder spürte. Glücklicherweise sprang er nicht über Zäune, doch er strich an ihnen entlang, wenn man auf der anderen Seite ging, brüllte aufgeregt und machte von Zeit zu Zeit halt, um mit den Vorderhufen auf den Boden zu stampfen.
Michael sagt, er macht das, um sich in Staub einzuhüllen und die Fliegen zu verjagen. Bei Michael hat das Tier immer recht.
Cricket erblickte einen Menschen auf zwei Meilen Entfernung und begann zu brüllen und auf ihn loszurennen mit allen Anzeichen wütender Entschlossenheit.
Dies, sagen die Bücher, beweist einen guten Herdeninstinkt. Ein richtiger Stier muß wachsam sein, um die Herde zu beschützen, er muß das Eindringen von Fremden übelnehmen und bereit sein, anzugreifen.
Cricket nahm jedes Eindringen in sein Reich übel und war nur allzu bereit, anzugreifen.

Als Eugenie und die kleine Jean eines Sommers auf der Ranch waren, gingen sie unten an der Kälberwiese fischen. Niemand dachte, als sie aufbrachen, daran, daß Cricket auf dieser Weide war.
Sie kamen, fast aufgelöst vor Entsetzen, ins Haus zurück. Cricket hatte sie gesehen, als sie an dem Bach entlanggingen, kam auf sie zugerannt, brüllend und stampfend, und als sie flüchteten, folgte er dicht hinter ihnen. Sie liefen. Eugenies Angelhaken verfing sich in Jeans Kleid, Jeans Haken in Eugenies Kleid. Jean begann zu schreien.
Michael und ich kamen überein, daß Cricket wegmußte.
Es hatte keinen Zweck zu warten, bis etwas Schreckliches geschah.
Also sprach Michael, als er eines Tages in der Stadt war, mit dem Rabbiner, an den wir unser Schlachtvieh verkaufen.
Als der Rabbiner herauskam, um die Schätzung vorzunehmen, fuhr ich ihn im Wagen zu einer günstigen Stelle auf der Hangseite über der Weide, und vom Wagen aus sahen wir auf Cricket hinunter, der etwa eine Viertelmeile von uns entfernt war.
Der Rabbiner wollte, daß ich ihn zu Fuß auf die Weide führte.
„Aber er ist gefährlich", sagte ich.
„Ich habe keine Angst vor Stieren."
„Warten Sie einen Augenblick. Warten Sie, bis er den Wagen hier oben sieht. Er wird sofort wissen, daß ein Fremder drin sitzt."
Im nächsten Augenblick sah uns Cricket. Er wurde bewegungslos, hob nur den Kopf. Er äugte, schnüffelte, lauschte; dann stürmte er mit wütender Entschlossenheit,

uns nicht aus den Augen lassend, gradewegs auf uns zu. Plötzlich blieb er stehen, senkte den Kopf, stampfte mit den Vorderhufen und brüllte.
Ich weiß nicht, wie es klingt, wenn Löwen in der Wildnis brüllen, doch ich habe sie im Zoo gehört, und dieses Brüllen ist nichts gegen das tiefe, rülpsende, in ein kreischendes Falsett umschlagende Röhren eines wütenden Stieres.
„Er kann nicht an uns heran. Es ist ein Zaun dazwischen", sagte ich.
„Aber ich kann nicht schätzen, wenn ich nicht näher an ihn herangehe." Also fuhr ich hinunter und um den Zaun herum auf die Gegenseite, wo der Boden flach ist. Wir stiegen aus und traten an den Zaun. Cricket, etwa fünf Meter von uns entfernt, war jetzt, da er uns im Blick hatte, ruhig.
Der Rabbiner wollte es ganz genau wissen. Er kroch unter dem Stacheldraht hindurch und ging näher; Crikket senkte ein wenig den Kopf. Sie sahen einander an. Der Rabbiner umkreiste ihn, betrachtete ihn von allen Seiten. Cricket bewegte sich ebenfalls, den Kopf tief gesenkt, im Kreise.
Ich behielt beide im Auge.
„Achtzehnhundert Pfund etwa", sagte der Mann schließlich, wandte sich ab und kam auf mich zu.
„Achtung!" rief ich, als der Stier losstürmte.
Ein Blick nach hinten, und der Rabbiner rannte los; er ließ sich auf den Boden fallen und rollte unter dem Zaun durch.
Als er aufstand und sich den Anzug abklopfte, sagte er: „Man soll diesen Stier töten. Bringen Sie ihn mir nicht lebend. Normalerweise lasse ich nicht zu, daß ein Tier tot zu mir gebracht wird, doch dieser Stier ist im-

stande, jemand zu töten, wenn er nicht vorher getötet wird."

So haben wir nun Stromer, der stöhnt, anstatt zu brüllen, und wegläuft, doch bis jetzt niemand angegriffen hat. Noch nicht . . .

Er wartete am Zaun auf die Kühe, die von der Weide zum Melken kommen sollten.

Ich sah sie kommen, einzeln, einige zögernd, noch im Gras mit der Nase, andere absichtsvoll schreitend, mit nickenden Köpfen. Sie hatten den ganzen Tag gefressen. Ihre Mägen waren voll. Viele von ihnen standen entspannt da, gemächlich wiederkäuend.

Als ich durch den Pferch ging, um das Gitter zu öffnen und sie einzulassen, sprang Stromer über den Zaun in den Pferch.

Die kurze Kette behinderte ihn nicht im geringsten. Ich sah, wie er es machte, wie er die Kette mit einer Kopfbewegung hochschleuderte und in den wenigen Sekunden, bevor die Kette zurückfiel, sein gewaltiges Gewicht seitwärts über den Zaun hob wie ein routinierter Hürdenläufer und es auf der anderen Seite leicht fallen ließ.

Ich stand am Gatter, während die Kühe hintereinander hereinkamen. Ich ging schnurstracks auf das Scheunentor zu, doch ganz ruhig. (Keine Panik!) Er drehte langsam den Kopf; seine dunklen Augen, verwirrt und verschlagen zugleich, verließen mich nicht. Dann trottete er zu der kleinen Holzkiste, in die seine Körnerration geschüttet wurde, und beschnüffelte sie.

In der Scheune fand ich Felix und Missy bereits am üblichen Platz, auf die Kühe wartend, und kurz darauf hörte ich das Klappern von Milcheimern und die Stimmen von Riley und George, die vom Gesindehaus zum Melken kamen.

Ich sitze auf der Terrasse, meine Reiseschreibmaschine auf den Knien, schaue hinaus auf den Anger, genieße seinen Anblick und bin froh, daß wir das Haus nicht irgendwo abseits vom Getriebe der Farm gebaut haben, sondern genau hier in ihrer Mitte.

6

Die Quelle ist kräftig zum Fließen gekommen. Das ist ein Triumph; doch der Quellengrund liegt so tief, daß das Wasser zu der Ebene hinaufgepumpt werden muß, auf der sich alle Leitungen befinden.

Das bedeutet eine Windmühle, und die wird zweihundert oder dreihundert Dollar kosten.

Da ist noch eine andere Sorge. Wo soll sie stehen? Jeder hat eine andere Meinung, und alle reden über Grundwasser und Luftströmungen.

Das Bett des Einsamer-Baum-Baches liegt auf dem tiefsten Niveau der Ranch. Von hier aus steigen die Wiesen und die Hügelkette nordwärts an zu der Eisenbahnstrecke.

Das Gelände steigt auch südwärts in einer Reihe von Wellen zu einem scharfen, bewaldeten Kamm an, der einen Einschnitt hat, gerade groß genug, unsere Ranch aufzunehmen. Ein wunderbares Obdach! Und dann geht es weiter aufwärts über Weiden und die Überlandstraße zu einem höheren, langen, welligen Kamm. Dies ist der Sattelrücken. Dann folgt ein weiterer Aufschwung und noch einer und noch einer, jeder mit einem Kamm von unterschiedlicher Kontur und Farbe, bis hinauf zu den Buckhorn-Bergen in Colorado. Hinter alledem ragt, von der Sonne beschienen, die Nimmer-

Sommer-Kette, den größten Teil des Jahres schneebedeckt.

Der Einschnitt in der ersten Klippe ist ein lieblicher Platz für unsere Ranch. Er hat die Form eines Stundenglases, und unsere Schlucht ist dessen enge Taille. Durch die Schlucht führt ein Fußpfad entlang einem Wasserrinnsal. Die ziemlich steilen bewaldeten Hänge, die sie auf beiden Seiten säumen, treten oben zurück, um für Ställe und die Ranchgebäude, und unten, um für den Anger Platz zu machen.

Da die Schlucht ein Winddurchlaß ist, hängen wir dort unser Fleisch auf, wenn wir geschlachtet haben und ein Schaf oder ein Rinderviertel aufheben wollen. Wir tun es in einen Käfig aus feinem Maschendraht und hängen den Käfig an den Ast einer Kiefer. Der Käfig schwingt im Wind hin und her, und das Fleisch ist sicher vor Fliegen und Vögeln und trocknet so auf natürliche Weise an der Luft. Hier will Michael die Windmühle hinsetzen. Doch der alte George meint, sie müsse hoch oben auf einem der bewaldeten Hügel stehen. Und Michael sagt, das sei Unsinn, sie müsse in der Schlucht stehen, weil George immer unrecht habe.

George nimmt Michael seine Autorität übel und befolgt seine Befehle nur mit wütendem Knurren. Doch wenn er mit mir spricht, ist seine Stimme so verändert, daß er fast flüstert. Für Männer des Westens ist Ritterlichkeit etwas Selbstverständliches. Sie empfinden Achtung und Zärtlichkeit für die „Missus", und nichts kann ihre Haltung ändern.

Georges Zähne sind sehr groß und sehen nach Warenhaus aus. Er hat kein Haar mehr. Zähne und Kahlkopf vereinen sich, ihm das Aussehen eines Totenschädels zu geben.

Er hält sich für einen Cowboy. In seinen jungen Jahren war er auch einer. Selbst heute noch liebt er es manchmal, dem alten Baldy einen prächtigen Westernsattel aufzulegen, von einem Felsen in die langen Steigbügel zu klettern und stolz umherzureiten.
Wir haben George mit übernommen, als wir die Ranch kauften.

Michael hat die drei Bohrleute mit dem Wagen in die Stadt gebracht, und es ist jetzt sehr ruhig hier.

Die Windmühle, hat Michael entschieden, wird in der Schlucht stehen.
George geht umher und prophezeit Unheil, doch die Monteure sind angekommen und haben angefangen, die Windmühle aufzustellen.

Ich finde keine Ruhe.
Ich ziehe mich um, wasche mir die Hände — ziehe mich um, wasche mir die Hände —
Dies ist ein Zeichen seelischer Verwirrung, die mich immer befällt, wenn ich von einer Behausung in die andere umziehe. Offenbar bin ich eine Molluske. Man gebe mir eine Chance, mich festzusaugen, und ich werde seßhaft. Ich wundere mich über mich. Ich kann mich einfach selbst nicht mehr ausstehen, kann weder dieses noch ein anderes Leben ertragen.
Ewiger Fluß, endlose Suche, ständiger Wechsel, quälende Ruhelosigkeit; nichts ist je richtig, nichts gibt wirkliche Befriedigung. Ich dachte, ich komme nach Hause, doch ich fühle mich nicht zu Hause. Ich glaube, es ist die Musik.
Wenn man Geschichten schreibt oder Musik, zieht man

sich vom Leben zurück und wird Beobachter, Zuschauer. Wenn man sich auf diese Weise in seinen Träumen zu lange und zu weit hat abtreiben lassen, kann man nicht mehr zurück. Ich möchte Anker werfen, hier in diesem Haus, in diesem Sessel, in diesem Kleid, und essen und mich warm oder kalt fühlen und nie wieder ausziehen in die Unwirklichkeit, doch ich weiß, ich werde es tun. Eine Flut kosmischen Elends steigt in mir auf, und meine Krankheit wird zur akuten Verzweiflung.

Ich sage mir, daß ich ganz einfach im Begriff bin, mich umzugewöhnen. Vier Monate lang war ich eine bestimmte Frau gewesen, habe in meinem bestimmten Tempo gelebt, unter bestimmten Schwingungen, in einem bestimmten Milieu. Jetzt hat sich alles geändert, und nicht die geringste der Veränderungen stellt die Tatsache dar, daß ich vom Meeresniveau auf die Höhe der Rocky-Mountains-Wasserscheide gehoben worden bin.

Ich fange an, die Wäsche wegzuräumen, und verliere sie, zehn Minuten später finde ich sie auf dem Eßzimmertisch. Dann ertappe ich mich, daß ich vor meiner Schreibtischschublade stehe und nach etwas suche, ohne zu wissen, nach was. Ich gehe hinaus zum Pferch, um nach den Pferden zu sehen, und dort fällt mir plötzlich ein, nach was ich gesucht habe. Ich gehe ins Haus zurück — habe es wieder vergessen. Ich öffne die Schubfächer, gebe es auf, ziehe mich um, wasche mir die Hände —

... zwei der einjährigen Fohlen werden vermißt. Michael und Riley waren Stunden im Sattel unterwegs, sie zu suchen.

Jeden Tag kämpfe ich mit meiner Kleidung ... Blaue

Niethosen sind klassisch auf einer Farm des Westens; doch wenn sie neu sind, sind sie steif und schwer, und selbst wenn sie vom Tragen und Waschen weich geworden sind, sind sie eng — Witzbolde sagen, man braucht einen Knopfhaken, um hineinzukommen. Also trage ich Leinenbreeches verschiedener Farben — blau oder weiß oder gelb. Diese muß man in New York kaufen, da so etwas im Westen nur von Gecken getragen wird. Dann kommen der Ledergürtel und die Lederhandschuhe, die Breechesstiefel und ein Leinenhut (ich gehe nie ohne Hut aus dem Haus, damit mir die Haare nicht zerzaust werden), und das ist eine Menge Zeug, nur um zu den Ställen hinauszugehen. Lange bevor der Tag zu Ende ist, bin ich erschöpft vom Umziehen.
Ich betrachte ein gerolltes, mit einer Schnur zusammengebundenes Bündel Zeug und weiß nicht mehr, was ich damit machen wollte. Ich ziehe einen Baumwollrock an, Socken und Sandalen und seufze erleichtert auf ob der Leichtigkeit und Freiheit; dann durchstöbere ich alle meine Schubladen und finde nichts, was dazu paßt. Kein Sweater hat die richtige Farbe. Die Weste, die ich in New York gekauft habe, sitzt nicht. Außerdem sieht sie wie ein Stück Unterwäsche aus.
So bin ich also wieder in Breeches mit Stiefeln und Sporen, und der Inhalt meiner Kommode liegt im ganzen Zimmer verstreut.

Ich war in der Stadt, um das Vermittlungsbüro mit der Suche nach einer Köchin zu beauftragen.
Ich suchte einen Mann auf wegen des Verkaufs einiger Kühe, da ich mehr habe, als ich brauche.
Ich kaufte Vorräte.

Ich ging in die Gärtnerei und kaufte alle Pflanzen für die Fensterkästen und die Blumentöpfe.
Zwei rote Geranien für die beiden kleinen Eckbretter unter den Fenstern des Kiefernzimmers, ein Dutzend dunkellachsfarbene Geranien für die langen ultramarinblauen Fensterkästen, zwei Kletterpflanzen für die Wandtöpfe an der Vorderfront des Hauses, wo die Pergola über der Terrasse uns ein Freiluft-Wohnzimmer schafft.
Dann eine Mischung von Pflanzen für das alte schwarze Kohlenbecken, das Michael auf einem Schrottplatz fand und das nun in der Pergola hängt, Efeu, Eisenkraut, rosa und weißer Phlox, Distel, purpurne und rosafarbene Morgenpetunien und eine einzelne Zinnie von einem ungewöhnlichen Kirschrot.

... Ich habe alle Blumen eingepflanzt und sitze nun, während ich schreibe, draußen auf der Terrasse unter der Pergola. Das Sonnendach ist noch nicht gespannt, und wenn ich aufblicke, sehe ich das hübsche Lattenwerk sich gegen den blauen Himmel abzeichnen.
Das Kohlenbecken, das am Rande hängt, sieht reizend aus mit den vielen neuen, an den Seiten herunterhängenden Pflanzen.
Das Gras auf der Terrasse war so hoch gewesen, daß Michael letzte Nacht einige Pferde auf ihr weiden ließ. Ich hörte sie die Steinstufen hinauf- und hinuntergehen, stampfend, kauend, Stühle umwerfend.
Heute ist die Terrasse kahlgeschoren. Michael ist mit der Rasenschere darübergegangen. Heute nacht werden wir den Rasensprenger aufstellen.
Das Beet ist voll von hellblauen Wiesen-Iris. Die vier großen Fliedersträucher fangen gerade an zu blühen.

Hier auf der Höhe sind die Jahreszeiten etwa zwei Monate hinter New York zurück. Dieses Jahr war der Frühling ungewöhnlich spät; der Frost war vor Ende Mai kaum aus dem Boden, und Michael hat erst gestern die Beete geharkt und den Boden unter den Fliederbüschen umgegraben.

Die große Wolke hängt genau über uns, und der Donner grollt.

Es ist wieder Melkzeit, und die Kühe stehen muhend auf der Weide am Gatter des Pferches. Stromer ist natürlich bei ihnen und gibt von Zeit zu Zeit sein tiefes Stöhnen von sich.

Drei winzige Kälbchen sind auf dem Anger angebunden. Da irgend etwas ihre Eltern von ihnen fernhält, sind sie niedergeschlagen und stehen da mit hängenden Köpfen.

Die Hunde liegen neben mir. Bunny, der braune Cocker, und Rachel, mein weißer Setter. Sie ist acht Monate alt. Ich habe sie von Los Angeles auf die Ranch geschickt, als sie ein Baby von drei Monaten war, ein reinrassiger, wertvoller Llewelyn-Setter. Ich wollte einen Hund, der groß und stark genug ist, meinem Pferd auf langen Ritten zu folgen, da Bunnys kurze Beinchen schnell müde werden. Ich dachte, ein Setter würde gerade das Richtige sein.

Doch Michael mußte gleich nach ihrer Ankunft die Ranch verlassen, und sie wuchs ohne Training und ohne Manieren auf. Sie kennt kaum ihren Namen, weiß nur eins, nämlich, daß das Leben dazu da ist, sich in ihm wohl zu fühlen, und das bedeutet für sie laufen und laufen und laufen. Und je mehr man sie ruft und ihr befiehlt zurückzukommen, um so schneller läuft sie weg.

Infolgedessen ist sie dünn wie eine kleine Schlange und nervös und scheu und wild.
Michael lehnt alle Verantwortung ab. Der Schaden war geschehen, bevor er auf die Farm zurückkehrte. Er versuchte, sie mehrere Tage hintereinander im Geräteschuppen einzuschließen, und sie fraß besser und nahm ein wenig zu, doch einen jungen Hund gefangen zu halten, ist nicht schön.
Ich betrachte Rachel mit hoffnungsvollem Blick, und als ob sie es spüre, erhebt sie sich, senkt den Kopf und schleicht aus meinem Gesichtskreis.
Bunny aber, froh, mich wieder ganz für sich allein zu haben, wackelt jedesmal, wenn ich mich bewege oder ihn anschaue, ekstatisch mit dem Schwanz.
Morgen muß ich wieder in die Stadt, um die Köchin abzuholen, die Etta Biggs heißt, und ich will auf der gleichen Fahrt unseren einjährigen Ochsen mitnehmen, um ihn schlachten, abhängen und als Fleisch für unseren Verbrauch während des Sommers lagern zu lassen.

Es hat geregnet.
Ich ging mit der Schreibmaschine ins Haus.
Michael und Riley sind zurück. Sie haben die beiden entlaufenen Füllen nicht gefunden, aber eine Stunde mit Zaunflicken verbracht.
Michael ist braungebrannt, stahlhart, sieht glücklich aus und zwanzig Jahre jünger, als er wirklich ist. Er hat die Figur eines College-Athleten.
Der Regen hörte auf, die Sonne kam heraus, und ein Regenbogen spannte sich über die Schlucht.

„Wie", fragte Michael, „kommt das Gras in die Badewanne?"

„Nun, die Terrasse ist bedeckt mit geschnittenem Gras, und nachdem ich heute morgen auf ihr mein Sonnenbad genommen hatte, ging ich hinauf ins Badezimmer und rieb mich in der Badewanne mit dem Badetuch ab. Eine Menge von dem Gras, das du geschnitten hattest, klebte an mir."

„Das darfst du nicht tun. Das Gras wird in den Abfluß gespült und verstopft ihn."

„Aber es war doch nur ein kleines bißchen kurzes Gras, und das Rohr ist so dick . . ." Ich formte einen großen Kreis mit beiden Händen.

„*So* dick", verbesserte er mich, machte einen kleinen Kreis mit einer Hand.

„Ich wollte es ohnehin aufwischen."

„Das brauchst du nicht. Ich habe es getan."

„Danke. Bin ich eine unordentliche Person?"

„Na, ordentlich möchte ich dich nicht gerade nennen."

„Mein Zimmer ist aufgeräumt."

„Nun, du bist auch nicht unordentlich — doch das macht nichts. Ein bißchen Unordnung ist erlaubt . . . bei einem Genie." Es war ein Zwinkern in seinen Augen und gutmütiger Spott in seiner Stimme.

„Nun", sagte ich, „du hast jedenfalls keine Zecken an dir." Wir waren in seinem Zimmer, und ich untersuchte seinen nackten Rücken nach Zecken.

Kürzlich, als er an dem Damm auf der Wiese arbeitete, fing er zwei Zecken.

Ich küßte ihn zur Nacht.

„Und wie ist es mit dir?" fragte er.

„Ich habe auch keine."

„Woher willst du das wissen?"

„Ich würde sie hören." Ich grinste. „Wird es dich am

Einschlafen hindern, wenn ich hinuntergehe und dort Klavier spiele?"
„Keineswegs."
„Ich werde die Türe zumachen."
„Das brauchst du nicht. Ich höre es gerne."
Dieses freundliche Wort für meine Musik wärmte mir das Herz, und ich spielte ein oder zwei Stunden. Schrieb noch etwas.
Jetzt gehe ich zu Bett. Ich bin ruhiger als vorher.

Ich mag Zecken nicht. Ich bin kitzlig . . .

7

Ich habe noch keine Gelegenheit gefunden, mit Michael über meine Musik zu sprechen.
Seltsam, dieser Drang zur Kommunikation. Ich denke an die afrikanischen Trommeln, die weite Landstriche erschüttern, nur um ein bißchen Klatsch weiterzugeben, oder an die indianische Zeichensprache, eine Reihe von zarten Gesten, durch die alles gesagt werden kann. Manchmal wirkt die reine Bewegung von Augen durch ihre Kommunikation wie ein kaum zu ertragender Schock.
Kommunikation verbindet uns miteinander. Also müssen wir reden. Solange ich es nicht getan habe, und sei es auch nur zu stummen Blättern Papier, scheint es mir nicht geschehen zu sein. Also werde ich alles in diesem Tagebuch niederschreiben.

Mein ganzes Leben lang habe ich Dinge geschaffen, Häuser und Gärten, in ihnen zu wohnen, Dinge zum Tragen und Dinge zum Essen, Liebe und Ehen und Kinder und viele Hollywood-Drehbücher, nur als Komponist habe ich noch nichts Ernsthaftes geleistet.
Es ist Zeit, daß ich etwas unternehme.
Also habe ich in New York zwei Dinge getan.
Ich ging zu Schirmer und fragte nach Lehrbüchern. Welche Lehrbücher und wessen Lehrsystem die besten wären.

Die von Dr. Percy Goetschius, sagte man mir, der genaueste Lehrer von allen, von dem alle andern Methoden abgeleitet sind.
Ich bestellte kurzentschlossen die Bücher. *Tonbeziehungen, Formlehre, Elementarer Kontrapunkt, Angewandter Kontrapunkt.* Sie sollten mir auf die Ranch nachgeschickt werden.
Das andere, was ich tat, war, an Spencer zu schreiben; da er einen sechzehn Jahre alten Jungen hat und ich das Sommerlager habe, würde ich ihm vorschlagen, Jimmie in das Lager zu schicken und mir als Gegenleistung nächsten Winter in Los Angeles Stunden zu geben.
„. . . ungeduldig erwarte ich Ihre Antwort . . ."

„Was ist das für ein Brief?" fragte Michael, aus der Türe herausstürzend.
Ich saß in der Hängematte, die Post im Schoß, ein strahlendes Lächeln auf dem Gesicht, denn ich sah mich schon an dem Flügel in Spencers Studio sitzen.
Michael hielt ein Sandwich in beiden Händen. Gehackte Zwiebeln und gebackene Eier zwischen zwei Scheiben Roggenbrot. Ich erzählte ihm alles, von den Stücken, die Schirmer gekauft hatte, und daß Jimmie ins Lager kam. Ich zeigte ihm Spencers Brief. „Schicken Sie mir bitte eine Liste von dem, was Jimmie brauchen wird . . . Leintücher, Decken, Toilettenartikel, Kleider . . . Bettrolle? Gewehr? Und wenn Sie neue Kompositionen fertig haben zur Beurteilung, schicken Sie sie mir, damit der Unterricht gleich beginnen kann . . ."
„Siehst du", sagte ich, „das bedeutet ein Guthaben bei Spencer und Stunden für mich im nächsten Winter, während ich in Los Angeles bin."
„Wie groß ist Jimmie?", fragte Michael, seine Sandwich-

mahlzeit beendend und die Steinstufen hinuntergehend. „Klein für seine sechzehn Jahre."
Michael nahm die Schaufel und begann, den Anger von Dung zu säubern. „Übrigens, ich habe Madame Pompadour hereingeholt und sie auf die Stallweide getan für dich."
„Oh, fein!"
„Sei vorsichtig. Sie war den ganzen Winter auf der freien Weide."
„Ich weiß." Pom ist ein schwarzgründiger Schecke, fast weinfarben, mit vollem schwarzen Schweif und ebensolcher Mähne und dem wilden Blick in den großen dunklen Augen, der so charakteristisch ist für viele Pferde, die ihr Leben auf diesen Hochlandweiden verbracht haben.
Die Stute ist nervös, bricht aus, läuft weg. Manchmal bäumt sie sich auf und schlägt dann nach hinten aus. Aufbäumen, das nur Übermut ist, verzeihen wir, doch Nachhintenausschlagen geht zu weit, und wir lieben es nicht.
Ich bin ganz närrisch auf sie. Sie hat eine wunderbare Haltung. Wir sind gute Freunde. Ich wirke, zu meinem Kummer, sehr besänftigend auf alle Pferde. Wenn Michael sie reitet, sind sie in Form, bäumen sie sich, tänzeln sie und scheinen jeden Augenblick durchgehen zu wollen.
Michael legte die Schaufel weg. „Ich denke", sagte er, „wenn Jimmie Spencer ein kleiner Junge ist, wird der dunkle, dreijährige Fuchs gerade richtig für ihn sein."
„Die Stute?"
„Ja. Ich habe vergessen, wie du sie getauft hast."
„Prinzessin. Abgekürzt Prinny. Aber sie ist noch nicht zugeritten."
„Nein. Ich muß gleich mit den Wildpferden anfangen."

Ich saß lange da und dachte über Musik nach.

Die Sonne ging unter. Lange waagerechte Strahlen trafen die gegenüberliegende Klippe.

Ich hörte das Klappern von Schiefer und das Plumpsen von kleinen Steinkaskaden im Bach an seinem Fuß; manche Pferde klettern am Hang des Felsens hinauf, und jetzt sah ich die goldenen Lichter auf ihrer hellen Haut.

Michael fragt sich immer, ob er nicht irgendwie das Wasser auf die Höhe heben und dazu überreden könnte, in einem langen Bogen herunterzuspringen.

Wenn der Mond aufgeht, sehen wir zuerst über der Klippe den schmalen goldenen Rand. Wenn man dann aufpaßt, schiebt er sich nach oben und in weniger als einer Minute sitzt er da, eine große, runde, goldene japanische Laterne, gemustert mit den schwarzen Zweigen der Zwergkiefern.

Wie schnell die Erde sich dreht . . .

8

Als ich gestern mit Etta Biggs, meiner neuen Köchin, nach Hause fuhr, sagte sie plötzlich: „Was mich beunruhigt, ist, ob wir, Sie und ich, aneinandergeraten werden wegen des Essens."

Erstaunt fragte ich sie: „Warum sollten wir?"

„Weil Sie aus dem Osten sind. Mögen Sie die Art, wie wir hier im Westen kochen?"

„Nun" ... ich zögerte, an einige der schweren, mehligen, fast teigähnlichen Soßen denkend, an die dünnen, trockenen Steaks, die schweren Blechkuchen ... „vielleicht sind da ein paar Sachen, die ich anders gemacht haben möchte, Steaks, Soßen und so weiter. Doch wie wär's, wenn ich Ihnen einfach sage, was ich anders möchte, und Sie sonst auf Ihre Weise kochen? Haben Sie etwas dagegen, daß ich Ihnen etwas sage?"

„Nicht, wenn Sie es mir nett sagen", antwortete sie mit Würde.

Dann erzählte sie mir von sich selbst. Die meisten ihrer körperlichen Gebrechen stammten daher, sagte sie, daß sie nicht richtig gepflegt worden sei, als ihre Kinder geboren wurden. Die Geschichte dehnte sich aus und wuchs, und es schien, als ob jedes Mißgeschick, das über sie gekommen war, seinen Grund in Vernachlässigung oder schlechter Behandlung gehabt hätte. Sie loderte förmlich vor Empörung über das, was ihr und anderen Men-

schen angetan worden war. Leute in Aushilfsstellungen müßten mehr Geld bekommen, viel mehr.
„Man sollte besser für die Leute sorgen", sagte sie, „und nicht so geizig sein. Sie brauchen mehr als nur Unterkunft, Essen und Kleidung, nämlich ein anständiges Taschengeld."
Ich sagte nichts.
„Und am meisten ärgert es mich", fuhr sie fort, „wenn ich sehe, wie die Leute ein Kind nach dem andern kriegen. Das kann mich richtig wütend machen. Was für ein Recht haben sie, diese Kinder in die Welt zu setzen? Ich werde es meinen Eltern nie verzeihen, daß sie mich bekommen haben."
„Tut es Ihnen tatsächlich leid, daß Sie geboren sind, Etta?"
„Jawohl, das tut es. Wenn ich etwas zu sagen gehabt hätte, hätte ich nicht die Eltern gewählt, die ich bekommen habe; sie gaben mir nie eine Chance. Und wenn ich gewußt hätte, was ich heute weiß, hätte ich selbst nie Kinder bekommen."
„Wirklich nicht?"
„Auf keinen Fall. Wenn ich einen Leichenwagen sehe", fuhr meine fröhliche Köchin fort, „denke ich, der hat Glück gehabt. Warum konnte nicht ich es gewesen sein?"
Ob es diese Unterhaltung war oder nicht, jedenfalls war ich wieder in der gleichen seelischen Verwirrung, in der ich mich einige Tage zuvor befunden hatte.
Nachdem ich Etta in ihrem Zimmer untergebracht und ihr Anweisungen für das Dinner gegeben hatte, machte ich mich auf die Suche nach Michael.
Ich fand ihn in das Problem vertieft, ein Stück Bleirohr von besonderer Form und Größe zu finden für den Quellenaustritt.

Er saß im Geräteschuppen vor einem Haufen Schrott, nahm, mit sich selbst murmelnd, ein Stück nach dem andern in die Hand.

Ich setzte mich neben ihn, mutlos. Man hätte ebenso gut auf eine Unterhaltung mit einem indischen Yogi hoffen können.

Ich begann ebenfalls, zu mir selbst zu murmeln. „So lange Pom im Pferch ist, würde ich mit ihr ausreiten, wenn es nicht so nebelig und kalt wäre."

Er spitzte die Ohren bei der Erwähnung des Pferdes. „Laß dich von so einer Kleinigkeit wie dem Nebel nicht abhalten."

Ich starrte nachdenklich vor mich hin, und er versank wieder in seinen Abgrund.

Ich entfernte mich.

Langsam ging ich die Treppe hinauf mit der Absicht, mir die Hände zu waschen. Ich riß mich zusammen. „Fang nicht wieder damit an!" sagte ich laut zu mir.

Entschlossen stieg ich in meinen Reitanzug. Die Kälte war wirklich bitter. Ich zog ein wollenes Polohemd an, darüber einen Sweater und darüber noch eine Lederjacke. Über den Kopf streifte ich meine wollene Skimütze.

Pom war sehr lebhaft nach ihrem langen freien Winter auf der Weide, und ich mußte alles tun, sie zu halten.

Zunächst nahm ich sie auf die große Wiese, denn ich wollte einige Sprünge mit ihr üben. Ich ließ sie über den Bach springen, wo er schmal ist, hin und zurück ein Dutzend Mal, und ich fand heraus, was mich bei diesem Pferd verwirrte. Es ist die Art, wie es seinen Gang abrupt ändert, mehr für den Absprung als für den Sprung selbst.

Doch Pom wollte gehen und nicht gezügelt und hierhin

und dorthin gezwungen werden, also verließ ich die Wiese, um hinauf zu den oberen Weiden zu reiten, wo der Nebel dünner sein würde und ich vielleicht eine Chance hätte, die beiden entlaufenen Fohlen zu sichten. Ich fragte Riley, welche es wären. Playboy und Floss. Zwei schöne kleine Rotfüchse, unzertrennliche Freunde. Nie sah man den einen ohne den anderen.

Ich ritt aufwärts durch die Hausweide, die unmittelbar das Haus und den Anger umgibt.

Der Wind brüllte in den Kiefern auf dem Dach der Klippe, so daß es, während ich unter ihnen durchritt, klang, als wäre ich in der Nähe des Meeres und hörte die Brandung.

Ich empfand die Endlosigkeit des Meeres.

Der Geruch der Zwergkiefern, die naß waren vom Nebel, war köstlich und über alle Maßen rein. Ich atmete ihn tief ein.

Ein Blaukehlchen, von der Farbe des Rittersporns, fand Interesse an uns und folgte uns, von einem Busch zum andern fliegend, sich ständig auf unserer Höhe haltend. Ein so kleines Ding, und wir, Pom und ich, so groß. Doch es war im Vorteil, es war frei, leicht, souverän.

Es streckte den Kopf vor, schaute mich an. Ich schaute zurück. Ich rechne immer damit, Grüße mit den Vögeln und den Tieren auszutauschen, wenn ich ihrem Blick begegne. Manchmal, sehr selten, scheint es zu geschehen. Und wenn es geschieht, geschieht etwas mehr — ich fühle einen kleinen Stich, und ein Band ist zwischen uns geschmiedet. Ich habe oft in Stromers Augen geschaut, bin jedoch nie seinem Blick begegnet. Weil ich Angst habe. Wenn ich es nur fertigbrächte, daß wir Freunde werden.

Ich ritt weiter über die Stallweide, überquerte die Landstraße und begann zum Sattelrücken hinaufzureiten.
Poms Leib versammelte sich, und ihr Schritt wurde schneller. Sie ist unermüdlich, trägt mich wie eine Feder und würde die Hügel im Galopp nehmen, wenn ich sie ließe.
Auf der Hochebene umrollten uns Nebel und Wolken. Der Wind brüllte noch immer. Er hatte einen stampfenden Rhythmus, als ob ich eine Muschel an mein Ohr hielte, und hörte wirklich das seltsame Echo von Brandung und Meer — und plötzlich empfand ich Verzweiflung. Warum nur? Es sollte mich entzücken, doch nein — es ist zu groß. Es ist gewaltig, und als plötzlich eine Lücke in dem rollenden Nebel war und mein Blick durch sie hindurch den Wellen folgte, die sich in eine für kein Auge erreichbare Weite fortsetzten, da war wieder die Endlosigkeit, so wunderbar, so schön, daß sie mir das Herz hob und mich eins machte mit sich — doch es war eine Wunde, beigebracht mit einem Messer, mit Blut und Angst.
Rachel und Bunny waren mit mir aufgebrochen, wurden jedoch bald von ihren Jagdinstinkten abseitsgeführt. Bunny tauchte von Zeit zu Zeit wieder auf, als wüßte er, daß er gewissermaßen im Dienst war, doch Rachel verlor ich, nachdem sie während der ersten Meile ein oder zwei Mal, wie verrückt rennend, durch den Nebel vor mir geschossen war, und Bunny und ich setzten unseren Weg allein fort.
Ich machte halt auf dem Grat des Sattelrückens, suchte eine Weile mit den Augen die Umgebung ab, sah jedoch keine Fohlen, sah überhaupt kein Leben.
Auch Pom äugte. Alle Pferde werden entsetzlich aufgeregt in diesen hohen Lagen. Ihr Leib zitterte. Ihr stol-

zer Hals war steil aufgerichtet, die Ohren waren scharf gespitzt. Ich ließ die Zügel locker, und sie drehte den Kopf mit kleinen abrupten Bewegungen bald in die eine Richtung, bald in die andere. Doch der Nebel schloß sich von neuem über uns.
Es war unmöglich, etwas zu sehen.
Ich kehrte nach Hause zurück, um mich in der Sofaecke bei einem lodernden Feuer mit einem Buch von Lussy über Rhythmus zusammenzurollen und abzuwarten, was Etta mit ihrer westlichen Kochkunst für das Abendessen zustande bringen würde.

... sehr spät ... ein kleiner weißer Geist vor der Türe. Rachel. Schmutzig, zerzaust und verwildert über alle Maßen. Ihre Flanken heben und senken sich keuchend, ihre Zunge hängt wie ein langes nasses Band seitlich aus ihrem Maul.

Ich habe Etta entlassen und auf gut Glück an Hilda nach San Francisco telegraphiert, ob es ihr vielleicht doch noch möglich wäre, für den Sommer zu mir zu kommen.

Reumütig kriecht Rachel zu mir heran, um gestreichelt zu werden.
Alle Hunde lieben das, doch bei Rachel ist es ein verzweifeltes Bedürfnis. Nach einer Weile nehme ich meine Hand von ihrem Kopf und sage ihr, sie soll sich hinlegen. Doch sich windend kriecht sie zu Michael und bettelt bei ihm um ein wenig Zärtlichkeit. Dann verschwindet sie nach draußen, zu Riley, der den Anger sprengt. Ich habe sie zur Essenszeit gesehen, zwischen den Knien eines der Windmühlen-Monteure, glückselig unter den

schweren, liebkosenden Händen. Und wenn jemand seine Stimme erhebt, sie zu rufen, sie gar anschreit, dann gerät sie in einen Zustand des Entsetzens.

Alle Kinder schreien Hunde an, und fast jeder Hund beginnt sein Leben in einem Haus mit wenigstens einem Kind. Und auf dem Lande schreit jedermann sie an.

Man ruft. Sie erscheinen nicht. Man ruft lauter und lauter. Wenn es kalt ist und man ein gutes Programm im Radio oder ein interessantes Buch oder eine angeregte Unterhaltung unterbrochen hat, um mit dem Fressen hinauszugehen und die Hunde zu rufen, dann kommt Ungeduld in die Stimme. Wenn man ein Mann ist, wird man wütend. Schließlich schreit man.

Die Hunde nehmen das nicht übel. Wenn sie das Rufen schließlich gehört haben, kommen sie, so schnell sie können, mit wedelnden Schwänzen und himmelnden Augen angerannt, bereit zu springen und zu lieben, gefüttert und liebkost, ins Haus genommen und verwöhnt zu werden.

Das Schreien bedeutet ihnen nichts. Sie sind der Liebe hinter dem Lärm sicher.

Doch Rachel nimmt übel.

Wie kann man das ändern bei ihr? Alle Welt ruft sie und schreit sie an.

Sie aber reißt aus. Und wer sie gerufen hat, wird noch wütender.

Dann versteckt sie sich im Gebüsch, lauert, entschlossen wegzulaufen, wenn man sie entdeckt. Ihre scheue Art entstammt, dessen bin ich sicher, nicht sosehr ihrer Angst wie ihrem Schuldbewußtsein. Sie hat nicht die Absicht zu gehorchen und wird erdrückt von ihrer eigenen Schlechtigkeit.

Sie ist sogar nicht einmal stubenrein.

Auf dem Land, wo die Türen meistens offenstehen und jedermann ein- und ausgeht, wann er will, wo die Hunde mehr draußen sind als drinnen, ist es für sie natürlich, daß sie ihre Bedürfnisse verrichten, ohne um Erlaubnis zu fragen. Das ist strikt ihre eigene Angelegenheit. Und alles geht gut, wenn die Türen nicht durch ein Mißgeschick länger als üblich geschlossen bleiben. Rachel muß stubenrein werden, und sie muß lernen zu kommen, wenn sie gerufen wird.

Ich plane ein besonderes Signal, um sie zu rufen, einen Ton, der ganz anders ist als die Rufe und Schreie, vor denen sie bis jetzt davongerannt ist. Ich würde gerne einen Pfiff benutzen, doch das geht nicht, da die Pferde darauf dressiert sind, auf einen Pfiff zu kommen. So werde ich sie in zwei Tönen rufen, zwei hohen Brusttönen, auf der fünften und der dritten Note der D-Dur-Oktave.

Diese kleine Terz ist ein klagendes Intervall. Kinder, die einander von Hügel zu Hügel rufen, benutzen sie oft.

Die Jodler, die man in der Schweiz und in Deutschland von einem Berg zum anderen hallen hört, enthalten sie. Und ich kann sie immer genau treffen, weil die Orchester sich auf dieses A abstimmen.

Heute ist der Nebel verschwunden, und es ist warm und klar. Alle Farben sind intensiv. Ich habe in der Hängematte am Ende der Terrasse gelegen, mich gesonnt. Keine Einsamkeit heute. Aufschub. Ich liebe es, von Zeit zu Zeit einen Blick auf Riley und George zu werfen, die hin- und hergehen zwischen Scheune, Brunnenhaus, Pferch, Gesindehaus und Geräteschuppen ... lausche den plötzlich von der Windmühle herunterschallenden Rufen der Monteure, dem Zuschlagen von Türen ...

Am jenseitigen Rand der Kälberweide, oben bei der Sektion Sechzehn, sah ich plötzlich einen Farbblitz – die Jährlinge, die über die Freiweide zum Bach hinunterströmen, um zu trinken. Sie sind die schnellsten Lebewesen auf der Ranch. Sie laufen nicht, sie *fliegen* über den Boden, hinweg über Höhen und Senken – Rotfüchse, helle Füchse, Braune, die aufleuchten, wenn die Sonne sie trifft.

Jetzt entschwindet der Tag, und die Sonne nähert sich dem Horizont, sanft und lieblich. Keine Wolken. Der Himmel ist ein klares Smaragdgrün, und der Abendstern in ihm schimmert groß und golden.

Die Windmühle wird bald fertig sein.

9

Wenn ich am Flügel improvisiere und bestimmte Klänge auftauchen, die mich bezaubern – manchmal nur eine kurze Folge von Akkorden, oder ein Wechsel der Tonart, oder ein Stück Melodie –, dann spiele ich sie immer wieder mit einem intensiven Vergnügen.
Es vollzieht sich eine Art Hypnose; zuletzt vergesse ich alles um mich herum und habe Visionen, sehe Naturbilder: Meer, Berggipfel, Blumengesichter, Sonnenuntergänge. Als Kind nannte ich dies „in eine andere Welt gehen" und wußte, daß bestimmte Töne mir diese Welt öffneten. Es erschöpfte mich seelisch. Mein Vater schaute mich dann lange und nachdenklich an und sagte: „Mary, du siehst aus, als hättest du einen Geist gesehen", und ich fühlte mich schuldig, schämte mich und ließ den Kopf hängen.
Ich weiß immer, wann mir das passieren wird. Ich werde dann innerlich erregt und gespannt und spüre, daß ich in diese andere Welt, die ich jetzt *Shinar* nenne, eintreten werde. Die Naturvisionen üben eine starke, manchmal furchterregende Wirkung auf mich aus.
So das Tageslicht zum Beispiel, die Art, wie es sich von der Morgendämmerung bis zum Einbruch der Dunkelheit in der Stimmung ändert.
Zunächst das Licht des frühen Morgens, über das ich in *Freude* geschrieben habe. So unschuldig und fröhlich

und herzlich, und alle Vögel singen gemeinsam in einem verzückten Konzert. „Da ist es wieder! Der Tag! Die Sonne! Und Luft und Flügel!" Die ganze Welt ist ein Kelch, sehnsüchtig nach oben geöffnet, aufwärts steigend, mehr und mehr Licht aufnehmend.
Und mehr und mehr Licht strömt hernieder bis zum großen Katarakt des Mittags, und dann fängt es an grausam zu werden. Kein Winkel bleibt verschont. Der frühe Nachmittag ist erdrückend. Nicht der schmalste Streifen Schatten. Dann neigen sich die Sonnenstrahlen langsam, werden schräg, und jede scharfe Kante wird weich durch dünne Schattenlinien. Jetzt wird die ganze Welt geätzt mit immer breiter werdenden Konturen in Blau und Purpur, und wenn man zusieht, wie die Schatten wachsen, beginnt man zu lächeln und zu staunen und fühlt sich gefangen in einem Mysterium. Und durch die Luft geht ein Atem der Erleichterung, der sanft in Traurigkeit verebbt, wenn der Tag entschwindet.
Zwielicht ist Verzauberung und Magie und voll erregender Dinge. Und Vögel singen dramatisch im Zwielicht, jeder für sich, als habe er etwas Wichtiges zu verkünden.
Oft entsteht aus einem dieser halb-hypnotischen Erlebnisse am Flügel eine neue Komposition, zum Beispiel *Zauber der Dämmerung*.
Ich schrieb es spät in einem Herbst, bald nachdem wir auf die Ranch gekommen waren.
Michael war krank, als ich das Stück komponierte.
Ich fühlte mich schuldig, daß ich ständig am Flügel arbeitete, anstatt ihn zu pflegen.
So ging ich hinauf, lüftete sein Zimmer, zog ihm die Decke zum Kinn, bis ich das Fenster wieder schloß. Dann klopfte ich sein Kopfkissen glatt, brachte ihm

Obstsaft, zog einen Stuhl ans Bett und nahm mein Nähzeug vor.

Er drehte sein Gesicht zur Wand. „Geh hinunter und spiele", sagte er.

„Gefällt dir das Stück?" fragte ich an der Türe.

„Ja."

„Was gefällt dir an ihm?"

Keine Antwort. Er wandte den Kopf nicht um.

Ich wartete eine Weile, ging dann und hörte hinter mir seine Stimme.

„Es ist so unbeschwert . . . so frei . . . wie ein Vogel . . ."

Die Worte taten meinem Herzen gut.

Als das Stück fertig war, erkannte ich, daß es Glanz und Stimmung hatte. Es war durchdrungen von dem seltsamen Licht der Abenddämmerung. Es hatte einen märchenhaften Zauber, und einer der Vögel, der in ihm rief, war eine Eremitendrossel. Sie sind niemals nahe, nie im Garten oder am Waldrand, sondern immer tief im Dickicht. Und jemand, der das Stück hörte, rief aus: „Oh, wie einsam ist dieser Vogel . . ."

Michaels Hals wurde schlimmer. Es war eine Mandelentzündung, und das Fieber stieg weiter, so daß der Tag kam, an dem ich ihn in den Wagen packte und nach Cheyenne zum Arzt fuhr.

Da kein Platz zum Parken da war, fuhr ich den Wagen immer wieder um den Block herum, während ich wartete.

Michael ging hinein und setzte sich dem Arzt gegenüber, der ein guter Freund von uns ist, ein Ungar. Er spricht perfekt Englisch, hat jedoch einen seltsamen, näselnden Akzent.

Der Arzt richtete seine kleine Stirnlampe in Michaels weit geöffneten Mund und rief aus: „Wunderbar!"

(Als Michael es mir hinterher erzählte, wußte ich genau, wie es geklungen haben mußte.)
Dann nahm er seine Lanzette zur Hand, und die Krankenschwester kam herein mit dem Becken.
Nach fünfzehn Minuten war Michael wieder auf der Straße, hielt rechts und links Ausschau nach mir.
Als er auf der Ranch wieder im Bett lag, gegen die aufgetürmten Kissen gelehnt, einen Schmerztöter im Magen und einen extra starken Highball in der Hand, vom flackernden Feuer beschienen und aus jeder Pore den köstlichen Trost der Schmerzfreiheit atmend — da tat es mir wohl, ihn anzuschauen.

10

Alle Tiere lieben Musik, finde ich. Wenn ich im Wohnzimmer spiele, steht die obere Hälfte der Türe offen. Dahinter liegt die schmale Terrasse, umrahmt von einer zwei Fuß hohen, von Michael wunderschön trocken verlegten Mauer, und dann kommt das Blumenbeet und dann der Anger.

Hier versammeln sich die Tiere. Manchmal kommen sie auf die Terrasse, bis zur Türe. Vögel kommen, sitzen in der Pergola, hüpfen und zwitschern und brechen manchmal in ein so lautes Singen aus, daß es scheint, sie wollten meinen Flügel übertönen.

Erst seit ich zurückgekehrt bin, ist die Musik in Rachels Leben eingetreten. Ich glaube, ihre Reaktion ist Staunen und Verwunderung.

Wenn ich, um eine Pause zu machen und frische Luft zu schöpfen, aufstehe, zur Türe gehe und mich auf die untere Hälfte lehne und hinausschaue, sind sie da.

Unmittelbar unter mir auf der Fußmatte liegen die beiden Hunde.

„Oh, da ist ja Rachel!"

Bunny wackelt mit dem Schwanz. *Ich habe sie gebracht.*

Felix und Missy sitzen am äußersten Ende der Terrasse in der Sonne und putzen sich.

Es ist vorgekommen, daß ich, am Flügel sitzend, den

Kopf wandte und die gespitzten Ohren Rheingolds in der Türe sah.

Noch kein Zeichen von den vermißten Fohlen. Heute ist es wunderbar klar. Ich will es noch einmal versuchen. Ich machte einen schlauen Plan. Ich würde Rachel nicht beachten, sondern Bunny zu mir rufen. Das war heimtückisch, denn Rachel, von Kindheit an gewohnt, Bunny zu folgen, kommt ganz impulsiv ebenfalls heran, wenn man Bunny ruft.
Michael würde mir helfen. Dann würden wir sie packen und beide in den Geräteschuppen sperren, und so würde ich Rachel davor bewahren, noch magerer zu werden. Doch ich war bereits im Reitanzug. Würde sie es bemerken?
Sie beobachtete Michael, als Bunny zu ihm lief, und als Michael rief: „Hierher, Rachel! Hierher!" wandte sie sich um und lief weg.
Michael rief befehlend. Ich rief. Riley sah sie hinter dem Gesindehaus vorbeihuschen und auch er rief. Die Männer bei der Windmühle riefen.
Mehrere sprangen auf und versuchten, sie zu fangen, als sie durch die Schlucht schoß. Sie lief tief am Boden wie ein Wiesel, den langen Schwanz so weit unter dem Leib, daß er ihre Nase hätte berühren können.
Michael verlor die Beherrschung. Jeder von uns brüllte noch ein paar Mal und dann gaben wir uns geschlagen. Rachel saß in dem Espengehölz oberhalb der Ställe, an einem erhöhten Punkt, von dem aus sie alles sehen konnte, vor allem den Pferch, in dem ich Madame Pompadour sattelte und von dem aus sie in die weite Welt entfliehen konnte, wenn jemand auch nur die kleinste Bewegung machte, sie zu fangen.

Während ich den Berg hinaufritt, fragte ich mich, wie ich sie dazu bringen könnte, mich zu lieben und mir zu gehorchen. Ich sah sie hinter mir herschleichen.
Sie hob das Gesicht zu mir, nicht triumphierend, sondern nur so glücklich, daß die Freude überquoll. Sie ist versessen auf die Freiheit, doch sie ist niemandes Hund. Sie hat kein Vertrauen. Wie verängstigt, verschlagen und wachsam sie um sich schaut! Wie ein wildes Tier ohne Heim, ohne Freund, ohne Besitzer.
Ich ließ Pom im kurzen Galopp den Sattelrücken hinaufgehen. Rachel war bereits außer Sicht.
Oben auf dem Kamm hinter Sektion Zwanzig hielt ich an und suchte die Umgebung ab. Dreißig Meilen ostwärts, in Cheyenne, schimmerten Platten von reinem Gold am Himmel, die vergoldete Kuppel des Kapitols. Nach Osten und nach Westen erstreckte sich die Eisenbahnlinie. Ich machte sie aus durch die Züge, die auf ihr fuhren — winzige Spielzeugzüge. Nach Westen kletterten sie den „Großen Berg" hinauf, zwei Lokomotiven zogen sie, ich konnte die Rauchfahnen sehen, doch in der anderen Richtung ging es abwärts, sie bremsten und hatten keine Extralokomotive. Es ist eine belebte Strecke. Alle drei Minuten, sagen sie, passiert ein Zug. Ich konnte die weiße Jacke eines Kellners auf der Plattform des Speisewagens sehen.
Tief im Westen und im Süden ragen im Halbkreis die Berge, die Schneekette und die Nimmer-Sommer-Kette, wie die Indianer sie nennen. Am vierten Juli veranstalten sie dort unten in Colorado immer ein Skitreffen in den Bergen.
In keiner Richtung waren Anzeichen für einen Sturm zu erkennen, nur Flotten segelnder Wolken, doch als ich angestrengt nach den fernen Gipfeln hinüberschaute, sah

ich, daß dort starker Wind ging, denn eine Schneewolke stieg auf wie Rauch aus einem Schornstein. Und ich wußte, daß ein Schneehang sich gelöst hatte und abwärts rutschte. Ich sah ihn aufwirbeln, sich ausbreiten und aufsteigen, und dann sank der Aufruhr in sich zusammen, schmolz hinweg. Alles war wieder ruhig.

Ich ritt weiter, hielt Pom im Schritt. Plötzlich blieb sie stehen, ihr Kopf fuhr hoch mit einem scharfen Ruck, und sie wieherte. Ein antwortendes Wiehern kam hinter einem niedrigen Hügel zu meiner Linken hervor. Ich preßte mein Bein gegen ihre Flanken, wir gingen um den Hügel herum, und hier war die ganze Rotte der Jährlinge, alle Köpfe hoch, uns scharf beobachtend, bereit zur Flucht. Ein kleiner Schecke löste sich aus der Gruppe und kam auf uns zu; und plötzlich zitterten ich und Pom vor Wiedersehensfreude. Dies war ihr einjähriges Fohlen. Die anderen Fohlen umkreisten uns. Rachel hatte sie lange vor mir entdeckt und saß auf der anderen Seite der kleinen Senke, beobachtete uns ruhig. Ich hatte, während Pom und ihr Fohlen miteinander spielten, Zeit, mir die anderen anzuschauen. Rachel war verschwunden.

Die Fohlen haben im Frühling immer ein langhaariges Fell, das sich später in großen Placken zu lösen beginnt. Manchmal verändern sie sich während des Winters so sehr in der Farbe und in der Größe, daß man sie kaum noch unterscheiden kann.

Ich erwartete, daß zwei von den ursprünglichen sechzehn fehlten, doch als ich zählte, waren es fünfzehn. Das machte mich stutzig. Ich zählte von neuem. Fünfzehn. Wenn Playboy und Floss fehlten, mußte ein fremdes Fohlen zu unserer Gruppe gestoßen sein. Ich betrachtete die Rotfüchse genauer, und einer von ihnen schien mir

Playboy sehr ähnlich zu sein. Doch Floss, die ungewöhnliche Merkmale hatte, war zweifellos nicht dabei.
Auf dem Nachhauseritt roch ich Aas im Wind.
Der Geruch war stark.
Ich zog die Zügel an und schaute um mich. Da sah ich Rachel am Rand einer Bodenspalte sitzen und hinunterschauen.
Ich galoppierte näher. Unten lag Floss. Schwer zu glauben, daß dies alles sein sollte, was übriggeblieben war von dem lieblichen kleinen Stutenfüllen – der Leib bereits zur Hälfte verfault, die Haut aufgebrochen, zusammengeschrumpft und vertrocknet, die Zähne entblößt, der hübsche cremefarbene Schweif nur noch ein struppiges, verblichenes Büschel.
Gott sei Dank war er zur Hälfte mit ungeschmolzenem Schnee bedeckt. Ich rekonstruierte das Unglück. Alle Fohlen rannten zusammen über die Ebene, wie sie es immer tun. Der Boden war mit Schnee bedeckt. Die Bodenspalte war ganz oder teilweise mit Schnee gefüllt. Unfähig, zu sehen, wo fester Grund war und wo nicht, machte Floss den Sprung, verrechnete sich, oder ihr Fuß rutschte aus, oder der Rand gab nach, als sie auf der anderen Seite landete. Und sie fiel nach hinten.
Im Pferch zurück, erzählte ich es Riley.
„Aber es fehlen zwei."
„Nur eins, Riley. Playboy ist bei der Rotte."
„Aber wir haben ihn nicht gesehen."
„Ihr habt nach beiden geschaut. Als ihr Floss nicht saht, habt ihr geglaubt, auch er wäre verschwunden. Doch er ist dort."
Ich sattelte Pompadour ab.
„Wie viele Fohlen waren dort?"
„Fünfzehn."

Riley kratzte sich am Kopf, zutiefst verwirrt. Er ist ein komischer Kerl. Er hat kurze krumme Beine und immer ein überraschtes fragendes Lächeln auf seinem irischen Gesicht.

Ich ging ins Wohnzimmer und fand Michael vor dem Kaminfeuer, einen wilden Blick in den Augen.

„Ich bin reif fürs Irrenhaus. Du kommst gerade zur rechten Zeit."

„Was ist passiert?"

„Die Windmühle ist aufgebaut, aber sie dreht sich nicht."

„Sie dreht sich nicht?"

Ich war entgeistert. Dann kam mir ein rettender Gedanke: „Aber es geht kein Wind heute."

„Ein wenig. Genug. Sie sollte sich drehen, aber sie rührt sich nicht. Und die ganze Zeit ist umsonst vertan. Soviel ist zu tun, und wir haben noch kein Wasser. Ich weiß nicht, was ich zuerst machen, wo ich anfangen soll. Soll ich versuchen, das Wasser anzusaugen? Oder soll ich eine Druckpumpe kaufen?"

Er hatte den Katalog eines Warenhauses in der Hand. Aufgeschlagen war die Seite mit Angeboten von Pumpen.

Ich war erschüttert. Mein Herz begann zu hämmern. Zwei Unglücke auf einmal, dachte ich.

„Floss ist tot", sagte ich würgend. „Ich fand ihr Skelett oben in Sektion Neunzehn. Playboy ist bei der Rotte."

Ich wünschte, die Windmühle würde sich drehen.

Wir standen auf dem Anger und beobachteten die faule Windmühle.

Von Zeit zu Zeit, wenn ein stärkerer Wind aufkam, drehten sich die Arme einige Male und pumpten ein wenig Wasser.

„Weiter, weiter, weiter!" schrie Michael dann.
Auch ich schrie: „Weiter, weiter so!" Und die Hunde kamen bei diesen seltsamen Lauten angerannt und sprangen und bellten und wedelten mit den Schwänzen. Dann drehten sich die Flügel langsamer und langsamer ... und standen still.
„Jedenfalls", sagte ich, „es ist kein großes Unglück."
„Es *ist* ein großes Unglück."
„Nein. Wenn wir hier und dort und überall nach Wasser gebohrt und keines gefunden hätten wie die meisten Leute, das wäre ein Unglück gewesen. Doch wir haben diese gute Ader ohne viel Bohren gefunden. Wenn wir nun das Wasser nicht mit der Mühle hochpumpen können, werden wir es auf andere Weise tun. Das bedeutet nur einen Aufschub."
„In zwei Wochen sind die Jungen hier, und ich muß drei Pferde zureiten und trainieren, bevor sie kommen." Seine Stimme klang verzweifelt.
„Es ist nicht so schlimm, wenn das Wasser nicht läuft, wenn sie kommen. Die Pferde müssen zugeritten werden, das ist wichtig."
Wir müssen einen Windmühlen-Experten bestellen; er soll prüfen, ob Acht-Fuß-Blätter anstelle von Sechs-Fuß-Blättern es schaffen. Wenn nicht, müssen wir sehen, ob das Wasser von der Quelle ins Haus gesaugt oder gepumpt werden kann ...
Wenn alles schiefgeht, wird Michael krank. So hat er jetzt neuralgische Schmerzen auf einer Gesichtsseite, ist erkältet und heiser.
Er hat versucht, das Wasser anzusaugen.
Es klappte nicht.
Er tadelt sich leidenschaftlich für alles, was schiefgeht. „Dieses Mal dachte ich, ich hätte jede Vorsichtsmaß-

nahme getroffen, bevor ich die Mühle bestellte, und doch habe ich es falsch gemacht!"
„Aber", rief ich aus, „wie konntest du im voraus wissen, wie es sich mit dem Wind verhält? Du hast das Wasser entdeckt, das ist die Hauptsache. Und es schien immer ein guter Luftzug durch die Schlucht zu wehen."
„Ich hätte die Luftströmungen gründlicher prüfen sollen. Ja, das hätte ich tun müssen. Ich hätte Fahnen aufhängen müssen, jeden Tag, bevor ich die Mühle bestellte."
Und so wird seine Erkältung schlimmer.
Der alte George stolziert sehr selbstzufrieden umher.

Der Windmühlen-Monteur ist gekommen mit einem „Experten". Sie haben alles genau untersucht, die Gründe für das Versagen der Mühle zu finden, haben ihr Puls und Temperatur gemessen und schließlich entschieden, es müßte eine Pumpe her, das Wasser von der Quelle zu dem großen Tank auf dem Hang zu heben, von wo aus es ins Haus geleitet werden könnte.
Sie zogen sich mit Michael zurück, um die Pumpe auszusuchen.
Michael schrieb die Bestellung aus, und die Männer nahmen sie mit, um sie in der Stadt zur Post zu geben.
Bevor sie gingen, ersetzten sie jedoch die Sechs-Fuß-Blätter durch Acht-Fuß-Blätter, um zu sehen, was passieren würde.
Es passierte nichts.
Michael fühlte sich, nachdem er die Pumpe bestellt hatte, wesentlich besser. Seine neuralgischen Schmerzen sind verschwunden, und seine Stimme ist wieder normal.
Er erzählt mir glücklich, am Sonntag würde die Pumpe hier sein, und das Wasser im Haus würde fließen.

Das ist natürlich unmöglich, da heute Mittwoch ist und die Pumpe mehrere Tage brauchen wird.
Doch auf alle Fälle sind die Dinge in Gang gekommen.

Wo ist der gutaussehende, gutangezogene Mann, der mich an der Bus-Station in Cheyenne abholte, als ich aus New York ankam? Seine Reitstiefel waren blankgeputzt, seine Cord-Breeches tadellos gebügelt und sein dickes blondes Haar sorgfältig glattgebürstet.
Das Soldatenleben gibt einem Mann nicht nur eine gute Haltung und ein gutes Benehmen, es ist auch fähig, aus ihm ein wenig einen Dandy zu machen. Ich habe durchaus nichts dagegen. Männer müssen ihr Äußeres ebenso durch die Kleidung verschönern wie die Frauen.
Doch auch ohne gut angezogen zu sein, sieht Michael gut aus. Die Leute drehen sich um zu einem zweiten Blick auf sein hartes, bronzefarbenes Gesicht mit dem breiten, große weiße Zähne entblößenden Lächeln und den strengen, sehr strengen, niemals lächelnden eisblauen Augen.
Doch jetzt!
Seine Arbeitskleidung besteht aus einem verwitterten, schweiß-gefleckten Hut, ausgebeulten alten Hosen mit Flicken und verblichenen Stellen, einem verwaschenen, alten grauen, am Hals offenen Flanellhemd, schweren, formlosen, klobigen Farmerstiefeln mit Gummiseitenzügen, groben, weißen und über die Stiefelränder gerollten Socken.
Ich sehe ihn nie ohne Hammer oder ein anderes Werkzeug, ohne ein Stück Rohr oder Holz. Seine hübschen, viereckigen Hände mit ihren seltsamen breiten Fingern sind immer schmutzig, immer zerschunden, während er umhergeht, die Dinge für den Sommer in Ordnung zu

bringen, den Geräteschuppen, den Hühnerstall, die anderen Ställe und die Maschinen zu reparieren. Außer den großen Sachen wie der Windmühle und den Pferden muß er sich einer Unzahl von Details widmen. Und wenn die Arbeit für einen Augenblick beendet ist, verfällt er in eine Art Halbbetäubung, sitzt, seine Pfeife rauchend, neben dem Radio, bewegungslos vor sich hinstarrend, kein Licht im Gesicht, dunkle Schatten unter den Augen.

Hilda ist gekommen.
Und jetzt ist alles anders geworden.
Ich habe mein Zimmer gründlich aufgeräumt. Auf dem kleinen Nähtisch am Fenster steht eine Vase mit gelben Blumen. Mein Schreibtisch ist leer, alle Papiere sind in Fächern verstaut. Auch in die andern Räume des Hauses habe ich Blumen gestellt. Und das alles, weil wir ein Team sind, Hilda und ich. Wenn man Hand in Hand arbeitet mit jemandem, nimmt man es genau, wenn man allein ist, wird man leicht schlampig.
Ich bin in der Stadt gewesen und habe mir drei Kleider gekauft, ein Dollar das Stück. Eins davon habe ich jetzt an — rot, mit kleinen weißen Punkten, einer kleinen Schärpe im Rücken und vorne mit einem durchgehenden Reißverschluß. Es ist leicht, kühl, bequem anzuziehen und hat einen Anflug von Unbekümmertheit. Also fühle ich mich unbekümmert.

11

Es gibt eine Menge Fische im Einsamer-Baum-Bach, und sein Wasser ist noch nicht abgelassen und in die Bewässerungsgräben geleitet worden, die an den Rändern der Weiden entlanglaufen.
Dies wird geschehen, wenn die Dämme repariert sind. Dann werden die Gräben in Abständen angeschnitten, und das Wasser strömt herunter auf die Weiden, überflutet sie.
Inzwischen sind die Weiden trocken. Die Zuchtstuten und ihre Fohlen und natürlich der Hengst sind noch in ihren Winterquartieren — in dem Espengehölz am äußersten Ende der Felsenweide.
Die Weiden, jede eine lange ellipsenförmige Fläche, säumen die Längsseite der Ranch und sind abgeteilt durch Dämme.
Wenn ich also nicht fischen gehe, bevor die Weiden überflutet sind, werde ich überhaupt nicht dazukommen.
Der Himmel ist bedeckt. Gutes Wetter zum Fischen.
Als Nächstes galt es, Missy zu finden. Sie ist ebenso darauf versessen, mich bei meinen Expeditionen zu begleiten wie die Hunde.
Ich fand sie in tiefem Schlaf in der Sofaecke im Wohnzimmer. Sie lag auf der Seite, zusammengerollt wie eine Raupe, ihr kleines Gesicht leicht nach oben gewandt, die

Augen dicht geschlossen und die vier kleinen Pfoten baumelnd und schlaff gegen das weiche Fell ihres Bauches gelehnt.

Kein Menschenkind wacht auf, wenn seine Mutter es bewegt. So schrecken auch meine Tiere nicht auf bei meiner Berührung. Als ich mit meiner Hand über Missys weiches Fell fuhr, vom Kopf bis zum Schwanzende, zuckte sie mit keiner Wimper. Ich ging hinaus, rief George und sagte ihm, er solle mir einige Würmer ausgraben.

Michael würde überrascht sein, dachte ich, als ich aufbrach, wenn ich Forellen zum Abendessen hatte. Ich würde Hilda sagen, sie nicht in Kornmehl zu backen, sondern nur in gesalzenem Schweinefett zu braten, und zwar im Freien, so daß sie den Geschmack von Holzrauch hätten. Die Hunde tauchten von irgendwo auf, sprangen mich von allen Seiten an und rannten davon, vermutlich einer frischen Kaninchenfährte nach.

Ich weiß, wo die Forellen sind — dicht am Ufer hinter jeder Krümmung.

Während ich fischte, dachte ich zurück an den Anfang der Ranch.

Im Anfang muß dieser Bach gewesen sein. Ohne den Bach wären die Dämme nicht gewesen. Ohne die Dämme hätte es kein Gras gegeben und ohne Heu keine Molkerei noch ein Jungenslager — in der Tat, keine Ranch. Und ich würde jetzt nicht hier stehen und fischen.

Ich fühlte einen Ruck und riß meine Angelleine aus dem Wasser mit einer dreißig Zentimeter langen Regenbogen-Forelle.

Vier Dinge geschahen auf einmal.

Missy schoß aus dem Gebüsch hinter mir und sprang

nach dem zappelnden Stück Silber. Die Forelle fiel vom Haken.

Auf unerklärliche Weise waren auch die Hunde da, sahen die Forelle ins Wasser plumpsen und sprangen hinterher. Ich ließ meine Dose mit Würmern fallen.

Als ich mich bückte, um sie aufzuheben, fühlte ich etwas hinter mir und drehte mich um. Vor mir stand Stromer, sah mich ruhig an. Von seiner Nase hing die kurze Kette herunter.

Ich stand wie versteinert. Die Hunde kamen aus dem Wasser, sprangen so nahe wie möglich zu mir heran und schüttelten sich heftig.

Von Kindheit an wird einem beigebracht, keine Angst zu zeigen. Ja, man sagt uns sogar, wir sollen keine Angst *haben* (wie dumm!). Trotzdem erkannte ich sofort, daß Stromer keine bösen Absichten hatte. Er war einfach neugierig. Er sah, daß etwas vor sich ging, und er wollte wissen, was es war. Außerdem wollte er nicht übersehen werden. Tiere sind von Geburt einsam und suchen Gesellschaft. (Es sei denn, sie sind krank oder ihre Sterbestunde naht oder ein Weibchen will gebären.)

In einer anderen Beziehung gleichen sie ihren großen menschlichen Brüdern — sie suchen Sicherheit. Wenn ein menschliches Wesen sich ihrer annimmt, mit Autorität zu ihnen spricht, den Willen zeigt, sie zu besitzen, dann laden sie mit Liebe und Dankbarkeit die Bürde ihres ganzen Lebens auf ihren Herrn.

Als meine Angst nachließ, wandte ich mich Missy zu. Sie konnte und würde wahrscheinlich alles verderben. Wenn sie mich zum Fischen begleitet, sitzt sie gewöhnlich am Ufer, direkt unter meiner Angel, den Blick ins Wasser gerichtet. Ich glaube, sie kann sehen, wie der Fisch heranschwimmt, an dem Köder knabbert, ihn schmeckt und nimmt. Im Augenblick, da meine Leine ihn aus dem Wasser in die Luft schnellt, will sie mir ihn streitig machen.

Ich rief: „Hierher, Missy", und streckte meine Hand aus.

Sie kann meiner Hand nie widerstehen und lief auf mich zu mit einem kleinen scharfen Freudenschrei. Ich hob sie auf und legte sie auf meine linke Schulter, wo sie ihre übliche kuschelnde Haltung einnahm, ein Bein um meinen Hals geschlungen.

Als ich den Bach hinaufging, folgte Stromer mir, und bald schloß sich ihm Rheingold, der Junghengst, an. Die Hunde rannten voraus, hin- und hergerissen zwischen dem Verlangen, bei mir zu bleiben, nichts zu versäumen, und dem, jeder heißen Fährte nachzugehen.

An der nächsten Krümmung machte ich wieder halt. Die Hunde setzten sich, beobachteten mich mit heraushängenden Zungen, darauf lauernd, daß etwas geschähe. Doch es geschah nichts, außer daß sich, weit entfernt, so daß ich es nicht sehen konnte, etwas bewegte, und wieder waren sie verschwunden.

Ich fing jetzt drei schöne Forellen kurz hintereinander. Jede brachte Aufregung, denn ich mußte sie vor Missy beschützen, sie vom Haken lösen und sie in meine Tasche tun. Bei dem letzten Fisch ließ ich alles fallen, einschließlich Missy, kniete nieder, lag fast auf dem Fisch. Missy sprang auf meinen Rücken, Rheingold stampfte und wieherte, Stromer gab ein tiefes Stöhnen von sich, und beide Hunde kamen wieder angerannt, heiß und keuchend, und legten sich zum Abkühlen ins Wasser.

Von nun an gaben sie alle anderen Interessen auf und widmeten ihre Aufmerksamkeit nur dem Fischen, liefen mir stromaufwärts voraus, suchten nach geeigneten

Stellen. Sie wandten sich um, schauten mich mit heraushängenden Zungen fragend an, und wenn ich mürrisch sagte: „Nein, nicht hier", dann liefen sie weiter mit unerschütterlichem Optimismus. Wie ich es fertigbrachte, noch zwei weitere Fische zu fangen? Ich dachte an das Abendessen, machte mir selbst den Mund wäßrig.

Schließlich kam ich zu dem Zaun zwischen Buckelwiese und der Felsenschloß-Weide. Am äußersten Ende steht die große ragende Klippe, früher natürlich ein kleiner Berg. Im Laufe der Zeiten ist er durch Erosion ausgehöhlt worden bis auf sein felsiges Skelett; und hier steht er, ein Schloß mit Türmen und Zinnen und vielen geräumigen unterirdischen Höhlen.

Nicht sehr einladend diese Höhlen; Tiere, große und kleine, wählen sie, um in ihnen zu sterben oder ein Opfer zu verschlingen, und sie sind voll von Skeletten, Knochen und Schädeln und stets erfüllt von dem häßlichen Summen der Schmeißfliegen.

Doch die Weide ist ein Paradies, nicht nur wegen der reichen Überreste an letztjährigem Gras, sondern weil sie einen wunderbaren Schutz abgibt mit dem Gehölz von jungen Espen, das den Bach am äußersten Ende auf beiden Seiten säumt.

Von da aus, wo ich stand, die Hand auf dem Gatter, konnte ich nichts von einer Stute oder einem Fohlen sehen, doch ich wußte, daß sie da waren. Sie mußten in dem Espengehölz verborgen sein.

Es ist auf einer Ranch gut, immer zu wissen, wo man ist, wo die Zäune und Gatter sind und mit welchen Tieren zusammen man sich innerhalb einer Umfriedung befindet.

Wenn ich das Gatter öffnete und auf die Weide hinausging, würden meine Begleiter mit mir kommen wollen.

Ich wandte mich um und betrachtete sie. Die Hunde wußten, daß sie still zu sein hatten, während ich nachdachte. Sie warteten sitzend, ihre strahlenden Gesichter zu mir erhoben. Missy saß auf meiner Schulter. Auch Stromer und Rheingold begriffen, daß ich nachdachte, und warteten geduldig, hoffend, es würde etwas dabei herauskommen.

Ich wußte, daß ich nur mit Gewalt oder durch ein schnelles Manöver Stromer und Rheingold davon abhalten konnte, mir zu folgen, wenn ich das Gatter in dem Stacheldrahtzaun öffnete.

Blazes würde vom äußersten Ende der Weide herangaloppiert kommen, um festzustellen, wer in seinen Herrschaftsbereich eindrang, und wahrscheinlich würden ihn achtzehn Stuten und siebzehn Fohlen begleiten. Sie würden wild die Köpfe werfen und wiehern, besonders über das Wiedersehen zwischen Rheingold und seiner Mutter Juanita.

Denn Juanita ist bei der Zuchtstutenrotte.

Sie ist auch Michaels Lieblingsreitpferd, genau passend zu ihm in Höhe, Gewicht und Stil. Sie ist ein wahres Klassepferd.

Ich war es, die Juanita auf die Ranch brachte.

Es war vor mehreren Jahren, und ich hatte zu viele Milchkühe und Färsen und zu wenig Sattelpferde. Ich sagte zu Michael, ein Milchmann in der Stadt hätte mich angesprochen und mir erklärt, er hätte eine Sattelstute, die er gegen eine Milchkuh austauschen möchte, und ob ich das Geschäft machen wolle.

Michael nannte es eine ausgezeichnete Idee und schlug vor, ich solle mir die Stute anschauen und den Handel perfekt machen.

Ich hatte nicht genug Vertrauen in meinen Pferdeverstand, etwas so Wichtiges zu erledigen, doch Michael war zu beschäftigt, um sich darum kümmern zu können. So kam ich eines Tages mit Wagen und Anhänger auf der kleinen Milchfarm nördlich der Stadt an und betrachtete mit großen Bedenken und etwas bedrückt eine hohe, grobknochige Stute, von der der Besitzer mir versicherte, daß sie zugeritten sei, die zu besteigen er sich aber anscheinend nicht getraute.

Sie war ein richtiges Knochengestell. Ihr Fell wäre schwarz gewesen ohne den Staub und den Dreck, der seit Jahren hineingerieben worden war. Sie hatte eine häßliche, pflaumengroße Zyste auf der Nase. Doch sie war ungewöhnlich hoch und schien nach längerem Hinsehen einen feinen Kopf zu haben.

Von Natur leichtgläubig, glaubte ich dem Besitzer, als er mir sagte, sie sei ziemlich viel geritten worden, und ich dachte, sie würde für uns von größerem Nutzen sein als eine meiner überzähligen Färsen.

Was bei meiner Entscheidung vielleicht den Ausschlag gab, war die Tatsache, daß sie auf einer dürren Hangweide ohne Gras und Wasser, ohne Schatten stand.

Ich brachte sie im Anhänger hinter dem Wagen nach Hause, und während ich fuhr (nicht fähig, sie zu sehen), vergaß ich die Knochen, den Staub, den hängenden Kopf, die Warze und verliebte mich in sie. Ich glaubte, eine glänzende schwarze Stute heimzubringen, glatt und feingliedrig, mit einem schönen, rassigen Kopf, stolzen, intelligenten Augen und guten Sattelmanieren.

Ich gab ihr einen zu einer spanischen Prinzessin passenden Namen, *Juanita.*

Mein Herz schlug wild vor Stolz und Aufregung, als ich den Wagen vor der Terrasse des Ranchhauses stoppte.

Sie waren alle da, Michael, einige der Jungens, Eugenie und einige Freunde.
Sie sagten: „Was ist das in dem Anhänger?"
Sie kreischten vor Lachen.
Selbst Michael, der ein gutes Pferd auf Meilen erkannte, war überwältigt.
Ich wandte mich um, schaute sie an. Da stand sie, wie müde Pferde es oft tun, mit ihrem Gewicht auf einem Hinterbein, so daß ihre Knochen (und man sah sie alle) schief und krumm zu sein schienen.
Ihr Fell war grau-schwarz und stumpf. Ihr müder Kopf hing traurig über den Rand des Anhängers. Ihre Augen waren halb geschlossen. Ihre Warze war nicht zu übersehen.
Wo war meine spanische Prinzessin? Ich mußte selbst lachen. Wir lachten, bis es uns weh tat. Es war eine jener Gelegenheiten, bei denen man nicht mehr aufhören kann. Und ich wußte natürlich, daß nicht über Juanita gelacht wurde, sondern über mich, denn sie kreischten immer wieder: „Mary, wie konntest du?"
Doch schließlich war sie wirklich Juanita, die spanische Prinzessin, nachdem sie zugeritten, trainiert, geschult, wohlgenährt, gestriegelt und gepflegt worden war.
„Sie werden sie gleich erkennen unter den anderen Stuten", sagte Michael kürzlich, als er einen Mann hinausschickte, sie von der Weide hereinzuholen, „denn sie ist die einzige, die wie ein Rassepferd aussieht."
Sie liebt es zu gebären und ist nie trocken. Jeden Frühling bringt sie das schönste Fohlen der Rotte zur Welt, nie ihr selbst ähnlich, doch das Ebenbild des Vaters, eines goldenen Braunen, und sie sind einander gleich wie Erbsen in einer Schale.
Sie zieht sie mustergültig auf, während sie von all unse-

ren Schwergewichten geritten, über Hürden gejagt und auf Gepäckritte mitgenommen wird. Beim Selbstmord-Rennen liegt sie, mit Michael auf dem Rücken, immer weit in Front. Dies ist das Verfolgungsrennen über steile Hügel und Hänge, über Bäche und Hecken, immer in einem scharfen Galopp, die letzte wilde Jagd jeder Lagerzeit.

Rheingold war eines ihrer Kinder, und sie würde entzückt sein, ihn wiederzusehen. Ich konnte mir vorstellen, wie sie sich aufbäumten, einander benagten, ihre Hälse übereinanderlegten. Doch was war mit Blazes? Wie würde er seinen erwachsenen, drei Jahre alten Sohn empfangen? Wenn das Fohlen zwei Jahre alt ist, duldet es der Vater nicht mehr um sich und verjagt es mit kleinen Bissen aus der Rotte.

Nun, dachte ich verdrießlich, um zu jener bestimmten Krümmung des Baches zu kommen, wo immer eine große Forelle steht, brauchte ich das Gatter nicht zu öffnen, konnte einfach unter dem Zaun durchkriechen.

Doch ich wußte, das Resultat würde praktisch das gleiche sein. Blazes und seine Stuten würden über die Weide herangaloppiert kommen. Stromer und Rheingold auf *dieser* Seite des Zaunes, Blazes und seine Herde auf der *anderen,* ich dazwischen ... da würden die Hunde zweifellos anfangen wild zu bellen und die Fohlen verjagen.

Im gleichen Augenblick, als ich zu diesem Entschluß kam und mich entschied, das Fischen aufzugeben, spürte es meine Tiereskorte. Stromer ließ den Kopf sinken und begann zu grasen. Rheingold tat das gleiche. Die Hunde beachteten mich nicht mehr, liefen umher, suchten nach neuen Kaninchenfährten.

Ich bemerkte, daß es viel dunkler geworden war, und

blickte zum Himmel hinauf. Eine schwere Wolke hing über mir, und plötzlich wurde sie von einem Blitz durchzuckt. Ich sah ein, daß ich naß werden würde, wenn ich nicht sofort nach Hause eilte.
Schnell rollte ich meine Angelleine auf, doch es war zu spät. Berge von Wolken türmten sich auf. Der Donner rollte und krachte. Missy sprang von meiner Schulter und verschwand. Es begann zu gießen. Ich zog den Kopf ein, um meine Augen zu schützen, preßte meine Würmerdose gegen die Brust und stürzte heimwärts. Ströme von Wasser rannen über Stromers weißes Fell. Rheingold war durch die Nässe zu einem dunklen Braunen geworden. Plötzliche Windstöße schlugen mir eiskalt ins Gesicht. Donner auf Donner rollte über mir, krachende Blitze zuckten auf allen Seiten. Der Boden war bedeckt mit kleinen weißen hüpfenden Murmeln, die rasch zu Ping-Pong-Bällen wurden, und als ich den Kopf hob, um zu sehen, was um Himmels willen geschah, schlug mir ein faustgroßer Eisbrocken gegen den Backenknochen.
Ich suchte Schutz, und als ich mich unter einen überhängenden Felsen zwängte, schoß ein kleines Weißschwanzkaninchen unter mir vor. Salziges Blut aus der Platzwunde an meiner Backe floß mir in den Mund.
Später ging ich in strahlendem Sonnenschein nach Hause. Die Felder dampften, und die Regentropfen auf den Gräsern glitzerten wie Diamanten. Alle Farben leuchteten intensiver, das Grün von Gras und Baum, das Rot der Dächer, das Blau des Himmels, und ich sah einen Regenbogen sich von dem Sattelrücken bis zur Ranch spannen, und während ich ihn gebannt betrachtete, entstand über ihm ein zweiter, und dann, ich traute meinen Augen kaum, ein dritter.

Ich stand da, starrte, vergaß, daß ich nach Hause wollte.

„Hilda! Hilda! Ich bin vollkommen durchnäßt. Legen Sie einige Säcke auf den Küchenfußboden!"
Sie war entsetzt angesichts meines blutigen Gesichts und meiner klappernden Zähne.
„Um Gottes willen, Mrs. Bergwin!"
Hausgemachte Brötchen buken im Herd, und der Raum war warm. Hilda brachte mir ein großes Badetuch, und vor dem heißen Ofen befreite ich mich von meinen triefenden Sachen.
Eine der Forellen war ein Prachtstück, dreißig Zentimeter lang.
Hilda nahm sie aus und servierte sie zum Abendessen.

12

Ich nehme an, es ist Michaels Erfahrung im Remontedienst, der er seine Geschicklichkeit in der Bewegung vieler Pferde verdankt. Er braucht keine Hilfe dabei, ja, er duldet dann niemand in seiner Nähe.
Die Rancher der Umgebung machen ihre Bemerkungen darüber.
„Er hat eine gute Hand mit Pferden", sagen sie.
Sie selbst können es nicht. Sie nehmen Nachbarn zur Hilfe, und sie alle johlen und galoppieren und jagen die Pferde wie verrückt. Ein halbes Dutzend Cowboys ist notwendig, sie dorthin zu bringen, wo man sie haben will.
Nicht nur Michaels Art, mit Tieren umzugehen, sondern auch unsere Behandlung aller Tiere, ja, die Art und Weise, wie wir züchten, pflanzen, kochen und unsere Ranch bewirtschaften, alles das wird eifrig kommentiert durch den Nachbarschaftsklatsch.
Diese Gegend, die so leer erscheint, ist erfüllt von ewigem Klatsch.
Wir haben keine nahen Nachbarn. Die Ranch-Häuser sind meilenweit voneinander entfernt und haben keine Telephone, doch sie sind miteinander verbunden durch einen Nachrichtendienst, der ebenso wirksam ist wie die afrikanischen Trommeln.
Jedes Telegramm, das wir abschicken oder empfangen,

wird laut gelesen, so daß jeder, der in der Nähe ist, es hören kann. Wenn wir Vieh kaufen oder verkaufen, ist es allgemein bekannt. Ob wir mehr oder weniger Jungens für unser Sommerlager haben, als wir gerechnet hatten, ob wir auf unsere Kosten kommen werden, alles wird gründlich besprochen, auch wieviel Tagelöhner wir beschäftigen, wann sie am Morgen anfangen zu arbeiten und was wir ihnen zu essen geben. Und wenn man zur Mittagszeit zufällig auf die Ranch kommt, kann man dann damit rechnen, zum Essen eingeladen zu werden? Zu einem guten Essen?

Neulinge sind immer ein willkommenes Wild, aber wir machten uns nichts daraus. Manchmal lachten wir selbst herzlich, wenn einzelne Aussagen uns zu Ohren kamen.

„Was glauben Sie, mit was die ihren Kartoffelacker bepflanzt haben? Mit *Französischen Bratkartoffeln!*"

„Was glauben Sie, was sie sagte, als ich eines Tages zu ihr ging und ihr erklärte, eine ihrer Kühe auf der Weide unten brauchte einen Stier? Sie sagte: ‚Woher wollen Sie das wissen?' "

Ich stand bald in dem Ruf, daß ich nichts wußte, nicht einmal die Fakten des Lebens kannte, daß ich alles glaubte, was man mir erzählte, und daß ich Angst hatte, besonders vor Stieren.

Ich gewöhnte mich daran, wenn ich in einem Laden in Cheyenne, in einer Garage oder auf dem Postamt ein bekanntes Gesicht mit einem Lächeln begrüßt hatte, zu sehen, wie mehrere Köpfe sich mit verstohlenen Mienen zusammensteckten, und die spezielle Art von kicherndem Gelächter zu hören, die immer bedeutet, daß jemand durchgehechelt wird.

Es geschahen Dinge, die zu Unfällen hätten führen können.

„Ein Stier, sagen Sie, Mrs. Bergwin? Ein fremder Stier auf Ihrer Ranch? Das ist doch unmöglich! Das muß ein Ochse gewesen sein."

„Nein, ein Stier."

„Ich wette, es war ein Ochse."

„Nein, ein großer roter Stier."

„Ein Ochse kann auch groß und rot sein, nur . . ."

„Ich sage Ihnen, es war ein großer Hereford-Stier. Ich habe ihn unten auf der Weide brüllen hören."

Als ich um mich schaute, sah ich, daß die Gesichter der Zuhörenden rot waren vor krampfhaft zurückgehaltenem Lachen, und ich erkannte, daß man sich über mich lustig machte. Doch ich hatte angefangen zu erzählen und konnte nicht aufhören. Höfliche Fragen ermunterten mich, wenn ich stockte. Und ich erzählte ihnen, wie ich draußen geschlafen hatte unter einem zwischen zwei Kiefern über eine Stange gespannten Zeltdach und daß ich eines frühen Morgens durch das fürchterliche Brüllen dieses Stieres geweckt wurde. Er war ziemlich weit entfernt, unten auf der Weide. Und ich lag da und versuchte zu erraten, was für ein Stier das sein könnte. Dann hörte er auf zu brüllen, und ich fragte mich, wohin er sich wohl entfernte. Es führte ein schmaler Pfad von der Weide hinter dem Haus zu dem Stallpferch. Mein Feldbett stand unmittelbar neben dem Pfad, und wenn er ihm folgte, würde er hier bei mir vorbeikommen und vielleicht durch das weiße Zeltdach gereizt werden und mich angreifen. Für einige Minuten war es still gewesen, ich fragte mich, wo er gerade sein könnte, und sprang in meiner Panik aus dem Bett, schob das Zeltdach beiseite und sah seine Hörner dicht vor mir.

Meine Zuhörer riefen aus: „Mein Gott!" und machten entsetzte Gesichter.

Bis heute bin ich mir noch nicht im klaren über diesen Stier, denn ich bin ihm immer wieder begegnet.

Eines Nachts, als ich schlaflos in meinem Bett lag, hörte ich eine Gruppe von Reitern den Ranchweg herunterkommen. Sie machten keine Anstrengungen, ihre Schritte oder ihre Stimmen zu dämpfen; sie riefen und scherzten und galoppierten am Haus vorbei durch die Schlucht hinauf zu den Pferchen.

Ich dachte mir, daß vielleicht einige Männer abkürzen wollten zwischen der Überlandstraße und dem Feldweg und durch unsere Ranch geritten waren. Das sollte eigentlich niemand tun, und Michael wäre darüber in Wut geraten, doch er erwachte nicht, und ich schlief bald ein. Am Morgen fanden wir den gleichen Hereford-Stier in unserem Pferch.

Der alte George, höchst erregt, erkannte den Stier. Er war ein gefährliches Tier, das sein Besitzer vor Jahren von seiner Ranch verjagt hatte. Niemand wollte etwas mit ihm zu tun haben und keiner wollte die Verantwortung für ihn übernehmen. Alle hatten Angst vor ihm. Wir setzten ihn auf dem Feldweg aus. Ich sah ihn dort mehrere Wochen später grasen, ganz allein, hin- und herwandernd. Wenn ich zu Pferde war, hielt ich an und betrachtete ihn, und er stand ruhig da und betrachtete mich. Mit seinem riesigen Leib, seinen kurzen Beinen und stumpfen, seitlich herausragenden Hörnern hatte er ein wenig Ähnlichkeit mit meinem Stromer.

Schließlich verschwand er.

Es gibt einen Vorteil, den Neulinge haben. Sie erhalten wissenschaftliche Unterweisung vom Landberater und lesen die Regierungsbekanntmachungen, die kostenlos verteilt werden. Alteingesessene Rancher tun das selten. Wir hatten ein ganzes Fach voll von diesen Bekanntmachungen. Es gab keine für einen Neuling erforderliche Information, die uns nicht in einer kurzen, gut geschriebenen Broschüre mitgeteilt wurde. Es handelte sich um wissenschaftlich erarbeitete und praktisch ausprobierte Patentrezepte.

Als ich zum Beispiel mit dem ungewöhnlichen Anblick von drei riesigen ausgenommenen Schweineleibern, die rosa und haarlos vor mir im Gras lagen, konfrontiert wurde und der Tagelöhner zu mir sagte: „Alles fertig zum Einmachen, Missus", und ich mich von meinem anfänglichen Staunen, das bei der durch den bereits erwähnten Klatschtelegraphen informierten Nachbarschaft Belustigung auslöste, erholt hatte, ging ich einfach zu meinem Bücherschrank, entnahm ihm die Broschüre *Wie konserviere ich mein Schweinefleisch,* requirierte zwei Tagelöhner und die Küche des Gesindehauses für zwei Tage und *konservierte mein Schweinefleisch.* Die Broschüre versprach superlativistische Resultate für den Fall, daß man die Vorschriften genau befolgte, und dies erwies sich als wahr. Niemals habe ich so würziges Wurstfleisch, nie so schmackhaften Speck, nie so verlockenden Preßkopf, nie so appetitliche gelierte Schweinsfüßchen erlebt. Und die Schinken! Hier übertraf die Broschüre sich selbst. Sie behauptete, wenn man seinen Bankier für den Rest seines Lebens für sich gewinnen wolle, dann brauche man ihm nur einen der Schinken zu schenken, nachdem man ihn mit schwarzem Pfeffer und Salbei eingerieben, in eine enge Leinenhülle eingenäht und sechs Monate am Küchenbalken aufgehängt hatte.

Und so war es auch mit dem Kartoffelpflanzen. Wir

pflanzten unsere Kartoffeln genau nach dem Buch und erzielten Rekordernten.

Ich glaube, Michael entging dem spöttischen Mitleid wegen seiner Reitkunst. Die konnten sie nicht lächerlich machen. Und das bedeutet etwas in diesem Land.

Eines Tages kam Burt Langley, unser Nachbar etwa zwanzig Meilen südlich, uns besuchen. Besucher kamen einfach, um sich umzuschauen, um zu sehen, was wir machten, häufig, um Gerät zu borgen, über einen Grenzzaun zu reden oder einfach, um den Weg abzuschneiden. Langley war ein dicker, rothaariger Bursche mit einem Pokergesicht. Er war nie rasiert, kaute immer etwas. Es mag Kaugummi oder Tabak gewesen sein, jedenfalls bewegte er seine Kinnbacken ständig so wie meine Kühe. Als er aufbrach, führte er sein Pferd auf den Anger und gab uns eine Reitvorstellung. Sein Pferd vollführte alle Bocksprünge, die zu einem Rodeo gehören. Langley hielt sich mühelos im Sattel und warf Michael und mir von Zeit zu Zeit herausfordernde Blicke zu.

Michael verachtet den riesigen Westernsattel, von dem er behauptet, er sei wie ein Schaukelstuhl, in dem der Reiter praktisch festgebunden ist, um ihn am Herunterfallen zu hindern. Er verachtet die Art, wie man hier im Westen aufs Pferd steigt, mit dem Rücken zum Kopf des Tieres. Er verachtet es, daß man dem Pferd erlaubt loszupreschen, bevor der Reiter im Sattel sitzt. (Das erste, was Michael einem Pferd beibringt, ist, dem Kommando *Stehen* zu gehorchen.) Er verachtet das ständige Antreiben des Pferdes zum Bocken und Aufbäumen durch Johlen, Schlagen und Sporengeben.

Er verachtete alles, was Langley tat, und verbarg es nicht; dennoch war er beeindruckt, und das ärgerte ihn noch mehr. Ich lächelte staunend und klatschte, und

Langley war vergnügt wie ein Mops, ritt erhobenen Hauptes davon, heftig seinen Priem kauend.

Ein anderer Nachbar, Reuben Haygood, ist vollkommen anders geartet, und er ist unser Freund geworden. Er behandelt Pferde auf „menschliche" Weise, wie wir es tun, und Michael bittet ihn oft, uns beim Heumachen zu helfen.

Ich erinnere mich noch sehr gut und gerne daran, wie er letztes Jahr mit einem Rechengespann — seinem Nig und unserem Baby — auf unserer Buckelwiese arbeitete, sie peinlich sauber durchkämmte, das grünlichgelbe Heu auf gleichmäßige Haufen türmte.

Er hielt das Gespann an, als ich ihn begrüßte.

„Guten Morgen, Mrs. Bergwin."

„Guten Morgen, Rube. Wie geht es Ihnen heute?"

„Nun, ich fühle mich nicht besonders wohl. Wie sehe ich aus?"

„Oh, für mich sehen Sie glänzend aus, Rube."

„Tja, so ist das immer. Haben Sie gesehen, wie ich dieses Gespann behandle, Missus?"

„Ja. Ich habe Ihnen zugeschaut. Sie behandeln es, als wüßten Sie, was Sie tun."

„Und indem ich zu den Tieren spreche. Ich schlage sie nicht. Ihr Baby da, sehen Sie, das kann man nicht lenken, indem man an der Leine zieht, mit dem muß man reden."

Er fuhr weiter. Und ich hörte ihn zu den Tieren sprechen. „Was machst du denn da, Nig? Fang nicht an zu bocken. Und du, Baby, paß auf, jetzt Beine hochheben." Und gehorsam stiegen die Pferde über einen kleinen Heuhaufen, während Rube geschickt den Rechen hob und ein weiteres Bündel Heu auf den Haufen fallen ließ.

Baby war eines meiner Lieblingspferde. Schwer genug zur Arbeit, nicht zu schwer zum Reiten. Ihr stumpfbraunes Fell und ihre struppige schwarze Mähne verliehen ihr ein unansehnliches Äußeres, doch ich ritt sie gerne.

Michael war anderer Meinung. Reiter und Pferd müssen in Größe und Gewicht zueinander passen. Der Prinz von Wales fiel so oft aus dem Sattel, weil er Pferde ritt, die zu groß für ihn waren.

Ob wir zueinander paßten oder nicht, ich ritt Baby gerne, denn sie war schnell, hatte aber dennoch einen weichen Gang, und sie liebte mich. Unter solchen Umständen würde ich es genießen, einen Elefanten zu reiten.

13

Michael hat alle unsere Pferde, etwa einhundert, auf die einzelnen Sommerweiden verteilt.

Er holte die Zuchtstutenrotte — Stuten, Fohlen, Hengst — von der Felsenweide, führte sie durch die anderen Außenweiden und die Hausweide hinauf durch die Schlucht und die Stallweide, über den Landweg zum Sattelrücken in die Sektion Zwanzig. Hier werden sie den Sommer in der Obhut des Hengstes verbringen, fern von den Jungens, dem Betrieb und dem Lärm der näheren Umgebung des Hauses.

Blazes wird darauf achten, daß die Stuten immer dort sind, wo das Gras dicht und saftig ist. Er wird sie bei Unwettern an geschützten Stellen halten, wird sie zu Wasserlöchern führen, wird Eindringlinge vertreiben. Zwei vollbeschäftigte Cowboys könnten nicht so gut für diese Stuten und Füllen sorgen wie ein guter Weidehengst.

Riley und George hatten Anweisung, tagsüber unsichtbar zu bleiben. Niemand durfte sich sehen lassen, kein lautes Rufen sollte zu ihnen dringen. Die Hunde wurden eingesperrt.

Die Überführung erforderte das Öffnen und Schließen von etwa sechs Gattern. Ich bot mich an, diese Arbeit zu übernehmen, doch Michael zog es vor, es selbst zu tun. Er wollte Goldmünze reiten, unseren großen Fuchswallach. Goldmünzens Gangart ist nicht dazu angetan, einem Reiter Vergnügen zu bereiten, doch er ist klug. Er könnte diese Arbeit fast allein machen.

Die nächste Rotte, die er einbrachte, waren die achtzehn Zweijährigen aus Sektion Sieben. Zehn von ihnen waren Stutenfüllen, acht waren Hengstfüllen.

Im Pferch trennte er sie, trieb die Stutenfüllen in die Sektion Neunzehn und ließ die acht jungen Hengste, die verschnitten werden sollten, auf die Hausweide, wo sie für den Tierarzt bereitgehalten wurden.

Aus der Hauptrotte der Sattelpferde und Wallache und Arbeitspferde sonderte er die drei Dreijährigen aus, die sofort für die Verwendung in diesem Sommer trainiert werden sollten, Diabolo, Wing-Ding und Prinny.

Sie waren mit zwei Jahren an das Halfter gewöhnt, doch nie geritten worden. Hier im Westen ist Reiten kein Sport. Cowboys brechen Pferde, um sie bei der Arbeit zu verwenden. Sie tun es, so schnell sie können, gewaltsam, manchmal grausam, doch erfolgreich.

Oft werden die Pferde an einem Tage gefunden, in den Pferch getrieben, am nächsten Tag gebrochen und am dritten unter dem Sattel oder im Geschirr verwendet. Es wird alles getan, um das Pferd zu der Einsicht zu bringen, daß es sich einem Herrn unterwerfen muß. Dann ist es bereit und fertig zur Arbeit.

Mehrere Tage vor diesem Kampf läßt man das Pferd hungern, so daß es ihn schon geschwächt beginnt. Dann wird es mit dem Lasso eingefangen, seine Füße werden zusammengebunden, es wehrt sich, fällt um, und wenn es wieder aufsteht, wird es wieder umgeworfen. Dann wird ihm, ohne es zu verletzen, mehr um es zu verwirren, als um ihm weh zu tun, ständig mit einem Sack oder mit einer Decke abwechselnd gegen beide Kopf-

seiten geschlagen, bis es stillsteht, ohne zu zucken, gleichgültig, was ihm geschieht.
Pferde sind äußerst intelligent. Manche Tierpsychologen halten sie sogar für das intelligenteste nicht-menschliche Lebewesen. Sie erkennen sofort die Gefahrensignale. Im Kampf mit dem Menschen finden sie bald heraus, daß sie nicht gewinnen können, und so geben sie auf. Wenn sie dann gut behandelt werden, Hafer und freundliche Worte erhalten, entdecken sie, daß das Leben auch so weitergehen kann. Doch sie vergessen nie jene erste Niederlage und halten es für besser, keine zweite herauszufordern.
Cowboys spüren, daß kein Pferd sicher geritten werden kann, bevor sein Wille nicht einmal gebrochen wurde. Es gibt natürlich Fälle, in denen ein Pferd eher stirbt, als daß es nachgibt. Dann muß es eben sterben.
Michael duldet diese Methode nicht. „Das Pferd verliert etwas dabei", meint er, „und bekommt es nie wieder."
So läßt er sich mehr Zeit, zähmt das Pferd langsamer, und gewöhnlich hat er Erfolg damit. Doch Cowboys trauen dieser Methode nicht. Einer von ihnen sagte mir einmal, ich würde ein Pferd reiten, das noch nicht so weit sei, geritten zu werden.
Wir arbeiten jetzt jeden Tag mit diesen drei Wildpferden.
Diabolo ist gerissen und hat gelernt, Riley fast jedesmal abzuwerfen, wenn er ihn besteigt. Michael wirft er nicht ab. Und ich darf ihn nicht besteigen.
Wing-Ding ist das größte Tier. Voll ausgewachsen, wird er über anderthalb Meter hoch sein. Michael glaubt, er tauge für die Armee. Das würde einen guten Preis bedeuten. Michael geht sehr sorgfältig mit ihm um. Das

Problem ist oft die rauhe Behandlung, die sich ein Pferd selbst zuteil werden läßt, indem es um sich schlägt und sich hinwirft. Denn wenn es sich verletzt und eine Narbe zurückbehält, wird die Armee es nicht nehmen, gleichgültig, wie gut es trainiert ist.
Prinny ist nicht gut gewachsen. Michael und Riley sind viel zu schwer für ihren Rücken. So ist sie meine Angelegenheit.

Die Bücher von Goetschius sind aus New York angekommen.
Michael brachte das Paket von der Post und reichte es mir. „Was ist das?"
„Die Bücher von Goetschius, über Musik! Du erinnerst dich doch — ich habe dir davon erzählt."
Ich nahm das Paket, eilte ins Haus, riß die Verpackung ab und setzte mich in eine Sofaecke.
Kontrapunkt ist der schwierigste Teil des Studiums der Harmonielehre, weil er so genau und mathematisch ist. Das wußte ich, und so entschloß ich mich, mit ihm zu beginnen. Ich öffnete den Band *Elementarer Kontrapunkt.*
Ohne tiefer eindringen zu wollen und ohne zu üben, las ich das Buch in einem Zuge durch, um eine allgemeine Vorstellung des Ganzen zu erhalten und zu verstehen, was Goetschius dem Schüler klarmachen wollte. Ich entdeckte, daß jedes Kapitel eine Lektion darstellte. Am Ende waren Übungen aufgegeben, zu deren Überprüfung ein Schlüssel beigefügt war.
Als ich das Buch beendet hatte und es weglegte, wußte ich bereits eine Menge über den Kontrapunkt.
Ich habe Horizonte immer geliebt. Gleichgültig, ob es sich um die flache, monotone Linie des Meeres oder um

die Wolkenkratzerlinie von New York handelt, ich bin immer wieder fasziniert.
Wenn die Horizontlinie nicht fest ist, sondern aus einer Reihenfolge von kleinen Punkten besteht, und wenn zwei solcher punktierter Linien, zwei verschiedene Horizonte, übereinander verlaufen, so daß das Gegenüber (Kontra) jedes kleinen Punktes ein zweiter Punkt ist, so stellt dies eine vollkommene Illustration des doppelten oder horizontalen Kontrapunktes dar.
Romantik kommt ins Spiel mit dem wunderschönen Wort *Fuge*, denn die Punkte scheinen zu fliehen. Sie beginnen nicht genau gleichzeitig. Eine Linie läuft über das Notenblatt (oder über die Welt, oder über die Tastatur), und ein wenig später läuft ihr die andere Linie nach.

Eines Sommers sagte einer der Jungens zu mir: „Aber, Mrs. Bergwin, wie können Sie so sicher sein? Woher wissen Sie, daß es einen Gott gibt? Angenommen, es gibt wirklich keinen? Oder angenommen, Sie könnten nicht glauben, daß es einen gibt?"
„Das würde für mich nichts ändern."
„Warum nicht?"
„Ich würde genau das gleiche anbeten, die Güte, die Schönheit. Ich weiß, daß sie wahr sind, denn ich sehe sie überall um mich herum. Schau um dich, siehst du sie nicht?"
Eine leichte Röte stieg in seine Wangen, und er antwortete: „Doch ist es das?"
„Ist das nicht genug?"
„Genug für was?"
„Sich aus dem Gefängnis zu befreien."
„Aus dem Gefängnis?"

„Aus dem Gefängnis des Fleisches, des rein Physischen, des Materiellen."
Er schaute mich verwundert an. „Aber Sie sagten anbeten? All das ist doch nicht Gott?"
„Seltsam, daß du das fragst. Der hl. Augustinus stellte die gleiche Frage vor fünfzehnhundert Jahren in seinem Buch."
„Und was war die Antwort?"
„Er sagte: indem er die physische Welt so liebte, fragte er, ob sie Gott sei. Und ihre Schönheit antwortete: ‚Nein! Doch Er schuf uns!' "
Er war verblüfft.

Die acht jungen Hengste, die kastriert werden sollen, sind draußen auf dem Anger, trinken am Brunnen und spielen miteinander. Ich stand eben an der Türe und habe sie beobachtet.
Man kann fast das heiße Blut durch ihre Adern rinnen sehen. Ihre Felle, glänzend, irisierend, als ob sie geölt wären, sind gold und schwarz und rotbraun. Mähnen und Schweife hängen nicht, sie scheinen ein gesondertes Leben zu haben, jedes Haar springt stark und aufrecht hervor. Meistens stehen die Fohlen auf den Hinterbeinen, schlagen mit den Vorderfüßen im Spiel aufeinander ein. Dabei geben sie kleine Schreie und Knurrlaute von sich.
Das werden sie nicht mehr tun, wenn sie kastriert sind. Unter ihnen ist eines, ein schwarzes, dem ich erst einen Namen gab, als es fast voll erwachsen war.
Pferdezüchter halten immer Ausschau nach dem einen herausragenden Tier, das eine Dynastie begründen könnte, nach einem wie dem kleinen Morgan-Pferd, das Hunderten seiner Nachkommenschaft seinen eigenen

Namen und seinen Ruhm vermachte (manchmal taucht in einer durchschnittlichen Menschenfamilie ein Genie auf).

Dieses Fohlen war übergroß von Geburt an. Sein Fell schimmerte wie Jett. Es hat einen ungewöhnlich federnden Elan in seinen Bewegungen. Doch das Hervorstechendste an ihm ist sein Haar. Sein riesiger Schweif berührt den Boden, seine Mähne ist voll und wellig und umflattert seinen Kopf so wild, wie ich es bei keinem Pferd gesehen habe. Es ist wie ein Wind, der über die Ebene saust.

Für dieses Tier habe ich lange nach einem Namen gesucht. Es mußte ein Name sein, der Größe und Würde suggerierte, wie Adler oder Hifthorn oder Häuptling. Es kam die Hügel herabgaloppiert, blasend wie eine große Trompete.

Schließlich benannte ich es nach diesem Eindruck ... ich taufte es Posaune.

Jetzt ist Posaune hier draußen mit den anderen Zweijährigen, um kastriert zu werden.

„Was hältst du davon, Michael, wenn wir Posaune nicht kastrieren lassen? Nehmen wir an, Rheingold schlägt nicht ein als Zuchthengst? Man kann nie im voraus wissen ..."

Er sagte, er würde darüber nachdenken. Es bereitet eine Menge Ärger, junge unverschnittene Hengstfohlen mit Stuten und Stutenfohlen auf einer Ranch aufwachsen zu lassen. Früher oder später kommt es zu einem Kampf zwischen den Hengsten.

Michael sah solch einen Kampf in Belgien, während des Krieges. Ein Hengst tötete den anderen. Sie haben richtige, genaue Schläge, die wie die eines Boxers benannt werden könnten.

Aufbäumen — ausholen — Hammerschlag auf die Nieren.
Auf alle viere gehen, mit gesenktem Kopf nach vorne schießen, den Gegner ins Vorderbein beißen.
Sich wieder aufrichten, Vorderhuf hoch, dem Gegner den Schädel spalten.
Ich habe alle diese Manöver in der Ausführung gesehen. Ich habe einen ganzen Kampf beobachtet, doch ausgefochten von kleinen Füllen im Spiel, gleichsam im Schatten-Boxen.

Ich habe Prinny geritten. Bis jetzt ist nichts passiert, doch es ist ziemlich aufregend, auf einem Pferd zu sitzen, von dem man weiß, daß es jeden Augenblick explodieren kann. Sie hält den Kopf nach hinten gewandt und beobachtet mich, und ihr Rücken ist immer ein wenig gewölbt unter dem Sattel. Das grenzt nahe ans Bocken. Ich verbringe den ganzen Tag im Reitanzug, bin am Abend zu müde, mich umzuziehen. Aber ich fahre fort mit dem Kontrapunkt.
Michael kann nichts damit anfangen.
„Kontrapunkt. Du erinnerst dich sicher. Ich habe dir davon erzählt. Die Bücher von Goetschius."
Er trat an den Flügel. „Was ist das?"
„Es klingt wie etwas, das mit dem Rechenschieber ausgetiftelt wurde."
„Das ist es auch! Bach nannte diese Stücke *Inventionen.* Doch es gibt welche vom Umfang ganzer Konzerte. Große Orchester und Virtuosen spielen sie."

„Aber werden sie denn nicht *komponiert* ... ich meine, *geschaffen?*"
„Doch. Etwa sechs Noten am Anfang, *das Motiv*. Der Rest ist das, was man *Manipulation* nennt, Arbeit mit dem Rechenschieber."

Nun, da er die Pumpe bestellt hat, ärgert sich Michael nicht mehr über die Windmühle.
Jedesmal, wenn wir die Schlucht hinaufgehen, um ein Pferd zu satteln, kommen wir an ihr vorbei. Sie steht da wie eine vornehm-müde Dame, die mit einem Fächer vor dem Fotografen posiert. Von Zeit zu Zeit bewegt sie, wie um uns zu narren, den Fächer bald nach der einen, bald nach der anderen Seite. Dann steht sie wieder regungslos, lächelnd.
Sie pumpt kein Wasser.
„Werden wir für sie zahlen müssen?" fragte ich, an mehrere hundert Dollar denkend.
„Natürlich nicht!" brauste Michael auf. „Sie ist wertlos für uns. Und ich habe die Pumpe bestellt. Er kann die Windmühle demontieren und woanders verwenden. Sie ist neu."
„Aber ... die Arbeit. Das Aufstellen. Die Demontage. Wer soll das bezahlen?"
„Ich nicht!"
Doch mein Herz sank. Schließlich, ich wußte es, würden wir die Arbeit bezahlen müssen. Und dann noch die Druckpumpe. Sie ist noch nicht angekommen.

Ich habe das Gefühl, ich mache einige Fortschritte mit Rachel.
Ich habe entdeckt, daß sie gerne rohe Eier frißt. Sie

nimmt sie aus einer kleinen blauen Schüssel, die ich in der Hand halte.

Bunny, wie die meisten Cocker-Spaniels, ist gefräßig. Wenn wir nicht aufpassen, schlingt er sein Fressen hinunter, nähert sich Rachel und gibt ein tiefes Knurren von sich. Rachel tritt sofort zurück. Aber natürlich, Bunny, wenn du es haben willst. So befürchten wir, daß Bunny den größeren Teil ihres Fressens bekommt.

Und dann ist sie auch oft weit vom Haus entfernt zur Fütterungszeit.

Oder sie ist ganz in der Nähe, will jedoch nicht erscheinen, weil jemand sie zu energisch gerufen hat.

Deshalb bleibt immer eine Schüssel mit Fressen für sie draußen stehen.

Dies nützt nicht immer wegen Bunny oder wegen der Katzen oder der Enten, die in vielem den gleichen Geschmack haben wie sie.

Doch ich habe entdeckt, daß Rachel sich selbst ernährt. Sie schlüpft wie eine Schlange zwischen den Stangen des Verschlages der Kälber hindurch und frißt deren rohen, gemahlenen Hafer. Sie trinkt die saure Milch, die für die Hühner hinausgestellt wird. Deshalb haben wir Riley angewiesen, einen Eimer Sauermilch oder Buttermilch so aufzustellen, daß er jederzeit zugänglich ist für die Hunde.

Rachel frißt was und wann es ihr gefällt. Es ist ihr wildes Laufen, das sie so mager hält.

Die rohen Eier leckt sie jeden Morgen kurz nach dem Frühstück auf der Vorderterrasse aus einer kleinen blauen Tonschüssel.

Ich halte die Schüssel in meinen Händen. Rachel benimmt sich sehr vorsichtig und betulich, wirft mir ständig Blicke zu, als wollte sie sagen: „Bist du sicher, daß das für mich ist?"

Ich lächle zu ihr hinunter. Ihre Augen leuchten auf, und ihr Schwanz wedelt leise, während sie die Schüssel leert.

Die Hunde verbringen den Abend gewöhnlich mit uns im Wohnzimmer oder auf der Terrasse. Zur Schlafenszeit gehen wir mit ihnen hinaus, lassen sie ein wenig herumlaufen, spazieren selbst ein wenig umher, rufen sie dann und sperren sie für die Nacht in den Geräteschuppen.

Dies ist das Programm, und Bunny befolgt es. Doch nur selten verschwindet Rachel nicht in dem Augenblick, da sie merkt, daß es Zeit wird zum Schlafengehen. Dann wird Bunny allein in den Geräteschuppen gebracht.

Wenn Rachel zurückkehrt, etwa um Mitternacht, wenn die ganze Ranch in tiefem Schlaf liegt, dann feiert sie ihre Triumphe.

Ihr Bellen ist scharf und durchdringend.

Kein Mensch könnte dabei schlafen.

Sie bezieht ihre Position an einem erhöhten Punkt, von dem aus sie jeden Teil der unter ihr in hellem Mondschein liegenden Ranch übersehen kann, und wenn irgend etwas sich bewegt, bellt sie. Wenn ein Blatt im Winde schwingt, wenn eine Wolke am Mond vorüberzieht und die Beleuchtung verändert, wenn ein Pferd auf dem Anger einen Schritt macht, all dies sind für sie Anlässe zu bellen.

Bei dem ersten Bellen setze ich mich im Bett auf, halte mir den Kopf vor Verzweiflung. Wie lange wird es dauern, bis Michael aufwacht? Hat es einen Zweck, hinauszugehen und zu versuchen, sie zu beruhigen? Nein, es hat keinen Zweck. Sie würde nicht kommen, wenn ich sie rufen würde, und fangen kann ich sie nicht.

Nach etwa einer halben Stunde ihres Gebells ist Michael hellwach, wütend und zur Tat entschlossen.
Michael nimmt eine Niederlage nicht so leicht hin wie ich, also geht er hinaus.
Ich höre ihn sanft rufen. „Hierher, Rachel, hierher! Komm, bist auch ein gutes Hündchen! Komm, hier ist ein feines Biskuit für dich!"
Sie überlegt das Angebot eine Weile schweigend, bricht dann in ein wütendes Gebell aus.
Die gleiche sanfte, verführerische Stimme ruft: „Hierher, Bunny, komm!"
Sie hört auf zu bellen, sitzt still auf ihrem Hügel, Michael beobachtend.
Er ruft wieder, immer noch sanft. Die Pferde hören seine Stimme, bewegen sich auf ihn zu. Rachel vergißt Michael und gibt den Pferden ihre Verachtung kund. Michael schreit. Rachel verschwindet.
Er brüllt hinter ihr her, in militärischem Kommandoton; doch sie kommt nicht zurück, bis er, verbittert, wieder zu Bett gegangen ist.
Dann ertönt ihr Bellen von neuem und verstummt oft erst nach Stunden.

Soeben habe ich eine vertraute Silhouette am Horizont entdeckt. Diabolo nähert sich in kurzem, ausgelassenem Galopp. Sein Sattel ist leer. Wo ist Riley? Etwa eine Stunde, nachdem Diabolo heimgekommen ist, trifft auch er ein, mißmutig und müde.

14

Ich bin zu dem Kapitel in *Elementarer Kontrapunkt* gekommen, wo der Schüler beginnen muß, „Themen zu variieren“.

Das Thema ist in dem Buch vorgegeben. Der Schüler muß einen korrekten Kontrapunkt zu ihm ausarbeiten, dann einen Kontrapunkt zu diesem Kontrapunkt.

Wenn das Thema schön ist wie bei den meisten kontrapunktischen Werken Bachs, dann ist der Kontrapunkt des Themas schön und ebenso das ganze Stück.

Wie seltsam und wundervoll! Wie ist es möglich, daß in diesen kleinen Bruchstücken Musik, die einen Takt und manchmal nur den Teil eines Taktes lang sind, die ganze Schönheit enthalten ist, die schließlich in einer Invention von drei oder vier Seiten entfaltet wird? Doch so ist es, genauso wie die ganze Eiche in der Eichel enthalten ist und die ganze Schönheit in der Eiche!

Die Themen, die in dem Buch von Goetschius aufgegeben werden, sind sehr häßlich.

Daher war ich, als ich zu der Seite kam, auf der der Schüler aufgefordert wurde, sein eigenes Thema zu erfinden und zu variieren, glücklich.

Aufgeregt und voller Selbstvertrauen machte ich mich daran, ein schönes Thema zu erfinden.

Doch wie seltsam! Es war nicht so leicht, wie ich dachte. Es gelang mir nicht. Mit der ganzen Fülle meiner musi-

kalischen Phantasie und meiner freiströmenden Inspiration war ich nicht fähig, ein einziges winziges, der Variation würdiges Thema zu schaffen.
Ich arbeite hart. Ich kämpfe verbissen. Ich schreibe Thema nach Thema. *Laß mich nur eine musikalische Eichel schaffen!*
Doch ich kann nicht. Außerdem fühle ich mich krank. Mein Kopf schmerzt. Ich bin heiser und halb blind.

Es ist ein warmer, wolkenloser Sommertag, fast der erste, den wir bis jetzt hatten.
Auf Michaels Anweisung nahmen Riley und George den großen Teppich, die Vorhänge und die Polstermöbel aus dem Wohnzimmer und reinigten sie. Das ganze Haus glänzt vor Sauberkeit.
Am späten Nachmittag kam Michael herein. Ich stand vor dem Kamin, sehr niedergeschlagen wegen der Kontrapunkt-Themen. Er jubilierte.
„Ich hatte einen guten Tag. Ich habe den Tank ausgeschrubbt, alle Löcher in ihm gelötet, die neue Zementplattform für ihn weiter oben am Hang fertiggemacht, so daß wir stärkeren Wasserdruck haben, den Tank montiert und alle Leitungen angeschlossen. Das wäre geschafft! George hat zwei große Klumpen Butter gemacht. Ich habe die Fohlen hereingeholt, sie untersucht und ihnen Hafer zu fressen gegeben. Und die Pumpe wird in ein oder zwei Tagen eintreffen."
Er küßte mich.
Er sah fürchterlich aus, unrasiert, schmutzig.
Ich mußte lachen.
Riley brachte die Post. Es war eine Postkarte dabei, auf der Michael mitgeteilt wurde, daß die Pumpe angekommen sei. Jetzt muß er mit dem Anhänger zum Bahnhof

fahren, die Pumpe, die per Nachnahme abgeschickt wurde, bezahlen, sie auf den Anhänger laden, nach Hause bringen und montieren.

Doch plötzlich dreht sich die Windmühle wie ein wirbelnder Derwisch! Die langen Blätter sind fast unsichtbar in der Luft.
Die Kolbenstange geht auf und ab, pumpt Wasser in den Tank hinauf.
Die Dame mit dem Fächer ist nicht mehr müde, wilde Lebensfreude hat sie gepackt. Und wir freuen uns mit ihr.
„Was ist mit der Pumpe, Michael?"
„Sie kann zurückgehen", erwidert Michael übermütig.
„Werden wir die Frachtkosten zahlen müssen?"
„Ich nicht!" (Wir werden sie zahlen.)
„Ich fahre in die Stadt."
„Bis du zurück bist, gibt es Wasser im Haus und ein heißes Bad für dich."

Michael ist gewöhnlich überglücklich, mich zu sehen, wenn ich weg war, doch dieses Mal fand ich ihn bei meiner Rückkehr in tiefster Niedergeschlagenheit vor.
„Ich bin wieder reif fürs Irrenhaus."
„Wegen der Wasserleitung?" fragte ich alarmiert.
Er nickte.
„Was ist denn jetzt damit los?"
„Das Wasser läuft bis in den Keller, doch nicht nach oben in die Küche oder in die Etage. Ich verstehe das nicht. Im Gesindehaus läuft es, und das ist höher als unser Oberstock."
Er sprach noch eine Weile über das Thema, ließ es dann verzweifelt fallen. Er machte Feuer im Kamin. „Reden

wir nicht mehr darüber, denken wir nicht mehr daran. Im Augenblick ist mir alles egal. Ich will mich einen Tag ausruhen und mich um nichts kümmern."

Ich starrte in die Flammen, dachte nach. Im Geiste sah ich das Netz der unterirdischen Leitung und versuchte, mir die Unterschiede des Niveaus und die Wirkung der Schwerkraft vorzustellen. „Wie seltsam", murmelte ich kopfschüttelnd.

„Ich sagte, wir wollen nicht mehr darüber sprechen", fuhr er mich an. Ich kehrte ihm den Rücken, schaltete das Radio ein, setzte mich auf die Couch und fühlte mich zurückgestoßen.

Ein längeres Schweigen trat ein. Das Feuer knisterte. Mir fiel nichts ein, was ich hätte sagen können.

Er wandte den Blick langsam zu mir herüber und fragte sanft: „Müde, Liebling?"

„In die Stadt fahren macht mich immer müde."

„Auch ich bin müde, hundemüde. Ich hole uns einen Drink." Er ging in die Küche und kam zurück mit zwei Gläsern, reichte mir eins und setzte sich.

Wir tranken langsam, während das Feuer herunterbrannte.

Dann sagte er: „Bevor ich zu Bett gehe, sehe ich noch einmal nach, ob der Tank nicht überfließt. Die Mühle hat den ganzen Tag Wasser gepumpt. Ich möchte nicht, daß es die Fundamente unterspült."

Bald kam er zurück. „Ja, ich habe den Fehler gefunden. Der Tank ist leer. Das Wasser ist ganz abgelaufen, und unten vor dem Haus, wo das Rohr in den Keller abbiegt, ist der Boden durchweicht. Dort muß ein großes Leck sein, entweder im Gelenk oder das Rohr ist geplatzt."

„Oh, das ist fein", rief ich aus, „nicht wahr? Jetzt, da

du weißt, wo der Fehler liegt, ist dir doch sicher wohler!"
Er antwortete nicht, blickte finster vor sich hin.
Ich konnte mir denken, warum. Vorsichtig fragte ich: „Meinst du, die Leitung wäre eingefroren gewesen?"
Er nickte.
„Wie tief lag sie?"
„Drei Fuß."
Der Blick, mit dem er mich anschaute, verriet mir, daß er sich schuldig fühlte. Man hatte ihm gesagt, um sicher zu gehen, müßten die Rohre fünf Fuß unter der Erdoberfläche liegen, doch er hat sie einen, zwei und drei Fuß tief verlegt, um jeden Zoll Rohr zu sparen. Alle Leitungen waren zugefroren und geplatzt.

Er und Riley gruben das Rohr aus, fanden das Loch und setzten ein neues Stück Rohr ein. Das Wasser lief aus allen Hähnen im ganzen Haus, oben und unten. Hurrah!
„Bist du jetzt zufrieden?" fragte ich zuversichtlich.
„Nein."
„Was ist denn jetzt wieder los?"
„Mein Heißwasserboiler im Keller ist geplatzt."

Es gibt hier einen Mann namens Williams, der herumgeht und von Ranchern Pferde aufkauft. Michael macht nicht gerne Geschäfte mit ihm, weil er so wenig bietet; doch oft sind wir dazu gezwungen.
Er kam gestern morgen, als Michael zur Felsenschloß-Weide gefahren war, um den Damm zu inspizieren.
Ich sagte zu Williams, ich würde gehen und Michael holen, doch er erwiderte, er würde am nächsten Tag wiederkommen.

Ich ging hinunter zur Weide, um Michael die gute Nachricht zu bringen, doch ich fand nur Riley allein.

Michael hatte den Wagen genommen und war ins Gebirge hinausgefahren.

Ich kletterte die Abhänge des Sattelrückens hinauf und fragte mich, ob er mich irgendwo beobachtete. Er hat Falkenaugen. Wenn er mich sah, warum kam er mir nicht entgegen? Wahrscheinlich inspizierte er noch ein wenig die Zäune, das Wasserloch, das Gras oder sonst was. Ich erreichte eine hohe Stelle und schaute um mich. Dann sah ich den Wagen weit entfernt bergauf, bergab, durch Senken und Erhebungen herumfahren. Es erfordert große Geschicklichkeit, hier oben einen Wagen zu steuern. Der Gebirgshang sieht fast aus wie eine ebene Fläche, doch er ist in Wirklichkeit eine Folge von Bodenwellen, die ineinander übergehen, manche flach, manche tief, einige kleine Quellen, Spalten, Gehölze, grüne Wiesen, selbst ein Haus oder kleines Gebäude verbergend.

Während ich ihn mit den Augen verfolgte, verschwand der Wagen.

Ich blieb stehen, entschlossen, hier zu warten, bis er mich gefunden hätte.

Ich lehnte den Kopf zurück, und mein Blick verlor sich in dem weiten, blauen Dom. Hier gab es mehr Himmel als Erde.

Wie still die Welt war! Ich ließ meinen Blick in die Runde schweifen. Wenn man hier oben im Gebirge ist, wird man von vielen Augen beobachtet. Wenn man sich still verhält und lauscht, kann man die Stimmen hören, das leise Piepsen, das Zirpen, den fernen Pfiff, den Schrei, das plötzliche Rascheln ganz in der Nähe.

Eine kleine Bewegung traf mein Auge. Ich schaute näher

hin ... zwei Antilopen, keine fünfzig Meter von mir entfernt. Ich hätte sie nicht gesehen, wenn nicht der weiße Fleck unter ihren Schwänzen aufgeleuchtet hätte. Sie verhielten, wandten den Kopf und schauten mich an. Dann bewegten sie sich weiter. Sie haben einen seltsam gleitenden Gang, als rollten sie auf Rädern. Sie sind sehr zarte, kleine Geschöpfe und sehen aus wie Porzellanfiguren, vollkommen unwirklich.
Plötzlich schoß der Wagen aus der Senke links neben mir hervor und kam auf mich zu, als wollte er mich umrennen. Über dem Steuerrad leuchtete mir Michaels breites Lächeln entgegen.
Ich stieg ein, und auf der Heimfahrt erzählte ich ihm, daß Williams gekommen sei, um Pferde zu kaufen.
„Ist das nicht wunderbar?" fragte ich.
Michaels Augen funkelten. „Gerade jetzt, wo ich sie alle in die entfernteste Sektion gebracht habe."
Trotzdem zog er, als wir nach Hause kamen, Breeches und Stiefel an, ritt über den Sattelrücken, suchte zwanzig Pferde aus, brachte sie nach Hause und sperrte sie in den Pferch.

Williams kam nicht wieder.
Michael brachte die Pferde wieder hinaus.

Der Tierarzt kam und kastrierte die jungen Hengste. Es gab einen Todesfall.
Manchmal, aus keinem besonderen Grund, faßt man eine Vorliebe für ein besonderes Fohlen. Bei Star geschah mir dies, vielleicht, weil es mir so oft einen kleinen Stoß in den Rücken gegeben hatte, wenn ich im Pferch war, umringt von den sich tummelnden Fohlen. Wenn ich mit einem Pferd Freundschaft schließe, drehe

ich ihm meinen Rücken zu, so daß es, meinem Blick nicht ausgesetzt, von hinten an mich herankommen und mich kennenlernen kann, indem es mich riecht. Und zuerst berührt es mit seiner Schnauze leicht meine Schulterblätter, schnuppert, bläst mir in den Nacken, schnaubt einige Male und entfernt sich galoppierend, doch nur um zurückzukommen und mir den Stoß ins Kreuz zu geben, der bedeutet, daß es mich mag und mein Freund werden will.

Doch dazu gehört mehr. Das Pferd will das Erlebnis meines Blickes. Wenn ein Pferd zum ersten Mal den Blick des menschlichen Auges auf sich fühlt, ist er ihm fast unerträglich. Es wird halb verrückt. Doch was es zunächst gefürchtet hat, lernt es bald zu ertragen und sich nach ihm zu sehnen.

Ich drehte mich um, um zu sehen, welches der Fohlen mir dieses Mal Avancen machte, und erblickte den leuchtenden weißen Stern auf der Stirn und erkannte das komische, fragende Gesicht von Star.

Etwas an ihm bringt mich immer zum Lachen.

Hier auf der Ranch sehen wir den Tod oft und aus nächster Nähe. Wenn ein altes Pferd oder eine alte Kuh den letzten Schritt macht und zusammenbricht, trauert man nicht. Es ist gut und richtig, am Ende eines langen Tages zu schlafen. Doch wenn es sich um ein kleines Stutenfüllen wie Floss handelt oder um ein Hengstfüllen wie Star, dann geht einem das schon näher.

Ich stand außerhalb des Pferches und betrachtete die übrigen. Sie standen da mit hängenden Köpfen und blutigen Beinen. Wo war Posaune? Es waren nur sechs.

Michael, hatte ich gesehen, war zum Haus gegangen, den Wagen zu holen. Ein totes Tier über die Weiden zu schleifen und den Hang hinauf zu dem Schacht der alten

Goldmine in Sektion Sechzehn ist eine Arbeit, die er haßt, doch kein anderer kann sie erledigen.
Der Wagen fuhr rückwärts an das Pferchgatter.
Ich lief zum Fenster.
„Wo ist Posaune?" fragte ich.
„Ich habe ihn hinauf in das Gebirge gebracht", antwortete Michael. Sein finsterer Blick erhellte sich nicht. Er hatte wahrscheinlich das Gefühl, sich vor einer Aufgabe zu drücken.
So ist er immer noch draußen, fliegt noch immer über die Hügel, mit erhobenem Kopf, einen wilden Blick in den Augen, umwallt von seinen flatternden Haaren.

Ich habe ein zweites Mädchen eingestellt, eine hübsche junge Japanerin, die Fumiko heißt.

15

Michael und ich sind den ganzen Tag mit dem Wagen quer durch die Stadt gefahren, um drei Sättel zu holen, die er im letzten Herbst einem Manne geliehen hatte. Hundertfünfzig Meilen hin, hundertfünfzig Meilen zurück. Es tat ihm leid um die Zeit, doch wir brauchen die Sättel für die Jungens.

Meistens kürzten wir ab, indem wir alte Pfade benutzten.

Der ganze Tag war wie ein Traum, in dem wir angestrengt reisten und nirgendwohin kamen. Gras und Himmel, Wolken und Schatten, sie hielten unsere Augen gefangen, sie schufen den Traum, sie machten uns stumm, verzauberten uns.

Seltsam, daß der amerikanische Westen in der ganzen Welt charakterisiert wird durch Revolver und Banditen, Überfälle und wildes Reiten, während sein wahres Wesen diese weite rollende Leere von unglaublicher Schönheit ist.

Der Horizont war nie ohne eine kleine Silhouette, eine Windmühle und eine Gruppe unregelmäßiger Gebäude. Wenn eine dieser Silhouetten verschwand, tauchte irgendwo eine andere auf. Oft waren mehrere gleichzeitig in unserem Blickfeld.

Diese alten Windmühlen sind aus Holz. Sie sitzen auf gedrungenen Holztürmen und sehen aus wie stämmige Athleten, die indianische Keulen schwingen. Moderne

Windmühlen sind wie die unsere aus dünnen Fäden weißen Metalls gemacht, zart wie Spinngewebe vor dem Himmel.
Den ganzen Tag änderte der Wagen seine Geschwindigkeit von etwa 80 Kilometer pro Stunde nicht, veränderte sich die Landschaft kaum.
Dies war das gleiche Bild, das ich am vierten Tag meiner langen Busfahrt von New York willkommen geheißen hatte. Ich hatte einen Staat nach dem andern am Fenster vorüberziehen sehen. Als wir begannen, die Hochebene zu erklettern, in den tiefgewölbten, dunkelblauen Himmel zu steigen, war ich wieder hypnotisiert wie immer, wenn ich lange weg war. Und mich an das Gefühl, auf diesen Ebenen ein Pferd unter mir zu haben, über das Graspolster zu galoppieren, erinnernd, packte mich Erregung; ich spürte den Rhythmus . . . Klopp, Klopp . . ., und er wurde in mir zu einer Melodie, zu einem Lied.
Ich nannte es *Grünes Gras von Wyoming* und entschied, daß es das Leitmotiv eines Musicals sein sollte.

Michael bekam die Sättel nicht wieder. Der Mann hatte sie verkauft. Die Auseinandersetzung endete mit einem Boxkampf. Michaels Faust ist immer noch hart. Während der ganzen Heimfahrt war sein Gesicht finster, und ich war traurig.
Und so nahm er heute für den ganzen Tag Stadturlaub, wie er es sich vorgenommen hatte. Ich verbrachte die Zeit an meinem Schreibtisch mit der Anfertigung einer Abschrift in Tinte von *Freude am Morgen* für Mr. Spencer. Ich tue es nur mit Widerwillen, doch er verlangt es. Es ist die Leipziger Schule.
Was den Kontrapunkt betrifft, so habe ich den Gordi-

schen Knoten durchgeschnitten. Da ich selbst unfähig bin, ein der Entwicklung würdiges Thema zu komponieren, habe ich das getan, was so viele Komponisten tun ... ich habe eines gestohlen. Dies darf man tun, vorausgesetzt, daß man es vorher ankündigt.

Der Titel meines Kontrapunktstückes lautet *Zweistimmige Invention in g-Moll.* Und über der obersten Notenlinie habe ich vermerkt *Nach einer Bourrée von Bach,* und daneben schrieb ich die vier gestohlenen Töne, die mein Thema darstellen ... D, G, D, Es.

Nach dem Abendessen machte ich einen Spaziergang. Ein schöner balsamischer Abend. Dann brachte ich die Hunde zum Schlafen in den Geräteschuppen und ging ins Haus. Das Wohnzimmer war dunkel. Ich setzte mich in Michaels pompösen Sessel, schaltete das Radio ein, hörte eine Weile zu. Doch es kam nur Unsinn heraus. Ich schaltete ab. Lange saß ich in dem leeren Zimmer, in der Dunkelheit, in der Stille. Ich blickte durch die französischen Fenster auf die Terrasse hinaus. Die viereckigen Glasscheiben schimmerten in schwachem Licht. War es bereits der Widerschein der Sterne? Ich ging wieder hinaus, spazierte ziellos umher.

Es gibt eine Nachthelle, die mir ein Rätsel ist. Kein Mond scheint, kein Stern strahlt, doch der ganze Himmel leuchtet in einem bleichen Blau über einer Erde, die schwarz ist wie ein Tintenmeer. Ich stand in der Finsternis, starrte hinauf in die geheimnisvolle Helle. Wo war ihre Quelle?

Das rätselhafte Licht verblaßte, als die Sterne einer nach dem anderen aufblitzten, die Erde aus der Dunkelheit auftauchte und ich die vertrauten Konturen der Hügelwälder und Ebenen sah. Die Sterne vermehrten sich

rasch, schienen einer den anderen anzuzünden, gossen ihr Licht herab.
Nach einer Weile ging ich wieder ins Haus und zündete die Lampe an.
Jetzt ist es fast Mitternacht. Ich bin hellwach. Ich will nicht zu Bett gehen und versuchen zu schlafen. Ich weiß, daß ich bald wieder aufwachen und erschreckt mit einem Ruck hochfahren werde, um nachzusehen, wieviel Uhr es ist.

„Und du ...", sagte Michael, nachdem er mir erzählt hatte, wie er zu allererst in ein Café ging und ein paar Stunden, ohne sich zu rühren, vor einer Tasse Kaffee saß, was er oft in solchen Fällen tut, sich dann auf die Jagd nach zwei guten Armeesätteln machte und sie in einem Gebrauchtwaren-Geschäft fand, dann den Rest seiner Einkäufe erledigte, deren es immer eine lange Liste gibt, und dann zur Post ging und dort Leutnant Hotchkiss traf, mit dem er in den Klub ging, wo sie andere Offiziere trafen und einige Drinks zu sich nahmen, bevor sie sich ins Plains-Hotel zum Dinner begaben ...
„Und du, was hast du getan? Bist du ausgeritten? Was hast du zum Abendessen gehabt?"
„Ich habe mir von Hilda Rahmmakkaroni machen lassen."
„Rahmmakkaroni ...", wiederholte Michael dumpf. „Für dich habe ich einen Schokoladekuchen."
Er antwortete nicht. Sein Blick wanderte zum Feuer, blieb finster.
„Nein, ich bin nicht ausgeritten", sagte ich. „Ich machte einen langen Spaziergang und nahm ein Buch mit. Die Hunde waren jenseits des Baches auf der Jagd, und so

war ich allein. Ich legte mich oben am Hang auf den Rücken und betrachtete lange den Himmel über mir. In ihm kreiste ein Habicht. Er stieß einen Schrei aus. Er mußte etwas gesichtet haben. Ich wartete, daß er herabstoßen würde; doch er kreiste weiter."

Ich blickte zu Michael hinüber. Er saß da mit hängenden Schultern und starrte ins Feuer. Ich fuhr fort: „Dann schlief ich ein, und als ich aufwachte, begann ich zu lesen. Dann hörte ich ein spitzes Bellen, schaute den Hang hinunter, und da kam Rachel herangejagt, gefolgt von Bunny. Ich ging mit den beiden Hunden nach Hause ... Wollen wir nicht schlafen gehen? Es ist lang nach Mitternacht."

Er sprang auf und sagte mit plötzlicher Heftigkeit: „Ja."

Ich nahm mein Buch, wir bliesen die Lampe aus und gingen hinauf.

16

Reese hat geschrieben, daß er Jerome bereits etwas vor dem Beginn der Lagerzeit schicken wird.

Jerome ist unser Junge Nummer Eins, nicht nur weil er fast jeden Sommer kommt, sondern weil er, wenn meine eigenen Kinder nicht hier sind, als Sohn der zweiten Frau meines Bruders der Sohn des Hauses ist. Er nennt uns Tante Marie und Onkel Michael.

Als Reese und Eloise heirateten, war Jerome elf, und es war seit langem der Wunsch seiner Mutter gewesen, daß er reiten lernen sollte.

Jerome war immer ein außerordentliches Kind gewesen, eins von jener Art, die bereits im Kindergarten als Genie erkannt werden. Man gebe einem solchen Kind Farben und Pinsel, und es malt sofort Bilder, die jedermann sich an die Wand zu hängen wünscht. Ein Jahr Klavierstunden, und es spielt wie ein Virtuose. Kaum Schach gelernt, schlägt es jeden. Ähnlich war es auch mit Jerome, doch hatte er nie Gelegenheit gehabt, mit Pferden vertraut zu werden.

„Wie wär's mit Marys Ranch?" sagte Reese, der Eloise zu langen Flitterwochen nach England entführen wollte. „In Wyoming reitet jedermann. Das ist dort die übliche Art der Fortbewegung, und Mary und Michael haben im Sommer immer eine Horde Jungens als Feriengäste."

Für Eloise kam der Vorschlag wie auf Bestellung.
Jerome ist ein hübscher Junge mit dunkler Haut, dunklen Augen, dunklem Wuschelkopf, Anzeichen für einen jüdischen und einen mongolischen Einschlag in seiner Erbmasse. Ich erinnere mich, wie Reese sich eines Abends im Wohnzimmer seiner New Yorker Wohnung über den Sessel seiner Frau beugte. Sie trug ein duftiges Abendkleid aus rosafarbenem Chiffon. Er krümmte Daumen und Zeigefinger, setzte sie auf ihren hohen Backenknochen, schob die Haut leicht nach außen und sagte stolz: „Sieht sie nicht aus wie eine Mongolin?"
Ein schwaches Lächeln erschien in ihren schmalen, geheimnisvollen Augen.
Wir waren gerade aus dem Eßzimmer gekommen. Während der Mahlzeit hatte Eloises siamesische Katze bewegungslos in der Mitte der Tafel gelagert.
Als wir uns erhoben, nahm Eloise die Katze und legte sie sich um die Schultern wie einen Pelz.
Bei dem Wort Mongolin dachte ich an Dschingis-Khan und sah im Geist den wahnsinnigen Häuptling und seine Horden durch Asien und Rußland galoppieren. Doch hier saß Eloise in einem eleganten Abendkleid, gelassen, überlegen lächelnd, ganz Dame der New Yorker Gesellschaft.
Doch auf ihrer Schulter saß die Katze, ihre siamesische Katze.
Als Jerome ankam und ich ihn betrachtete, huschten Schatten unergründlicher siamesischer Katzen durch mein Gehirn und galoppierende Horden, grausam erhobene Arme, grausam niederblitzende Messer. Aber was ich wirklich sah, war ein lang aufgeschossener Junge, eingehüllt in einen Mantel mürrischen Protests, schon bereit, sich gegen konventionellen Druck zu verteidigen.

Doch hinter all dem spürte ich etwas Sanftes und Verlangendes.
Er war ein Musterschüler, ohne ein Streber zu sein.
Ich fragte ihn, wie er es fertigbrachte, in der Schule immer so gute Noten zu haben, und er erwiderte: „Ich könnte es nicht ertragen, wenn es nicht so wäre. Wenn der Lehrer uns eine Aufgabe stellt, kann ich an nichts anderes mehr denken, bevor ich sie erledigt habe."
Wir hatten bald Gelegenheit, seine ungewöhnlichen Fähigkeiten kennenzulernen. Er saugte Wissen auf, wo es sich bot, und sein Geist war unersättlich. Er malte. Er spielte Klavier. Bei den abendlichen Spielen war er der Champion auf dem Schachbrett und auf dem Damebrett. Er war leidenschaftlich, geräuschvoll und heftig. Er hatte ein besonderes Lachen, ein leises, langes, auf einem Ton durchgehaltenes Kichern. Ich liebte dieses Lachen.
Michael gab ihm den alten Baldy zu reiten. Baldy würde alles über Jerome wissen, wenn er ihn fünf Minuten getragen hätte. Baldy würde zu allen Zeiten tun, was er selbst für gut und richtig hielt.
In jenem ersten Sommer trug Jerome auf der Ranch gewöhnlich eine kleine rote Filzkappe. Ich fragte mich immer, warum sie der Wind nicht wegblies, doch es war, als klebte sie an seinem Haar.

Stromer ist wieder verschwunden. Der Zaun zwischen unserem und Haygoods Gelände ist durchbrochen.
Riley, Michael und ich bestiegen unsere drei frisch gezähmten Pferde und gingen auf Jagd nach ihm. Diese Art des Reitens ist gut für die Pferde — an Zäunen haltmachen (sie waren durchbrochen), in Bäche hinein und heraus, Hänge und Klippen hinunterrutschen, hinauf-

klettern — das ist es, woran sie seit ihrer Geburt gewöhnt waren. Sie entspannten sich und schienen zu wissen, was sie sollten. Selbst Diabolo benahm sich gesittet, und Rileys komisches Gesicht trug ein stolzes Grinsen zur Schau.

Wing-Ding ist prachtvoll. Kein Wunder bei seinem Reiter.

„Welcher Junge soll Wing-Ding haben?" fragte ich Michael.

„Einer von meiner Höhe und meinem Gewicht."

Ich stellte sie mir der Reihe nach vor. Offenbar tat Michael das gleiche, denn unsere Augen begegneten sich und ein listiges Lächeln spielte um seine Lippen.

„Jerome ...", sagte ich und empfand Bestürzung.

Stromer hatte ein schnelles Tempo vorgelegt. Er war über den Sattelrücken gegangen in Richtung auf Langleys Ranch, die eine besondere Anziehungskraft auf ihn auszuüben scheint. Eine bestimmte Kuh? Oder irgendeine Kuh, die läufig war?

Schließlich sahen wir ihn, weit von uns entfernt. Nichts ist in diesem Gelände so weiß wie er.

Es war keine leichte Arbeit, und Michael mußte die Peitsche benutzen, um ihn zur Umkehr zu bewegen. Als dies geschafft war, schien er zu erkennen, daß der Spaß ein Ende hatte, und trottete munter heimwärts. Schließlich fiel er in eine schnellere Gangart, und wir legten den Rest des Weges in einem kurzen Galopp zurück.

Als wir über die Kälberweide ritten, waren die Kühe zum Melken hereingekommen und warteten hier. Als Stromer den Pferch erreichte, begann er zu stöhnen, dann zu brüllen, senkte den Kopf und stampfte.

Michael ließ Riley absteigen und das Gatter zum Anger öffnen.

Sie trieben Stromer zum Geräteschuppen.
Sie legten ihm wieder die lange Kette an, und jetzt steht er an der alten Stelle auf der Weide am Bach, ohne sich zu bewegen, ohne zu fressen.

Ein wundervoller Tag heute. Und die Wasserversorgung funktioniert einwandfrei. Der Wind weht. Die Windmühle dreht sich. Der Tank füllt sich. Wasser fließt durch alle Röhren und aus allen Hähnen im Haus und im Gesindehaus. Der Heißwasser-Boiler ist installiert. Badewannen füllen sich mit heißem Wasser. Die Pumpe ist an den Absender zurückgegangen. *Invention in g-Moll* ist unterwegs zu Vernon Spencer. Wing-Ding, Diabolo und Prinny sind zugeritten. Und im Handumdrehen habe ich heute morgen eine zweite Invention einschließlich Thema komponiert.
Nach dem Frühstück habe ich noch etwas gearbeitet. Ich ging zur Türe, um etwas frische Luft zu schöpfen, blickte nach unten und sah zu meiner Überraschung Rachel auf der Türmatte liegen. Und sie war aus eigenem Antrieb gekommen, denn Bunny war nicht in der Nähe. War sie auf der Jagd nach Kaninchen gewesen? War sie zwischen den Felsen der Klippe herumgekrochen, winselnd, schnüffelnd, kratzend — und hatte der Wind dann den Klang des Flügels zu ihr herübergetragen? Und war auch sie durch die süße Melodie von *Freude am Morgen* verführt worden?
Als ich nach unten schaute und den glücklichen Blick in ihren nach oben gewandten Augen sah, fühlte ich mich ermutigt.
Ich sagte: „Möchtest du hereinkommen, meine Süße?"
Ja, bitte.
Ich ließ sie herein und ging zurück zum Flügel.

Eine Weile lief sie ruhelos im Zimmer umher, sammelte die von Bunny, von ihr selbst, von den Katzen, von Michael und von mir hinterlassenen Duftspuren.
Schließlich legte sie sich auf den Teppich unter dem Flügel, streckte sich lang aus, den Kopf auf den Pfoten, verharrte in vollkommener Ruhe. Ein wunderschöner, weißer Porzellanhund.

17

Jerome ist angekommen.
Michael machte ihn mit Wing-Ding bekannt.
„Wir wollen sehen, wie du mit ihm zurechtkommst."
Jerome schwang sich in den Sattel, ohne den Steigbügel zu benutzen. Er ordnete die Zügel mit angedrückten Knien. Er lächelte zu Michael herunter, als seine Fersen die Weichen berührten und das Pferd sich in Bewegung setzte. Sich im Sattel nach vorne lehnend, um das Tier im Kreis herumzuschwingen, schaute er über die Schulter nach uns zurück, und Michael wandte sich sorglos zum Gehen.
„Er gehört dir."

Ich habe über die Furcht nachgedacht. Kann sie ganz ausgerottet werden?
In jenem Sommer, als Jerome zum ersten Mal auf die Farm kam, schrieb mir Eloise vorher, um mich über gewisse Schwierigkeiten bei ihm ins Bild zu setzen. Er kam nicht sehr gut mit anderen Jungens aus. Er machte sich nicht viel aus Sport. Er ging seine eigenen Wege, und es war etwas Störrisches in seinem Wesen.
Das entdeckten wir bald selbst. Wenn er mit den anderen Jungens zu einem Ausflug aufbrach, kam er oft bald zurück — immer mit einer Ausrede. Er hatte sich beim Übersteigen eines Zaunes am Stacheldraht verletzt und

wußte, daß die Wunde sofort mit Jod behandelt werden mußte. Ein Dorn im Finger, ein Schnitt, ein Riß, ein blauer Fleck, und er war außer sich. Fast ständig trug er irgendeinen Verband, war er irgendwo mit Pflaster beklebt.

Zunächst fiel es mir nicht auf. In unserer Kindheit hatten wir kleinere Verletzungen, ja, ein gebrochenes Bein nicht ernst genommen.

Dann bemerkte ich, daß die Neckereien der Jungens nicht unbegründet waren, und ich hörte Riley sagen: „Mein Gott, der Junge hat ja Angst vor seinem eigenen Schatten."

Als er eines Tages mit Malkasten und einem Glas Wasser hinausging, um zu malen, rutschte er aus und fiel hin. Das Glas zerbrach, und Jerome hatte eine ziemlich böse Schnittwunde an der Hand. Er blutete heftig und kam nach Hause gerannt, hemmungslos heulend.

Während ich die Wunde auswusch und verband, schwieg ich, wartete darauf, daß er sich beruhigte. Doch er beruhigte sich nicht, schien jeden Augenblick ohnmächtig werden zu wollen.

„Aber Jerome, was ist denn los? Es tut doch jetzt nicht mehr weh?"

„N . . nein", ächzte er.

„Ich versichere dir, es ist nicht im geringsten gefährlich."

Er schluchzte herzzerreißend.

„Ist es das Blut?"

„Ich . . . ich weiß nicht . . ."

Er faßte sich wieder, doch ich machte mir Gedanken. Ich konnte den Gedanken nicht ertragen, daß ein Kind sich in einem Zustand ständiger Angst befand. Unter Michaels strengen Augen mußte Jerome Baddle striegeln und satteln, besteigen, aus dem Pferch hinausreiten, nach dem Ritt zurückbringen, absatteln und auf die Weide führen. Er mußte sich die großen Reden anhören, die die andern Jungens über die wilden Ritte führten, die sie noch machen wollten, bevor der Sommer endete. Er würde bei den abendlichen Gesprächen zuhören müssen, wenn die Jungens Michael überredeten, über seine Kriegserlebnisse zu berichten.

Etwas Furcht ist nötig. Wir könnten ohne sie nicht leben. Niemand wünscht ein Kind um sich, das nicht genug Gefühl hat, Furcht zu empfinden; aber auch Mut ist nötig. Schließlich leben wir in einer Welt, die uns in einem Atemzug auslöschen kann. Dieser Tatsache haben wir ins Gesicht zu schauen, müssen uns an sie gewöhnen, sie mißachten.

Ich begann, mit Jerome über dieses Problem zu sprechen. Wir machten unsere Nachmittagsritte zusammen. Ich ließ ihn das Tempo angeben.

Wir sprachen über die Furcht und die Sinnlosigkeit, sich von ihr überwältigen zu lassen, da es gleichgültig war, wie gut man auf sich aufpaßte, immer konnte etwas geschehen, das man nicht voraussehen konnte, und dann war man sowieso erledigt. Und wir führten beide eine Reihe solch makabrer Beispiele an. Diese zu erfinden, schien ihn nicht zu erschrecken, im Gegenteil, es erleichterte ihn.

Und wir sprachen auch über Beispiele von Mut und über Mut, Edelmut und Heroismus im allgemeinen. Seine Wangen röteten sich, und seine Augen begannen zu leuchten. Ich erzählte ihm, wie hoch die Indianer den Mut einschätzten und wie die jungen Burschen ihre Tapferkeit beweisen mußten, indem sie zu einem Adlerhorst auf einer Felsenklippe hinaufkletterten und eine Adlerfeder als Trophäe mit herunterbrachten.

„Und ich habe eine Adlerfeder, Jerome. Ich bin allerdings nicht auf einen Felsen geklettert, sie zu holen, doch es ist eine echte Adlerfeder. Ich werde sie dir schenken. Sie wird dir helfen, dich an unser Gespräch zu erinnern."

Er richtete sich im Sattel auf, wandte mir sein Gesicht zu und lächelte. Ich lächelte zurück. Ich war glücklich und stolz über meinen kleinen pädagogischen Erfolg. Er sagte: „Wenn Mutter mich jetzt sehen könnte — wie ich so daherreite — sie würde sich sicher freuen."

Und wir gingen in einen leichten Trab über.

Ich befestigte die Adlerfeder an seinem Filzkäppchen, so daß man sie aufrecht stellen konnte — sehr flott und siegesbewußt — oder nach unten senken. Man konnte sie auch auf Halbmast tragen.

„Jetzt stufe dich selbst ein", sagte ich. „Ich werde immer auf die Adlerfeder achten. Wenn du mit den andern Jungens von einem Ritt zurückkommst, werde ich sehen, ob sie nach oben oder nach unten zeigt — und dann weiß ich, wie du dich fühlst . . .", und bei mir selbst dachte ich, Selbstprüfung und Selbsterkenntnis werden ihre Früchte tragen, und an der Feder wird man sie erkennen.

Ich sah noch oft eine hängende Feder bei Jerome und darunter trübe, mürrische, verzagte Augen; und ich sah die Feder aufrecht stehen über Augen, die leuchteten und strahlten.

Eloise freute sich sehr, als sie von Jeromes Reitkünsten hörte, und noch mehr, als im folgenden Winter der Leiter seiner Schule zu ihr sagte, der Sommer auf der Ranch in Wyoming habe Jerome „vollkommen verwandelt". Ich wollte wissen, in welchem Sinne er verwandelt war, doch alles, was ich herausbekommen konnte, war, daß er „sich durchgesetzt" hatte. Er war zum Sprecher seiner Klasse gewählt worden. Er hatte angefangen, Rugby zu spielen und war nach kurzer Zeit Kapitän der Mannschaft geworden.

Jerome, jetzt fünfzehn und so groß wie Michael, ist noch immer mehr Kind als junger Mann, es sei denn, das Gespräch wird intellektuell oder betrifft die Kunst. Dann ändert sich sein Gesichtsausdruck. In seinen Augen öffnet sich eine Tiefe. Seine Gedanken sind wert, überdacht zu werden.

Michael hat auf dem Anger hinter dem Brunnen einen Ping-pong-Tisch aufgestellt. Michael spielt sehr gut und ist stolz darauf. Er spielt jetzt draußen mit Jerome. Jerome hat nie zuvor Ping-Pong gespielt, doch Dschingis-Khan gewinnt.

Jetzt sind sie alle da — sieben neue Jungens und sieben alte. Junge Stimmen rufen und schnattern überall, Türen knallen, Gruppen wandern umher, suchen einander kennenzulernen, mit Michael und mir, mit Land und Leuten vertraut zu werden.

An mich gewöhnen sie sich schnell. Ich bin für sie eben eine andere Mama. Doch sie wissen nicht, was sie mit Michael anfangen sollen.

Wenn sie hören, daß die alten Jungens ihn den „General" nennen, sprechen sie es gedankenlos nach. Wenn sie aber erfahren, daß jeden Morgen ein „Offizier vom Dienst" benannt wird, um die „Quartiere" zu inspizieren und als Michaels Adjutant zu fungieren, dann begreifen sie, daß das Lager nach militärischen Grundsätzen geleitet wird. Dann entdecken sie, daß ihr Leben auf der Ranch genau eingeteilt und geregelt ist, daß sie am Vormittag eine nützliche Arbeit verrichten — Wege ausbessern, Zäune setzen oder flicken, Pfosten schneiden, daß nach dem Mittagessen eine Stunde obligatorischer Ruhe angeordnet ist, die sie lesend, schreibend oder schlafend in ihren Zimmern verbringen, daß dann eine obligatorische Reitstunde folgt, die nicht weniger streng ist als bei der Armee, und daß sie dann erst ihre Pferde nehmen dürfen, um nach ihrem Belieben auszureiten. Das verlangt allerhand Anpassung und Gehorsam. Ab und zu haben wir einen Jungen, der nie jemandem gehorcht zu haben scheint.

Ich warte immer mit Spannung, wie lange es dauert, bis sie auf natürliche und unbewußte Weise von Michael angezogen werden wie von einem Magneten. Worin besteht diese Anziehungskraft? Ich glaube, es ist Heldenverehrung, die ich im übrigen immer für eines der wichtigsten Erlebnisse der Jugend gehalten habe. Wenn ein junger Mann dieses Erlebnis missen muß, welch ein Verlust! Das gleiche, als wenn er, später, nie verliebt ist.

Wenn Michael für wenige Stunden in der Stadt ist, sitzen die Jungens auf einem Haufen herum und warten, daß er zurückkommt.

Einer nach dem anderen kommt dann zu mir. „Mrs. Bergwin, wann ist der General zurück?"

Oder . . . „es ist doch nicht zu befürchten, daß er vor dem Abendessen nicht zurück ist?"

Wir haben einen kleinen Draufgänger, Henry Brimmer, ein eher schmächtiger Junge mit Bürstenschnitt, einer rauhen, lauten Stimme, dicken Brillengläsern und einem ewigen Koboldlächeln in den Augen. Er fiel von Diabolo herunter, ehe sie aus dem Pferch herausgekommen war. Er stieg wieder auf, wurde wieder abgeworfen. Er begann, richtig wütend zu werden, gab aber nicht auf. Ich glaube, wir werden eine Menge Spaß mit ihm haben diesen Sommer.

Der jüngste und kleinste der Jungens, Scotty, reitet allen Gesetzen des Gleichgewichts zum Trotz unser größtes Pferd. Dieses, Baldy, legte ein Ohr zurück, als der kleine Bursche auf seinen Rücken gehoben wurde, fand sich aber bald mit dem Mißverhältnis ab.

Bis jetzt hat Jerome noch keine Schwierigkeiten gehabt mit Wing-Ding, doch ich frage mich, wie er sich wirklich fühlt. Die Adlerfeder verrät es nicht.

Meine Hauptsorge in den ersten Tagen des Lagers ist das Essen. Ich bin Proviantmeister, Einkäufer, Wirtin, Hausmutter, ausgebildete Krankenschwester und Vertraute.

Jeden zweiten Vormittag sitze ich mit Hilda an dem mit der rotkarierten Decke gedeckten Tisch in der Küche und stelle die Speisezettel für zwei Tage zusammen. „Was werden wir zum Abendessen haben, Mrs. Bergwin? Was gibt es als Nachtisch?"

Diese beiden Fragen sind es, die mich oft zur Verzweiflung gebracht haben, nicht das Mittagessen. Zu Mittag gibt es hintereinander Rind, Lamm, Kalb, Huhn, Schwein, Schinken und Wild und dazu die Gemüse der Saison, und diese Reihenfolge wiederholt sich jede Woche. Doch Nachspeisen und Abendgerichte! Die einzigen, die mir einfallen, sind die, die wir gestern, vorgestern und vorvorgestern hatten.

Ich schaue Hilda flehentlich an und bin innerlich wütend über ihren Ausdruck unbekümmerter Erwartung. Doch jetzt habe ich das Problem gelöst. Letzten Winter widmete ich mich mit aller Ernsthaftigkeit der Forschung in Sachen Desserts und Abendgerichte.

Ich beschränkte mich auf Rezepte, die nicht den gesam-

ten Küchenapparat erforderten, und wählte davon achtundzwanzig aus.
Wenn unser Lager acht Wochen dauert, brauche ich alles nur einmal zu wiederholen.
Wenn Hilda mir also jetzt diese lästigen Fragen stellt, schlage ich nur die entsprechenden Seiten in meinem Küchenbuch auf und ergötze mich an den mit der Maschine geschriebenen Listen ... Holländischer Apfelstrudel, Karamel-Reis-Pudding, Apfelmuskuchen ... und wenn Hilda vergessen hat, wie man sie macht, finde ich auf den nächsten Seiten die einfachen Anweisungen.
Ich tippe die Speisezettel und hefte sie an die Küchenwand. Nach den Speisezetteln fertige ich meine Einkaufslisten an. Ich fahre dreimal in der Woche mit dem Anhänger nach Cheyenne und kaufe körbeweise Spinat, Mais oder Rüben ein.
Michael und ich leben jetzt in verschiedenen Welten, und das macht mich einsam.
Er scheint ganz in seinem Element zu sein. Ich glaube, er fühlt sich in den Krieg zurückversetzt, und dies sind seine „Jungens", für die er denken und sorgen muß. Doch ich, ich fühle mich verloren in einem Haufen von Kobolden, die um mich herumtanzen und lärmen, unaufhörlich lachen, sinnlos schreien, in einer mir unbekannten Sprache reden (es kann nicht Englisch sein).
Wenn Michael und ich während der Mahlzeiten miteinander sprechen, dann hat dies den Charakter einer öffentlichen Bekanntmachung über die Länge einer vier Meter langen Tafel hinweg, an deren beiden Enden wir und an deren Seiten die Jungens sitzen.
An Michaels rechter Seite sitzt ein Junge mit einem Cherubslächeln. Seine Stirn ist beschattet von einem

Kranz kleiner hellbrauner Locken. Seine Augen sind dunkelblau. Er erinnert mich an eine Frau, die im Haus von Vernon Spencer lebt und den wundervollen Namen Ruth trägt. Sie hat ebenfalls ein schönes Gesicht und das gleiche Lächeln. Ihre Zähne sind groß, vollkommen gleichmäßig und blendend weiß. Sie ist natürlich Spencers Frau, und dies ist ihr Sohn Jimmie.

Jimmie ist die verkörperte Leichtigkeit und Ungezwungenheit, die Ruhe selbst. Sein Lächeln ist das seiner Mutter. Er ist kein Musiker. Er ist fasziniert von Zügen, Schienen, Ingenieuren, Eisenbahnsystemen. Er würde, sagte er mir, lieber Bremser werden als ein Paderewski. Ich möchte wissen, was sein genialer Vater dazu sagen würde.

Er sitzt auf einem Pferd, sagt Michael, wie ein Sack Mehl. Dies ist das höchste Lob, denn wenn der Reiter entspannt ist, dann ist es das Pferd ebenfalls.

Prinny akzeptiert ihn sofort.

Jerome sagte: „Tante Marie, darf ich jeden Tag in einer ruhigen Stunde nach dem Abendessen den Flügel benutzen, um zu üben, wie ich es letztes Jahr getan habe?"

„Was mich angeht, Jerome, gern. Doch frage den General."

„Darf ich, Onkel Michael?"

Michael erlaubte es.

Da ist ein Junge, der mir Sorgen macht. „Bobby, warum bist du so dünn? Warst du öfter erkältet letzten Winter?"

„Ich bin immer dünn, Mrs. Bergwin. Ich esse wie ein Pferd."

„Hast du einen Schilddrüsenfehler?"

„Ich bin untersucht worden. Man hat nichts gefunden.

Ich habe auch keinen Bandwurm. Daddy und Mammie haben es aufgegeben, sich Sorgen zu machen, daß ich so dünn bin."

„Ich denke, du solltest trotzdem zunehmen. Alle nehmen zu auf der Ranch."

Vielleicht hilft die gute Milch. Es stehen immer Eimer mit sahniger Milch in dem kalten fließenden Wasser im Brunnenhaus bereit für die Jungens, wenn sie spät am Nachmittag, erhitzt und durstig, vom Reiten zurückkommen. Sie steigen ab, binden ihre Pferde an und versammeln sich in der kühlen Dunkelheit. Von der Terrasse höre ich ihre Stimmen — streitend, lachend, schwatzend.

Einmal sagte ich zu Alma, die ja schließlich Ärztin ist: „Ich glaube, die Jungens trinken jeder etwa eine Gallone Milch pro Tag."

„Eine Gallone? Du meinst einen Liter." (Sie pflegt einen Liter pro Tag zu verschreiben.)

„Nein, eine Gallone. Sie trinken drei oder vier Glas zu jeder Mahlzeit und drei oder vier Schöpfkellen aus dem Eimer im Brunnenhaus."

Missy meldete sich bei mir, als ich lesend am Fenster saß, und verkündete, daß sie im Begriff war, Junge zu bekommen.

Dies war keine Überraschung für mich.

Sie ersuchte um Unterschlupf für ihre Niederkunft im Haus, am liebsten auf meinem Schoß. Ich setzte sie hinaus und schloß die Türe. Sie machte die Runde bei jedermann auf der Terrasse, schnurrend, sich um Beine windend, von der wundervollen Sache erzählend, die im Begriff war, sich zu ereignen, und verschwand dann in der Dunkelheit.

Jetzt ist sie wiederaufgetaucht, schlank wie ein Filmstar. Sie ist versonnen, in sich gekehrt. Die Jungens drängen sie, ihnen zu zeigen, wo die kleinen Kätzchen sind, doch sie sitzt unschuldig da, wäscht sich ... *Was für Kätzchen meint Ihr? Ich weiß nichts von Kätzchen ...*

18

Ich habe zwei Schreibmaschinen. Eine Reisemaschine, die ich überallhin mitnehme, auf die Terrasse oder ins Wohnzimmer, wo sie an langen Abenden auf meinen Knien steht.

Die große L. C. Smith steht auf einem besonderen Tisch in meinem Schlafzimmer.

Manchmal stehen beide dort oben, im rechten Winkel zueinander, in jeder ein Bogen Papier eingespannt; auf der einen schreibe ich dann eine Geschichte, auf der anderen dieses Tagebuch.

Ich habe bemerkt, daß die Leute, wenn ich ihnen kleine Anekdoten aus dem Randleben hier draußen, besonders über die Pferde, erzähle, mit Interesse zuhören. So denke ich das als Nächstes zu versuchen. Eine kleine Geschichte — etwa fünftausend Worte — über eins meiner Pferde, vielleicht über ein kleines Stutenfüllen.

Die Schreibmaschinen und meine frühere Tätigkeit als Drehbuchautorin beschäftigen die Neugierde der Jungen. Da ist besonders Ham (Hamilton) Parks, der eines Abends, als man über Berufswahl sprach, verkündete, er würde Schriftsteller „werden".

Ham ist dunkel, untersetzt, bereits so etwas wie ein Rugby-Star und ein echter Extrovertierter, wenn es je einen gab. Seine Berufswahl überraschte mich.

Ja, wenn es Billy Allenger gewesen wäre . . .

Billy ist siebzehn, geht nächstes Jahr aufs College und ist unser längster Junge, ein Meter fünfundachtzig. Er ist blaß und sieht sehr distinguiert aus, trägt eine dunkelrandige Brille, spricht selten, lächelt nie, schaut immer wie ein New Yorker Geschäftsmann von etwa dreißig, einer „jener traurigen jungen Männer", drein.
Ich fragte Ham Parks, was er schon geschrieben hätte.
„Oh", erwiderte er bescheiden, „noch nichts von Bedeutung, aber ich werde darauf studieren."
Dann fragte ich ihn, ob er schon Kurzgeschichten geschrieben hätte oder Zeitungsartikel. Nein. Was denn? Er zuckte hochmütig die Achseln.
„Was ich in der Schule schreiben mußte."
„Bist du ein guter Briefschreiber?"
Er entzückte die Jungens dadurch, daß er ein Gesicht machte, als müßte er sich erbrechen.
„Aber was meinst du dann damit, daß du Schriftsteller werden willst?"
Er war nachsichtig mit mir. „Was ich gesagt habe ... ich werde es studieren."
„Warum wählst du diesen Beruf, wenn du jetzt schon weißt, daß du ihn nicht magst?"
„Bei uns in der Nähe auf dem Lande wohnte letzten Sommer ein Schriftsteller. Er hatte einen Wohnwagenanhänger. Er mußte leben, wo es einsam war. Ich liebe den Wald und das Fischen."
Ich fragte Harry, was er werden wollte.
„Psychiater." Harrys kurzsichtige Augen schauten durch dicke Brillengläser forschend in die Runde, doch niemand lachte. „Meine Tante Jennie ging ein ganzes Jahr jeden Tag zu einem Psychiater. Und mein Vater sagte, sie zahlte ihm ein Vermögen. Alles, was er tat, war dasitzen und ihr zuhören."

Sie waren alle bei Psychiatern gewesen oder wußten über sie Bescheid und liebten es, über ihre Komplexe zu sprechen.
Ich wurde gefragt, ob ich nie wieder Drehbücher schreiben würde.
„Man muß in Hollywood sein, um für den Film zu schreiben. Hier schreibe ich für Magazine. Das heißt, ich versuche es."
„Was meinen Sie damit . . . Sie versuchen es?"
„Ich versuche zu erreichen, daß sie veröffentlicht werden."
Verwirrtes Schweigen der Mißbilligung. Das war bei einer erfolgreichen Schriftstellerin nur schwer zu verstehen. Also fügte ich beruhigend hinzu: „Und ich glaube, ich bin nahe dabei."
„Was meinen Sie mit . . . nahe dabei?"
„Nun, ich bekomme jetzt Ablehnungen, und das ist wirklich sehr nahe am Erfolg . . . nur ein Schritt davon entfernt . . ."
Murmeln der Verachtung. Erfolg mußte kommen wie der Nachmittagstee auf dem Teewagen.
„Ein Schritt nur noch?"
„Ja, alle andern habe ich schon gemacht. Die Geschichte ausgedacht. Mit der Idee gespielt. Mich für sie, mich gegen sie entschieden . . . ein Dutzend Mal. Sie schließlich geschrieben. Das bedeutet Papier, Tippen, Kohlepapier, Verbesserungen, Zeit und Arbeit. Dann einen Umschlag nehmen, Adressen finden, abwiegen, frankieren, zur Post geben. Und dann das Manuskript zurückkriegen. Das ist eine Menge."
„Und der eine Schritt, der noch fehlt?"
„Man bekommt einen Scheck anstelle des Manuskripts. Und einen andern Brief."

Sie überdachten es.
„Du könntest Ham doch sagen, wie man schreibt, Tante Marie?" (Jerome hat selbst eine Menge geschrieben.)
Ich lachte. „Nun, ich könnte ihm viel darüber sagen, wie man nicht schreibt . . ."
Sie wollten alle hören, wie denn nicht.
„Nun . . . nicht literarisch oder akademisch oder steif oder preziös oder konfus oder wortreich oder langatmig oder kindisch oder niedlich oder derb . . ."
„Um Gottes willen! Was bleibt denn da noch übrig?"
„Sagen Sie uns, wie man schreiben soll."
Das war schwerer. Ich habe zwei oder drei Tips, die mir aus mancher Klemme geholfen haben. Als ich in den Studios von Hollywood begann, eine Novelle in ein Bildertreatment zu verwandeln, fragte ich einen Veteranen: „Woher wissen Sie immer, wie anfangen?" Und er antwortete: „Erzählen Sie einfach Ihre Geschichte."
Das hilft immer. Tip zwei entnahm ich einem englischen Buch, dessen Heldin eine Schriftstellerin war. Als sie einmal nicht weiterkonnte, sagte sie zu sich selbst in Verzweiflung: „Kann ich nun ein paar einfache Gedanken in einfaches Englisch bringen oder nicht?" Und sogleich fand sie heraus, daß sie es konnte.
Als ich den Jungens diese beiden unschätzbaren Tips verriet, fanden sie sie sehr enttäuschend, wie alle richtigen Beobachtungen es zu sein schienen.
Bobbie fragte: „Was aber, wenn Sie stecken bleiben? Ich bleibe immer stecken bei meinen Aufsätzen."
„Wenn ich von der Schreibmaschine genug habe, lege ich mich aufs Bett oder in die Hängematte oder ich setze mich hinter das Steuer, fahre ein wenig spazieren . . ."

Ein lebhaftes Geschnatter setzte ein, das ich unterbrach, indem ich sagte: „Wenn ich zum Beispiel etwas erfunden habe, während ich auf dem Bett lag, und dann versuche, es zu erweitern, während ich an der Schreibmaschine sitze, muß ich mich wieder auf das Bett legen, um den Faden weiterspinnen zu können."
Vor weiteren Fragen rettete ich mich, indem ich — das Essen war längst beendet — die Tafel aufhob.

Im Anfang finden die Jungens es verächtlich, sich in der Mitte des Tages auszuruhen, doch allmählich gelangen sie dazu, die stille Stunde zu schätzen. Viele von ihnen schlafen ein. Die größten Jungens schlafen am längsten.
Jede Kabine beherbergt zwei Jungens. Die Fußböden und der untere Teil der Wände sind aus Holz. Der obere Teil der Wände besteht aus Maschendraht. Ein Dachbalken und Sparrenwerk tragen ein Zeltdach mit Seitenklappen, die bei Regen heruntergerollt werden. Das kleine Lager liegt in einem Gehölz von jungen Kiefern auf dem sanften Hang des Geländes hinter dem Haus. Es wird tadellos in Ordnung gehalten unter der Aufsicht des Offiziers vom Tage.
Am Ende des Sommers, wenn die Jungens abgereist sind, gehe ich manchmal dort hinauf und lege mich auf eins der Feldbetten. Ich höre das Murmeln der Kiefernnadeln und rieche das scharfe Harz. Dieses Geräusch und dieser Geruch bewirken, daß man sich fern aller Städte fühlt, allein mit der Natur. Ich habe dieses Gefühl erlebt, als wir als Kinder einen Teil unserer Ferien in den Wäldern verbrachten. Die Jungens werden es nie vergessen.
Die ersten beiden Wochen des Lagers sind sehr anstren-

gend für Michael und für mich. Ich sehe es an seinem Gesicht, dessen Ausdruck härter ist als sonst. Der Grund hierfür ist nicht nur die Zeit, die er braucht, um die Jungens in die Hand zu bekommen, es ist die ständige Sorge um die Pferde und die Möglichkeiten von Unfällen.

Geritten wird nach der Ruhestunde.

Ein Junge wird bestimmt, die Pferde von der Stallweide hereinzuholen . . . Die Stallweide ist eine Viertelquadratmeile groß, das Gelände ist uneben, und die Pferde sind weit verstreut. Doch sie wissen, daß sie Hafer kriegen, sobald sie den Pferch erreichen, und kommen gerne. Das bei diesem täglichen Zusammentreiben gerittene Pferd ist immer Goldmünze, ein schlauer alter Bursche, der jeden Trick kennt und die Arbeit fast allein machen könnte.

Die Jungens lieben diese Arbeit, und sie ist ein ausgezeichnetes Training für Gleichgewicht und Hände.

Ich liebe es, im Pferch zu sein und zu beobachten, wie die vierzehn schönen Tiere im Galopp hereinströmen. Dann wird jedes Pferd gehalftert, bekommt den Futtersack umgehängt; während es frißt, ist es an einem Pfosten des Pferchzaunes angebunden und wird von seinem Reiter gestriegelt.

Wir haben einen fünfzehn Jahre alten Jungen, Redding Brewster, der schon viel geritten ist. Er ist blond, hübsch, gut gebaut. Michael hat ihm Rheingold gegeben; sie passen sehr gut zusammen, bieten ein prächtiges Bild.

Kürzlich benahm Rheingold sich schlecht, zog an dem Strick, als Red ihn anbinden wollte. Er spreizte die Beine, stemmte sich nach hinten, schüttelte den Kopf und tat so, als wäre er nie gezähmt worden.

Die Strafe für ein solches Benehmen besteht darin, daß

das Pferd an den Pfosten in der Mitte des Pferches gebunden wird, der so gewissermaßen als Schandpfahl dient.
Auf diese Weise wurde Rheingold nun gedemütigt und stand ruhig da, den Kopf leicht erhoben und mit der Nase nur wenige Zentimeter von dem Pfosten entfernt. Als Red ihn dann auf Michaels Anweisung losband, schien der Hengst seinen jungen Herrn anzugreifen.

Man streitet heute noch darüber, ob Rheingold wirklich die Absicht hatte, Red niederzuschlagen, oder ob er sich nur über ihm aufbäumte. Jedenfalls, das Pferd riß sich los und bäumte sich auf; Red wollte sich in Sicherheit bringen, rutschte aus und fiel auf alle viere, als der große Huf niederkam.
Ich war dabei. Unterdrückte Aufschreie und Ächzen. Michael hob Red auf, legte ihn mit dem Gesicht nach unten über seinen linken Arm, riß ihm mit der rechten Hand die aufgeschlitzten Blue-jeans herunter. Ich sah für eine Sekunde in Michaels Gesicht die entsetzliche Angst vor der Wunde, die ein niederschmetternder Hengsthuf hinterlassen konnte.
Doch Red war unverletzt — nicht ein Kratzer auf seinem glatten weißen Hinterteil.
Rheingold war weggelaufen und stand auf seinem gewohnten Platz am Pferchzaun, brav darauf wartend, daß er gestriegelt würde. Sein Kopf war mit gespitzten Ohren nach hinten gewandt, um zu sehen, was dort am Pfosten vor sich ging.
Michael setzte Red ab, und dieser stand lächelnd da, verlegen ob seines bloßen Hinterns. Jemand rief: „Wo sind deine Hosen?", und als Michael die zerrissenen

Blue-jeans auf den Pfosten hängte, ertönten Pfiffe und Bravorufe.
Es gab keine Schwierigkeiten mehr zwischen Red und Rheingold.
Während die Jungens ihre Pferde putzen, geht Michael von einem zum andern, Anweisungen gebend. Striegel und Bürste müssen an den Hinterbeinen entlang nach unten bewegt werden. Die Pferde mögen das nicht. Es kitzelt sie. Michael bringt den Jungens bei, wie sie stehen sollen, während sie es tun; sie müssen auf der Hut sein und bereit, jeden Augenblick auszuweichen; vor allem müssen sie sich neben der Hinterhand des Pferdes halten, damit sie im Falle eines plötzlichen Ausschlagens nicht da stehen, wo es sie treffen kann.
Dann werden Futtersack und Halfter abgenommen, die Zügel werden angelegt, Decke und Gurte aufgelegt. Alle Übungen werden ohne Sattel gemacht.
Vom Boden ohne Sattel aufzusteigen ist schwierig. Mancher Junge bleibt im Pferch zurück, bemüht sich, auf sein Pferd zu kommen, während die anderen bereits zum Übungsfeld hinunterreiten.
Das Übungsgelände ist ein ebener Teil der Weide zwischen Kuhstall und Bach.
Das Exerzieren beruhigt die Pferde. Wenn sie in einer Reihe oder in einem Kreis stehen, wissend, daß die Zügel locker sind, spüren, wie die Jungens aufsteigen und absteigen, werden sie vollkommen entspannt und fühlen sich wohl.
Ich kann das Gelände von der Terrasse aus sehen, und um diese Stunde halte ich mich gewöhnlich dort auf, um die Übungen zu beobachten.
Die Jungens machen „Scheren" auf ihren Pferden. Michael macht es ihnen vor. Dabei sitzen sie abwechselnd

mit dem Gesicht zum Schweif und zum Kopf des Pferdes.

Dann macht Michael einen Handstand, indem er beide Hände auf den Widerrist des Pferdes legt, sich nach vorne beugt, bis sein ganzes Gewicht auf den Händen ruht, und dann den Körper langsam vom Rücken des Pferdes löst und in die Senkrechte drückt. Die Jungens bemühen sich, es ihm nachzutun. Nur gelegentlich ist ein guter Turner unter ihnen, dem es gelingt.

Michael legt großen Wert auf häufiges Fallen. Er mißbilligt das Festklammern am Pferd aus Furcht abgeworfen zu werden. Denn wenn man seine Balance verliert, ist man sozusagen schon abgeworfen, und man ist dann besser unten als oben. Der Reiter soll auf den Boden gleiten oder springen, dann wieder aufspringen. So üben die Jungens Aufspringen und Abspringen beim Schritt, beim Traben, beim Galopp.

Diese Geschicklichkeit erlernen sie allmählich während des Sommers. Auf diese Möglichkeit wird in unserem Prospekt in dem Abschnitt *Reitschule* besonders hingewiesen.

Wenn die Übungsstunde vorüber ist, sind die Jungens frei, zu tun was sie wollen. Meistens benutzen sie diese Gelegenheit zu längeren Ritten. Sie haben jede Ranch in der Umgebung besucht.

In den ersten Wochen reiten die meisten zu den Ställen zurück und satteln ab. Doch wenn sie sich sicherer fühlen, geben sie ihren Pferden nach Beendigung der Unterrichtsstunde die Sporen und galoppieren johlend wie eine Indianerbande davon.

Ich habe die Tintenkopie von *Freude am Morgen* beendet, gab sie in Granite-Canyon auf und brachte die

angekommene Post mit. Ich setze mich immer in meine Hängematte, um die Post zu verteilen, und die Jungens umdrängen mich. Ich bemerkte einen großen Umschlag, dessen Adresse in der unverkennbaren Handschrift Mr. Spencers geschrieben war.
Ich fragte mich, was er mir schicken könnte, und als ich den Umschlag öffnete, fand ich in ihm meine *Invention in g-Moll.* Er mußte sie fast postwendend zurückgeschickt haben. Ich entdeckte keinerlei Korrektur, nur am Fuß der letzten Seite stand das Wort FABELHAFT. Und ein kurzer Brief lag bei: „Wenn Ihre *Invention in g-Moll* bei der Universität eingereicht worden wäre, hätte sie den Preis für Kontrapunkt erhalten. Wer hat Ihnen den Kontrapunkt beigebracht?"
Das hat mich zu ernstem Nachdenken gebracht. Wenn meine zweite Invention, die in d-Moll, der ersten ebenbürtig ist, und dessen bin ich sicher, dann scheint mir diese Art von Komposition leichtzufallen. Wenn ich von ihnen ein Dutzend schreiben würde, könnte ich sie einem Verleger als eine Sammlung moderner kontrapunktischer Übungen anbieten, die man Schülern aufgibt, bevor man sie an Bach heranläßt. Doch das wäre eine Menge Arbeit, die mir im übrigen keinen Spaß macht. Ich werde damit warten, bis ich mit Mr. Spencer darüber sprechen kann, wenn ich wieder in Los Angeles bin.
So werde ich nun das Studium der thematischen Entwicklung aufnehmen.

Hafer, sagen alle Regierungs-Broschüren, ist das beste zur Fütterung von jungen Tieren, Kälbern, Hunden, Pferden. (Die Schotten werden so groß und stark, weil sie Hafergrütze essen.)

„Bobbie", sagte ich, „ich bemerke, daß du Hafergrütze zum Frühstück nimmst. Magst du sie?"

„Ja, sehr gerne."

Ich serviere die Mehlspeisen zum Frühstück in bunten mexikanischen Schalen.

„Könntest du mehr essen, wenn du eine größere Schale hättest?"

Etwas verlegen antwortete Bobbie, er glaube, er könne. Jetzt habe ich seine rote Schale durch eine der gelben Schüsseln aus der Küche ersetzt. Er füllt diese mit Hafergrütze, gibt eine Tasse dicken gelben Rahm und eine Tasse braunen Zucker hinzu, und das nimmt er als Einleitung zu seinem Frühstück, das aus Schinkeneiern, Toast, Milch und Früchten besteht.

19

Michael und ich fuhren nach Granite-Canyon, um die Post zu holen, und ich wartete im Wagen, während er in das Postamt ging.
Als er herauskam, reichte er mir ein Paket. Einen Augenblick lang konnte ich mir nicht denken, was es enthielt, dann sah ich den Namen Schirmer und erinnerte mich.
„Oh! Meine Klavierstücke!" rief ich aus. „Meine Belegexemplare!"
„Was für Stücke?"
„Meine vier Etüden, die Schirmer gekauft hat!"
Michael war interessiert. Er riß das Packpapier auf, und wir betrachteten die Hefte. Schirmer hatte sie sehr nett ausgestattet, sehr künstlerisch, mit dem niedlichen Bild eines Indianerkindes in Windeln und einer winzigen Vignette eines vom Wind bewegten Baumes.
Michael schien wirklich beeindruckt.
Später fragte er mich unwillig: „Warum hast du deine Stücke nicht auf den Flügel gelegt?"
„Welche Stücke?"
Seine Stimme wurde noch unwilliger. „Die Schirmer veröffentlicht hat."
„Oh, meinst du, ich soll?"
„Natürlich."
Ich stellte sie auf das Notenpult.
„Und jetzt spiel sie."

„Diese?" fragte ich überrascht. „Das sind doch nur kleine Übungsstücke, nichts Besonderes. Und du hast sie schon so oft gehört."
„Spiele sie!"
Ich schlug „Wenn der Wind weht" auf.
Ich hatte die Noten längst vergessen und mußte sie ablesen. Ich bin keine schlechte Klavierspielerin, doch jetzt, da Michael erwartete, etwas Phantastisches zu hören, weil Schirmer es veröffentlicht hatte, versagten meine Finger.
Ich stolperte durch das Stück, fragte mich, warum in aller Welt Schirmer es gekauft hatte. Es war korrekt, geschickt gemacht, klang nett, aber trotzdem . . .
Als ich geendet hatte, wandte ich mich Michael zu und sagte: „Ich verstehe nicht, warum sie es gekauft haben."
Dann sah ich, daß sein Gesicht zuckte. Auf meine Bemerkung hin brach er in schallendes Gelächter aus und rief, fast schluchzend: „Ich auch nicht."
Er lachte, bis ihm die Tränen kamen. Ich konnte nicht umhin, mit ihm zu lachen, doch ich fühlte mich klein und elend.
Mehrere der Jungens kamen ins Zimmer. Die Ruhestunde war vorbei, und sie gingen zum Reiten.
Ich spielte das Stück noch einmal, gab die Schuld an dem sichtlich schwachen Erfolg meinem schlechten Spiel. Jerome stand neben dem Flügel, aufmerksam zuhörend.
„Es klingt wie eine Fuge am Anfang", sagte er.
Ich fühlte mich ermutigt. Ich spürte, daß meine Arbeit, obwohl sie nur klein an Umfang, kahl, schmucklos, bis auf die Knochen entblößt, gewissermaßen Musik in Miniatur war, etwas Besonderes hatte.
Ich spielte das Stück mehrere Male. Die anderen Jungens gingen mit Michael hinaus. Jerome blieb.

Ich begann mich zu ärgern, daß alles Wertvolle in meiner Arbeit nur angedeutet war. Ich schob die Noten beiseite und spielte die Melodie auswendig in einem Arrangement, so wirkungsvoll, wie es mir von selbst in die Finger kam. Ich war überrascht, wie frei und ausgelassen es klang, ein richtiger kleiner musikalischer Wirbelwind, genau zu dem Titel passend *Wenn der Wind weht*.

„Klingt ganz anders so, nicht?" sagte Jerome.

Das ist es, was mich bei diesen Etüden ärgert. Gutes Material, gute musikalische Einfälle, einfach weggeworfen. Und warum mache ich es?

Mit Freude stellte ich fest, daß wir einen weiteren Musiker auf der Ranch haben.

Es ist der kleine Scotty. Er hat diesen Spitznamen erhalten, weil seine Familie schottisch ist, Familienname McCollister. Scotty erreicht, wenn er am Flügel sitzt, mit dem Fuß kaum das Pedal, spielt aber *Der fröhliche Landmann* korrekt und mit Verständnis.

Dieses sensible Kind trägt eine schwere Last. Er ist der jüngste und kleinste in der Gruppe. Er hat das kleinste Pferd. Er kann es allein nicht besteigen.

Jeder andere Junge kann ihn mit einem Wort vernichten. Nein, sie brauchen überhaupt nichts zu sagen, allein dadurch, daß sie größer oder älter sind als er, ist er ihnen wehrlos ausgeliefert.

Harry braucht ihn nur mit hochgezogenen Mundwinkeln anzuschauen und mit einer freundlichen, aber für jeden vernehmbaren Stimme zu sagen: „Na, Scotty?" und alle Jungens am Tisch brechen in Lachen aus.

Tiefe Röte bedeckt dann Scottys Hals und Wangen, und seine Augen füllen sich mit Tränen.

Er hat keine Angst ... es sind Tränen hilfloser Wut. Was kann ich dagegen tun? Ich weiß es nicht. Scotty sitzt bei Tisch zu meiner Linken. Ich fühle, wir könnten uns sehr nett unterhalten, wenn er sich nicht ständig in einem Zustand der Verteidigung befände.

Doch jetzt sind wir uns durch die Musik nähergekommen. Unter den Etüden ist eine, von der ich glaube, daß er sie lernen kann.

Als ich im letzten Winter an diesen Etüden arbeitete, teilte ich sie in Sechsergruppen ein, sechs Vogelgesangthemen, sechs kleine Naturstudien, und die Gruppe, die ich *Musikalischer Reiseführer* nannte, war eine Sammlung von Nationaltänzen. Ich vollendete einen deutschen, einen schweizerischen, einen spanischen, einen schottischen, einen irischen Tanz, und es fehlte mir noch ein schwedischer.

Die Serie war nicht nach authentischen Volksmelodien geschrieben, sondern nur allgemein im Stil der Volksmusik der einzelnen Länder.

Doch ich war nicht vertraut mit der schwedischen Volksmusik.

Wie sollte ich mich zu einer kleinen schwedischen Volksmelodie inspirieren lassen?

Wir hatten zu jener Zeit einen schwedischen Vorarbeiter namens Nels, und ich erklärte ihm eines Abends im Gesindehaus, ich sei sicher, daß er eine Menge schwedischer Lieder, Tänze und Melodien kenne.

Doch Nels schüttelte den Kopf.

„Doch, Sie kennen welche, Nels! Auf den Jahrmärkten, bei den Tänzen im Freien, wie tanzten sie? Was für Schritte? Welche Lieder sangen sie dabei? Haben die Jungens die Mädels hochgehoben und herumgewirbelt? Liefen sie? Oder stampften sie? Was taten sie?"

Plötzlich legte Nels seine Pfeife nieder und stand auf. Und er tanzte nicht nur stampfend und singend, sondern erzählte mir auch, was der Tanz bedeutete.

Es war ein Bauerntanz und wurde Sprungtanz genannt. Man tanzte ihn im Frühling nach der Aussaat, und zu ihm kamen alle Mädchen und jungen Männer in den Birkenhainen zusammen.

Er beschrieb die Kleider, die sie trugen, die leuchtend bunten Röcke der Mädchen.

Ich komponierte das kleine schwedische Stück, dabei genau dem Rhythmus der stampfenden Füße von Nels folgend, nannte es Sprungtanz, nahm es in die Gruppe *Musikalischer Reiseführer* auf und hielt es für das beste von allen.

Offensichtlich war Schirmer anderer Meinung, denn es wurde nicht ausgewählt.

Ich sah in ihm alles, worüber Nels gesprochen hatte, den Birkenhain mit dem zitternden Frühlingsgrün der Blätter, das Stampfen und Springen der jungen Männer in engen Hosen, die wirbelnden Röcke der Mädchen.

„Komm, Scotty, wir wollen mal sehen, ob du dieses kleine Stück, das ich komponiert habe, spielen kannst. Es heißt *Sprungtanz.*"

Scotty glitt auf die Klavierbank. Ich stellte die Noten auf.

Harry stand daneben, die Mundwinkel zu seinem Koboldlächeln nach oben gezogen, bereit zum Spötteln. Ich bemerkte lachend: „Harry, du könntest das nicht spielen, auch wenn dein Leben davon abhinge. Aber jetzt paß' mal auf, wie Scotty sich anstellt."

Scotty spielte das Stück ohne Schwierigkeiten, und es bereitete mir ein besonderes Vergnügen zu hören, wie

ein kleiner Junge es spielte und auf seine eigene Weise interpretierte.
Harry hörte eine Weile zu, dann verschwand er wortlos.
Scotty spielte das Stück eines Mittags nach dem Essen, während alle zuhörten und sich auf Michaels Befehl ruhig verhielten.
Während er spielte, lehnte ich mich gegen den Flügel, hörte all das, was in dieser Musik sein konnte, aber nicht in ihr war.
Ich dachte an Liszts wunderbare Konzertstücke, die Ungarischen Rhapsodien. Sie waren entwickelt worden aus einfachen, kleinen ungarischen Volksmelodien.
Hier war ein Beispiel für thematische Entwicklung.
Wie hat Liszt das gemacht? Wie war es ihm gelungen, aus kleinen Melodien, die von Kinderhänden gespielt werden konnten, diese mächtigen, donnernden und widerhallenden Harmonien zu beschwören?
Ich schrak auf wie aus einem Traum, als der kleine Scotty von der Klavierbank rutschte und ein Beifallssturm an meine Ohren klang.
Seine Wangen glühten vor Stolz und Verlegenheit.
Am gleichen Nachmittag beobachtete ich, wie im Pferch ein Junge einem anderen in den Sattel half. Red half Scotty.
Red zeigt ein bei einem Jungen von fünfzehn Jahren ungewöhnliches Verantwortungsbewußtsein. Ich habe ihn gefragt, ob er zahlreiche Geschwister habe; doch er sagte, er sei das einzige Kind.
Red öffnete den Riemen von Baldys Steigbügel und ließ ihn herunter, dann half er Scotty, den Fuß hineinzustellen. Und als Scotty den Sattel packte und rief:

„Ich kann! Ich kann!" gab ihm Red mit einem Klaps auf den Hosenboden den Schwung, den er brauchte.

Nachdem nun alle Jungens zu einer Familie zusammengewachsen sind, ist Rachel vollkommen außer Rand und Band.

Da sie ziemlich groß ist, hatte ich mir vorgenommen, ihr beizubringen, daß sie auf Betten und Sofas nichts verloren habe. Sie natürlich wollte nicht nur auf Betten springen, sondern auch auf ihnen schlafen. Vierzehn Jungens . . . vierzehn Betten, und alle Jungens verwöhnten sie.

Sie brauchte nur, wenn sie eingeschlossen werden sollte, zu verschwinden, fortzubleiben, bis alle Lichter gelöscht waren und die Gefahr, eingefangen zu werden, nicht mehr bestand, und dann zu einer der Kabinen zu gehen und zu winseln.

Das nächste Mal, wenn ich in die Stadt fahre, werde ich eine Bürste mit steifen Borsten kaufen, die sich zur Pflege des langen lockigen Haares eines englischen Setters eignet, ein Lederhalsband und eine Leine.

Und ich werde eine Zeitung zusammenrollen, um sie ihr im Bedarfsfalle um die Ohren zu schlagen.

Jedermann streichelt und tätschelt sie, jedermann füttert sie, niemand hat sie je geschlagen.

Jetzt werde ich sie zwingen, mich zu lieben.

20

Für einen Stadthund ist der Anblick von Halsband und Leine eine Wonne, denn sie bedeuten Aufbruch ins Freie. Doch ein Landhund ist immer im Freien, und ihm gehört die Welt. Wie konnte ich Rachel dazu bringen, ihre Leine und ihr Halsband zu lieben?

Die Trainingsstunde findet auf der Terrasse statt.

Am Vormittag, wenn die Jungens zur Arbeit gegangen sind und das Haus leer ist bis auf Hilda, die in der Küche, und Fumiko, die im Oberstock arbeitet, besteht nur wenig Gefahr der Ablenkung, und es gibt keinen besseren Ort für diesen Zweck als die Terrasse mit der Keksschachtel, der blauen Schüssel, den Eiern und mir. Nicht daß das Letztere viel bedeutet, denn sie liebt jedermann, doch es ist offensichtlich, daß jetzt auf einmal etwas Besonderes an mir ist. Da sind auch einige fremde und seltsam aussehende Dinge auf der Terrasse, die sie nie zuvor gesehen hatte. Sie schnüffelt zunächst argwöhnisch an Bürste, Leine und Halsband, gewöhnt sich aber bald an sie.

Das Bürsten kommt zuerst. Ich genehmige ihr nur einen Kosthappen von den Eiern und erkläre ihr, daß sie für den Rest ein wenig warten muß. Ich hebe sie auf die Bank, halte sie mit einer Hand fest und beginne das Bürsten mit der anderen, dabei auf sie einredend, ihr erklärend, wie nützlich das für sie sei.

Ab und zu knickt sie auf den Hinterbeinen ein, und ich muß sie am Schwanz wieder in Hundeschau-Stellung heben und sie liebevoll tadeln. Im Anfang gab sie knurrende Protestlaute von sich, drehte einige Male den Kopf nach hinten und schnappte nach der Bürste. Ein Hund mag es, wenn man sich mit ihm beschäftigt und ihn anfaßt, vorausgesetzt, es geschieht sanft und mit Liebe. Meine Stimme besänftigt sie, gelegentlich auch ein Happen aus der blauen Schüssel.

Dann kam das Halsband.

Sie gewöhnte sich daran, das unbekannte Ding zusammen mit den Keksen und der blauen Schüssel zu sehen. Eines Tages, als wir nach dem Bürsten im Gras lagen, streichelte ich sie mit dem Halsband, und sie reagierte mit Lecken und Schwanzwedeln. Ich schob es ihr über den Kopf, zog es an und schloß die Schnalle.

Sie bekundete Neugier, schnüffelte nach hinten, drehte dabei einige Kreise, vergaß das Halsband und legte sich wieder neben mich.

Ich zog und zerrte ein wenig am Halsband, um sie an das Gefühl des fremden Gegenstandes an ihrem Körper zu gewöhnen. Sie ließ es sich gefallen. Offensichtlich spielte ich mit ihr.

Dann befestigte ich die Leine und stand auf. Wir machten einige Schritte.

Ich wartete auf den ersten Schock.

Er kam bald. Sie roch etwas, verhielt einen Augenblick zitternd, sprang los und wurde fast zu Boden gerissen durch den Widerstand der Leine. Nachdem sie sich gefaßt und begriffen hatte, daß sie nicht frei war, stand sie da, gespannt und zitternd, ins Nichts starrend. Dann warf sie sich gegen mich mit einem Gemisch von klagen-

den und bettelnden Lauten. Bitte! Oh, bitte, laß mich gehen!
Nein, Rachel. Du bleibst jetzt bei mir.
Einige Sekunden lang verharrte sie zitternd in gespannter Haltung, dann gab sie auf, vergaß Halsband und Leine. Wir kehrten zurück auf die Terrasse.
Ich setzte mich, sie setzte sich neben mich, und als ich schließlich die Leine losmachte und sie freiließ, bemerkte sie es nicht.

Die vier Kurzgeschichten, die ich an Magazin-Redaktionen verschickt hatte, sind alle zurückgekommen.
Die letzte kam heute an mit einem ablehnenden Bescheid von *Atlantic Monthly*, der lautet: „Das Manuskript, das wir beiliegend zurückreichen, war unter denjenigen, die wir mit besonderem Interesse gelesen haben. Wenn Zeitmangel es uns unmöglich macht, Ihnen einen persönlichen Brief zu schreiben, um Ihnen die Gründe unserer Ablehnung zu erklären, so hoffen wir, daß Sie hierfür Verständnis haben. Wir danken Ihnen für Ihr Vertrauen, das uns weiter zu schenken wir Sie bitten."
Ich weiß aus Erfahrung, daß *Atlantic Monthly* weniger ermutigende Briefformen hat. Ist sie nicht die richtige Zeitschrift für meine Geschichten? Oder sind meine Geschichten nicht gut? Soll ich es bei anderen Zeitschriften versuchen? Oder soll ich neue Geschichten schreiben?

Rachel macht schnelle Fortschritte.
Heute morgen nahm ich sie an einer kurzen Leine mit auf einen langen Spaziergang, und sie schritt neben

mir her wie eine Dame, ohne zu protestieren, obwohl ich die Leine ziemlich kurz hielt.

Es kam natürlich der Augenblick, da sie die Leine vergaß, lossprang und durch das Halsband zurückgerissen wurde. Es geschah nur ein weiteres Mal. Aber jetzt bremste sie selbst ihren Sprung ab und schaute mich an, als ob sie sagen wollte: „Oh, ich habe vergessen! Entschuldige bitte!"

Dies geschah nicht wieder.

Wenn ich sie lobe und streichle, gerät sie in Verzückung.

Ich sorge dafür, daß sie so viel wie möglich mit mir allein ist.

Wenn die Jungens auf der Terrasse oder im Wohnzimmer versammelt sind, sind wir meistens nicht anwesend. Manchmal gehe ich frühzeitig hinauf in mein Zimmer und nehme sie mit.

Ich mache es mir, Kissen im Rücken und ein Buch in der Hand, im Bett bequem, und Rachel liegt ausgestreckt, ein Bild der Sittsamkeit und Anmut, auf dem dunkelroten Teppich. Sie weiß, daß Hundekekse auf dem Nachttisch liegen, und manchmal erhebt sie sich, streckt sich, gähnt, bettelt, mit der Nase gegen meine Hand stoßend, um eine Liebkosung oder einen Keks, geht zurück auf ihren Platz und legt sich mit einem tiefen Seufzer des Behagens wieder hin, den Kopf auf den Pfoten, jedesmal den Blick zu mir hebend, wenn ich ein Blatt umwende.

Manchmal verlieren meine einsamen Beschäftigungen ihren Reiz für mich, und die Einsamkeit, die den Menschen oft gerade dann besonders heftig befällt, wenn er sich inmitten einer Menge befindet, überwältigt mich. Gestern konnte ich es einfach nicht mehr ertragen, allein zu sein. Ich sehnte mich nach fröhlichen Stimmen und nach geräuschvollem Treiben, nach dem Anblick glänzender Pferdeleiber. Ich wünschte, Bewegung zu sehen, die Jungens, wie sie ihre Schere oder ihren Handstand machten, wie sie vom Pferd sprangen oder fielen, wieder hinaufkletterten. Und so ging ich hinunter zum Trainingsgelände, wo die Übungsstunde im Gange war, hockte, mit dem Rücken gegen einen Zaunpfosten lehnend, nieder und schaute zu.

Die Arme um die Knie geschlungen, einen Grashalm zwischen den Zähnen, dachte ich über die Einsamkeit nach, vergaß, daß ich hierhergekommen war, ihr zu entfliehen.

Ich weiß nicht, wie lange ich vor mich hin gebrütet hatte, als Gelächter mich in die Wirklichkeit zurückrief.

Wir haben ein komisches, kleines Tier, das man als Pferd bezeichnen muß, weil es nichts anderes ist. Man könnte es für eine Kreuzung zwischen Pony und Esel, mit Kopf und Ohren eines Maultieres, einem fetten Bauch, kurzen Beinchen und einem schwarzen Streifen längs des Rückgrats halten. Die kleine Dame heißt Skippy und ist unheimlich lebhaft. Sie neckt die anderen Pferde, reizt sie zum Spielen, findet aber nicht immer Verständnis dafür. Wenn wir ängstliches Wiehern und wütendes Schnauben hören, wissen wir, daß Skippy wieder einmal an den Falschen geraten ist. In unserer Reitschule ist Skippy der Pranger. Jeder Junge, der sich vor der Arbeit drückt oder auf irgendeine andere Weise gegen die Grundsätze unserer Tradition verstößt, muß sich mit dem Gesicht nach hinten und gefalteten Armen auf Skippy setzen.

Skippys Aufgabe ist es, den Jungen zu mißachten, sich

beim Grasen nicht stören zu lassen, und sie tut es mit stoischer Ruhe.
Dieses Mal ist Harry der Delinquent. Doch er genießt seine Strafe. Die Jungens schreien und pfeifen, während sie ihn im Galopp umkreisen. Skippy läßt sich beim Grasen nicht stören.
Ein Blitz zerriß den Himmel. Erschrocken blickte ich nach oben. Dicht über uns hing eine schwarze Wolke, und plötzlich begann der Regen zu prasseln.
Die Jungens preschten los zu den Ställen, und Michael kam zu mir herangaloppiert, stieg ab und setzte mich auf Juanita, die ich eigentlich nicht reiten soll, weil sie zu groß und zu schwer für mich ist. Er gab ihr einen Schlag auf die Hinterbacke, und sie schoß davon mit einem Satz, der mich fast aus dem Sattel geworfen hätte.

Wohltätiger Regen. Kaum ein Tag ohne Schauer. Das ist gut für das Gras. Ich gehe über die Wiesen, und es schlägt mir gegen die Knie und gegen die Schenkel.

21

Das erste große Ereignis des Sommers ist die Fahrt im Planwagen über die Ebenen zu den „Grenztagen", dem Rodeo, das in der letzten Juliwoche abgehalten wird. Es ist ein Sommer-Festival im Wildwest-Stil, dauert eine Woche und findet im Grenzpark am Rande von Cheyenne statt. Die Tribünen fassen hunderttausend Menschen. Es lockt Besucher aus dem ganzen Land und aus Übersee an.
Durchgeführt werden Konkurrenzen im Reiten von Wildpferden und Stieren, Planwagen-Rennen, indianische Reiterspiele, jede Art von Wildwest-Schaustellung, die aufregend, lärmend und gefährlich ist, Beinbrüche und Blut garantiert, Männer (und manchmal auch Frauen) ins Krankenhaus bringt und gelegentlich tötet. Zwei Ambulanzwagen stehen bei jeder Vorstellung bereit. Und der aufregendste Moment des Nachmittags ist der, wenn, nachdem das Gebrüll von den Tribünen rasch angeschwollen und plötzlich abgebrochen ist, Stille eintritt, während alle Augen auf eine bewegungslos auf dem Boden liegende Gestalt gerichtet sind. Dann geht ein tiefes, fragendes Geraune durch die Menge, bis plötzlich eine Glocke schrillt und einer der Ambulanzwagen durch die Arena zum Ausgang rollt.
Vor den Spielen findet die Grenztage-Parade statt, und sie ist in meinen Augen der beste Teil der ganzen Sache.

An der Spitze des Zuges reitet eine Königin. Sie wird begleitet von ihren Hofdamen, zwei schönen Mädchen in weißen Breeches, indianischen Tuniken aus weißem Wildleder mit Fransen, mit weißen Cowboystiefeln, weißen Stulpenhandschuhen und riesigen weißen Sombreros.
Es wimmelt von Offizieren und Soldaten in Uniform (vom Fort Russel Warren), und Blaskapellen spielen ständig.
Am Schluß des Zuges fahren die Pionierfrauen in offenen Kutschen, begleitet von berittenen Grenzmännern. Die Frauen von Cheyenne durchstöbern ihre Dachböden und alten Truhen nach Kostümen, die ihre Großmütter und Urgroßmütter einst trugen, nach mit Volants besetzten Röcken, weitärmeligen Blusen, breitrandigen Hauben. Sie schwenken spitzengesäumte Taschentücher, nicken lächelnd nach rechts und nach links, tragen Sonnenschirme, während die Kutschen, gezogen von tänzelnden Gespannen, langsam um die Arena rollen. Die sie eskortierenden Reiter tragen Phantasiekostüme, die halbmilitärischen Charakter haben.
Von unserer Ranch bis nach Cheyenne sind es nur dreißig Meilen. Doch Michael hat eine Route durch die Ebenen ausgearbeitet, die etwa doppelt so lang ist. Sie müssen eine Nacht im Freien kampieren und werden begleitet von einem Planwagen. Sie kommen an einem Samstag auf dem ihnen zugewiesenen Campingplatz im Grenzpark an und verbringen hier die ganze Woche. Wenn sie auf die Ranch zurückkehren, muß ich immer einen oder zwei von ihnen mit einer Unpäßlichkeit ins Bett stecken, die wir das Grenzfieber nennen.
Der intensive Reitunterricht der ersten drei Wochen unseres Lagers dient dazu, die Jungens auf diese Reise

vorzubereiten. Sie müssen nicht nur reiten, sondern auch ihre Pferde versorgen können.

Der Tag des Unternehmens nähert sich, und schon ist es praktisch das einzige Gesprächsthema.

Welche Pferde werden geritten werden? Welche Fohlen werden mitkommen? Denn wenn Mama mitgeht, kann Baby nicht zu Hause bleiben. Wieviel Geld hat jeder Junge für das Rodeo gespart?

Harry Brimmer hat sich in den Kopf gesetzt, das Stierreiten mitzumachen.

Er und Michael führen über sein Vorhaben stundenlange Diskussionen, denen wir alle gespannt lauschen. Wird Michael sein Einverständnis geben oder nicht? Mir kommt das Ganze wie Irrsinn vor. Harry will ein Tier haben zum Üben. Ham hat Roamer vorgeschlagen, wogegen ich mein Veto eingelegt habe. Michael hat schließlich eingewilligt, daß eine einjährige Färse von der Weide hereingeholt und im Kuhstall untergebracht wird, so daß Harry auf ihr trainieren kann.

Jetzt gehen wir jeden Abend nach dem Essen hinunter zum Pferch und warten, auf den Zaun gelehnt, daß Harry auf der weißen Färse aus dem Scheunentor herausgeschossen kommt. Sie wirft ihn sofort ab, macht kehrt, wartet, den Kopf gesenkt und alle viere gespreizt, daß er sich erhebt und wieder aufsteigt, damit sie ihn wieder abwerfen kann.

Frederick Martins Pferd Shag hat sich die Schulter verrenkt, was es oft tut. Fred ist fast krank vor Angst, daß sein Pferd nicht in der Lage ist, die Reise mitzumachen. Dieser Frederick ist ein weiterer Junge, den ich nicht verstehe. (Billy Allenger war der erste.) Wenn Fred etwas will, dann wird er weiß vor Leidenschaft. Seine Lider weiten sich, seine Augäpfel quellen hervor. Und das

wegen Kleinigkeiten ... er will einen bestimmten Platz in der Reihe, er will, daß die Jungens ihn Rick nennen anstatt Fred. Beängstigend, diese Gefühlsintensität, doch interessant.
Um die lahme Schulter zu schonen, darf Shag nicht am Nachmittagsexerzieren teilnehmen. Wie ein alter Feuerwehrgaul, der die Spritze ohne sich zu einem Brand ausfahren sieht, wiehert Shag aufgeregt, rennt reiterlos zum Trainingsgelände hinunter, reiht sich in die Formation ein und macht die Übungen mit.
Alle Jungens brüllen: „Seht Shag! Er will unbedingt dabei sein!"
Fred tritt zu Shag, zieht ihn aus der Reihe, führt ihn beiseite, hält ihm den Kopf, streichelt ihn, flüstert ihm Geheimnisse ins Ohr. Dann geht er zu allen Jungens, bittet jeden einzelnen, nicht auf Shag zu springen, ihn nicht zu rufen, sich nicht mit ihm abzugeben. Und ich bemerke einen seltsamen, fast hysterischen Ausdruck im Gesicht des Jungen.
Riley ist sehr stolz darauf, daß er den Planwagen fahren soll. Er trägt jetzt schon seinen neuen Zehn-Gallonen-Hut, seine neuen, bis zu den Knien umgeschlagenen Blue-jeans und Cowboystiefel mit so hohen Absätzen, daß er wie auf Eiern geht, wenn er die Melkeimer vom Gesindehaus zu den Ställen trägt.

Michael war in der Stadt und hat im Grenzpark den Platz ausgesucht, an dem er mit seiner „Truppe" kampieren wird. Er hat Heuballen bestellt, die an diesem Platz in langen Reihen aufgesetzt werden. Entlang dieser Reihe werden Pfähle eingerammt, um die Pferde anzubinden.
Der Planwagen ist repariert und herausgeputzt worden.

Auf ihm werden die Bettrollen, Küchengeräte und Vorräte aller Art transportiert.
Die meisten Jungens werden Wallache reiten, bis auf Red, der nicht auf seinen Junghengst Rheingold verzichten wollte. Michael hatte zunächst Bedenken und wollte Red ein anderes Tier für die Reise geben. Doch Red schien das Herz zu brechen, und so gab er nach. Es werden mehrere trockene Stuten mitkommen und vier mit Fohlen, Juanita, Falla, Bonnie und Glory.
Bis jetzt hat das alte Arbeitsgespann, Fanny und Captain, den Planwagen gezogen, doch Michael will, daß das junge Gespann die Erfahrung durchmacht, und so werden dieses Jahr Ginger und Jock mitkommen.
Auch ein Ersatzpferd wird mitgenommen und hinten an den Wagen gebunden. Es wird Baby sein, das sowohl Zugpferd als auch Sattelpferd ist.
Die Jungens fragen immer, woher die Pferde ihre Namen haben, und können nicht verstehen, warum ein so stämmiges Tier Baby genannt wird. Ich sagte ihnen, sein vollständiger Name sei *Armes Baby*. Das klingt noch seltsamer, und ich erklärte ihnen, daß es seine Mutter verlor, als sie einen Monat alt war, und daß ich, als ich ihr zum ersten Mal die Milchflasche ins Maul schob, ausrief: *„Armes Baby!"*

Beinahe wäre es wieder zu einem Unfall gekommen. Wieder sah es gefährlich aus ... und endete harmlos.
Nach einem langen Nachmittagsritt versuchten sich Ham und Harry auf der Weide in Bravourstückchen. Sie ließen ihre Pferde sich aufbäumen. Da sie ohne Sattel ritten, war es nicht leicht, sich auf dem Pferd zu halten. Jazz ging folgsam auf die Hinterbeine hoch, doch Ham war es nicht hoch genug. Er zog ihn höher, und Jazz ging

höher. Ham klammerte sich fest, und Jazz fiel hintenüber. Ham ließ nicht los, und Jazz fiel auf ihn.
Ich habe gesehen, wie Michael ein Pferd, um es zu zähmen, hintenüber zog, aus dem Sattel glitt, bereits stand, wenn das Pferd sich erhob, um sofort wieder aufzusteigen.
Ich erfuhr erst von dem Unfall, als ich Michael von der Weide heraufkommen sah, einen Jungen über der Schulter tragend.
Ham konnte nicht gehen; ein Bein versagte den Dienst. Das Rückgrat des Pferdes war genau auf seiner rechten Weiche niedergekommen.
Wenn es einige Zentimeter weiter links niedergekommen wäre, sagte der Arzt, wäre die Blase zerrissen worden. So traf der Aufprall den großen Schenkelmuskel, der einige wenige Tage gelähmt, aber dann schnell wieder ganz in Ordnung sein würde.
Ham kann stehen, sein Gewicht auf das Bein verlegen, es aber nicht heben, um einen Schritt zu tun. Er kann jedoch rückwärtsgehen, indem er es nachschleift. Und dies ist zur Zeit seine Fortbewegungsmethode.

Hilda und Fumiko bereiten sich für ihren Stadturlaub vor; ich habe ihnen viel Freizeit bewilligt für die Rodeo-Woche.
George und ich werden die Ranch versorgen. Wenn wir mit einer Arbeit nicht fertig werden, kommt Rube Haygood von seiner Ranch herübergeritten und hilft uns.
George und ich waren oft allein hier. Er kam dann manchmal in die Küche hinunter und bereitete mir eine Mahlzeit. Er ist langsam, genau, peinlich sauber und in allen Hausarbeiten bewandert.

Er soll auch mit den Pferden arbeiten, doch Michael sagt, er habe Angst vor ihnen. Vielleicht ist es so.

Morgen brechen sie auf zu den Grenztagen.

22

Riley sah prächtig aus auf dem Sitz des Planwagens.
Ginger und Jock waren im Geschirr, Baby ging hinter dem Wagen an der Leine.
Wenn man das Durcheinander sieht und den Lärm hört, mit dem ein so kleines Gespann abfährt, fragt man sich, wie es sein muß, wenn ganze Armeen in Marsch gesetzt werden.
Ginger und Jock machten Schwierigkeiten.
Der Weg von den Ställen herunter ist in den sanften Abhang zwischen der Rückseite des Hauses und dem Kieferngehölz, in dem die Kabinen der Jungen stehen, eingeschnitten.
Riley hatte große Mühe, die Pferde durch die Gruppe der bereits aufgesessenen Jungens zu lenken; er stand mit hochrotem Gesicht auf weit gespreizten Beinen, den großen Hut ins Genick geschoben, zog und zerrte an den Zügeln.
Plötzlich verlor er die Gewalt über die Pferde. Sie schossen vorwärts, bäumten sich auf.
Der Wagen schaukelte hin und her. Baby wurde mitgerissen, fiel und begann wild um sich zu schlagen.
George und ich standen hinter dem Haus. Ich war wie gelähmt.
Alle brüllten, Riley, George, die Jungens. Doch plötz-

lich ertönte über allen anderen Stimmen die Michaels, der auf Juanita saß.
„George! Pack sie bei den Zügeln! Marsch, marsch!"
(Michael war wieder im Krieg.)
George hatte Angst vor den Pferden, doch noch mehr vor Michael und lief zögernd auf das Gespann zu.
Das Glück war ihm günstig. Rileys Hut war heruntergefallen, rollte den Abhang hinunter. George hielt es für seine erste Pflicht, Rileys Hut zu retten, und rannte hinter ihm her.
Die Situation sah gefährlich aus. Die Pferde konnten jeden Augenblick durchgehen, etwas weiter unten machte der von Stacheldrahtzäunen gesäumte Weg eine Biegung ... und so lief ich auf die Pferde zu. Schließlich kannte ich die beiden Tiere seit ihrer Geburt, und sie kannten mich.
Ich war empört, daß sie sich so schlecht benahmen bei einer solchen Gelegenheit.
„Ginger! Jock! Was soll das? Benehmt euch!"
Sie kennen meine Stimme und sind gewohnt, mir zu gehorchen. Es gelang mir, ihre Zügel unter dem Kinn zu packen, doch dann gingen sie hoch, rissen mich mit. Über dem Lärm ertönte Michaels Stimme. „Mary, zurück! Laß los!"
Und plötzlich war alles wieder friedlich. Die Pferde gingen nieder. George überreichte Riley seinen Hut. Ich trat zurück. Michael führte die Jungens den Hügel hinunter, wandte sich im Sattel um und sagte George, was er von ihm hielt. Der Wagen rollte weiter. Baby, die temperamentvolle, war die einzige, die noch ein wenig protestierte.
Hilda und Fumiko winkten von der Hintertüre der Küche ein letztes Mal und gingen ins Haus.

Etwas außer Atem von meinem Kampf mit den Pferden, schaute ich der Kavalkade nach, während sie sich den Hang hinunter und über die Weide entfernte, und gleichzeitig begann ich an all die Dinge zu denken, die ich in dieser Woche zu tun hatte.

Ich mußte die Post ins Lager bringen, mit dem Wagen Besorgungen für die Gruppe erledigen, Lebensmittel einkaufen, frisches Quellwasser und große Kannen Milch hinausfahren.

Michael hatte mir erklärt, wo sie in der Nacht kampieren würden, und mir auf einer Karte gezeigt, wie ich sie auf einer Abkürzung, die auf einem alten Feldweg durch die Ebene führte, erreichen konnte.

Gegen fünf Uhr würden sie das Lager aufschlagen. Ich könnte sie in einer Fahrstunde einholen. Ich würde Hilda und Fumiko mitnehmen bis Granite-Canyon, sie dort absetzen und die Post abholen; sie würden den Abendbus in die Stadt nehmen. George würde Rube Haygood rufen, ihm beim Abendmelken zu helfen.

Baby spielte immer noch Theater. Bevor der Zug die Kurve erreichte, die ihn meinen Blicken entziehen würde, kulminierte ihre Entschlossenheit, nicht zu den Grenztagen zu gehen, in einem wütenden Ausbruch. Sie sprang, bockte, schüttelte sich, galoppierte einige Meter und begann die Vorstellung von vorne.

Doch das Gespann, einmal in Fahrt unter der drängenden Hand Rileys, nahm keine Notiz von dem, was hinter dem Wagen vor sich ging.

Ihr letzter Einfall bestand darin, sich auf den Boden zu setzen und zu sehen, wie ihnen *das* gefiel. Sie ließ sich auf die Hinterbacken nieder wie ein großer Hund. Nichts geschah. Die Pferde und der Wagen setzten unbekümmert ihren Weg fort.

Das letzte, was ich von dem Zug sah, war Baby, die, auf dem Hinterteil rutschend, hinter dem Hügel verschwand.

Ich stand noch fünf Minuten da, ohne mich zu bewegen, sah zu, wie der Staub sich legte, ließ den fernen Lärm in meinen Ohren verklingen. Dann ging ich ins Haus, setzte mich an den Flügel.

Es war kurz nach zehn. Ich konnte noch fünf Stunden arbeiten.

Der *Sprungtanz* hatte bis jetzt nur ein einziges Thema, und ich wußte, daß er eine zweite Stimme brauchte.

Ich improvisierte auf dem einen Thema. Während ich mir die in dem Birkenhain tanzende Gruppe von Jungens und Mädchen vorstellte, sah ich ein kleines Mädchen sich von den übrigen lösen und einen Solotanz tanzen. Wie von selbst kam mir ein entzückendes Thema in die Finger, und ich improvisierte auf ihm weiter. Ich konsultierte das Buch von Goetschius *Formlehre* und stellte fest, daß der *Sprungtanz* jetzt eine klassische Form hatte.

Ich konnte mit der Niederschrift beginnen.

Da hörte ich Fumikos Stimme: „Das Essen, Mrs. Bergwin."

„Tragen Sie es hinaus auf die Terrasse, Fumiko."

Nach dem Essen würde ich das Zeitmaß und die Sätze festlegen und auf Notenpapier übertragen.

Ich hatte damit gerechnet, in der folgenden Nacht bequem in meinem Bett zu schlafen, doch statt dessen schlief ich unter freiem Himmel.

Die Abkürzung durch die Ebene, die Michael mir empfohlen hatte, entsprach nicht dem Gelände, das ich vor-

fand, als ich am Abend mit Post, Milch, Wasser und Vorräten über die Prärie fuhr.
Offenbar war in der Umgebung ein Wolkenbruch niedergegangen, denn nach einiger Zeit mündete der Weg in eine endlose Fläche von zehn bis fünfzehn Zentimeter hohem Schlamm.
Um durchzukommen, mußte ich ziemlich schnell fahren, und der Wagen rutschte von einer Seite des Weges auf die andere ... eine lange Strecke von einer Seite auf die andere.
Und es wurde dunkel.
Mir wurde unbehaglich zu Mute. Ich hasse nichts mehr, als mich zu verirren. Ich fuhr weiter auf dem Weg, von dem ich bald nicht mehr wußte, ob er der richtige war. Ich wußte nur, daß ich durch eine bewaldete Senke fuhr, die kein Ende zu nehmen schien.
Ich fühlte mich immer elender.
So war es für mich wie eine Erlösung, als es plötzlich bergauf ging und ich auf einen trockenen Weg gelangte und Stimmen und Wiehern hörte und vor dem verblassenden Abendrot des westlichen Himmels die Silhouette des Planwagens auftauchen sah.
Ich schlief in dieser Nacht, von Michael sorgsam in warme Decken eingehüllt, auf der bloßen Erde wie eine Tote.

Als ich am nächsten Nachmittag auf die Ranch zurückkam, begrüßte mich George mit einem langen Gesicht. Stromer war verschwunden.
„Aber er hatte doch die lange Kette am Nasenring!"
„Nein, Missus. Der Boß hat sie abgenommen, bevor er ging. Er ist wieder hinaufgegangen zu der Ranch von Burt Langley. So sicher, wie Sie geboren sind, wird er

ihn kastrieren. Er hat gesagt, er würde es tun, wenn er sich wieder zeigen würde. Sie werden keine Kälber mehr kriegen von diesem Stier, Missus. Wenn Sie ihn wiedersehen, wird ihm das Blut an den Beinen herunterlaufen oder vielleicht hat er ihn erschossen . . ."

„George!" schrie ich. „Halt den Mund! Sattle mir Pom, während ich mich umziehe."

Im Laufen rief ich ihm noch zu: „Und hol mir die Drahtschere. Es sind sicher ein paar Zäune kaputt."

Ich lief nach oben, um meinen Reitdreß anzuziehen. Unterwegs fiel mir ein, daß ich den Wagen nehmen und auf der Überlandstraße zu Langleys Ranch fahren könnte. Die Strecke war länger, aber die Straße ist gut, und ich würde trotz des Umweges schneller hinkommen. Doch nein . . . ich würde Stromer über die Ebene zurückbringen müssen. Mit dem Wagen konnte ich das nicht.

Mein Herz hämmerte, denn ich hatte Angst.

Angst allein schon zu der Ranch zu fahren, wo Langley mit seinen Männern lebte, den gleichen Männern, die mich mit dem roten Stier hereingelegt hatten.

Und Angst vor allem, daß es dieses Mal zu spät sein könnte, Stromer zu retten. George sagte, er vermißte ihn gestern zur Melkzeit zum ersten Mal; das gab ihm vierundzwanzig Stunden Vorsprung.

Am meisten fürchtete ich mich jedoch vor den Auseinandersetzungen zwischen Michael und Langley, wenn Langley es getan hatte.

Ich hatte keine Freude an diesem Ritt. Ich sah keine Naturschönheiten. Ich sah nur, was vor meinem geistigen Auge stand . . . Langleys Pferch . . . mich selbst, meinen Stier zurückfordernd . . . und Stromer, wie George ihn beschrieben hatte, in einer Ecke stehend, blutig und besiegt, bei meinem Anblick sein tiefes Stöhnen von sich gebend.

Ich kam zu Langleys Grenzzaun, verlangsamte mein Tempo und ritt an dem Zaun entlang, suchte nach der Stelle, an der Stromer schon einmal durchgebrochen war und die wir geflickt hatten. Er würde wahrscheinlich wieder an der gleichen Stelle durchbrechen.

Ich kam zu der Stelle, doch hier war keine Lücke. Ich ritt weiter.

Dann sah ich auf der anderen Seite des Zauns einen andern Reiter herankommen. Wir näherten einander im Schritt.

Bei meinem ersten Blick auf den schweren Mann, den schweren Sattel, das schwere Pferd und die Wildwest-aufmachung erkannte ich Burt Langley.

Ich fragte mich, ob er wütend und angriffslustig sein würde.

Oder höflich, nichts zugebend.

Oder würde er jemand anderm die Schuld geben und Mitgefühl heucheln.

Wir kamen auf gleiche Höhe und machten halt.

Ich nickte. „Hallo, Mr. Langley."

„Wie geht's, Mrs. Bergwin." Sein Gesicht war ausdruckslos. Er kaute auf einem Priem.

Wir sahen uns eine Weile stumm an. Er sprach zuerst. „Ist Ihr Stier wieder ausgerückt?"

„Hm . . . zwei von meinen einjährigen Fohlen haben sich von der Herde entfernt . . ."

Er starrte mich undurchsichtig an. Seine Kinnbacken mahlten.

„Sie sind nicht hier."

„Nein . . . sie würden nicht durch den Draht durchbre-

chen ... hm ... danke ..." Ich berührte Pom mit den Fersen und ritt im Schritt weiter. Er tat das gleiche.
Ich schaute zurück. Er schaute zurück. Und plötzlich gab er seine berühmte Vorstellung, ließ sein Pferd bocken, johlte, riß seinen Sombrero vom Kopf und schwenkte ihn, ließ sein Pferd die tollsten Sprünge und Verrenkungen machen. Mit einem letzten Schwung riß er es hoch zum Stand auf den Hinterbeinen, streckte mir seinen Sombrero in einer Abschiedsgeste entgegen und galoppierte davon.
Sobald er außer Sicht war, schlug ich den Rückweg zur Ranch ein. Ich überlegte, daß Stromer, wenn er nicht auf Langleys Ranch war und mit größter Wahrscheinlichkeit auch nicht auf der Ranch von Haygood (Rube würde ihn sofort zurückgebracht und den Zaun selbst geflickt haben), mußte er bei Pomroy sein. Und Pomroys Ranch lag im Norden, und zwischen uns erstreckten sich unsere sämtlichen Weiden. Das bedeutete vier durchbrochene Zäune.
Und es begann zu dunkeln.
Als ich durch unsere Schlucht ritt, um zu den Weiden zu gelangen, kam mir George verschämt entgegen.
„Er ist hier, Missus. Er hat sich die ganze Zeit in der kleinen Senke in Sektion Sechzehn versteckt gehalten. Er kam auch nicht herein für seine Körnerration gestern zur Melkzeit, und auch heute morgen nicht. Deshalb habe ich gedacht, er wäre ausgerückt."
Ich stieg ab und warf ihm die Zügel zu.
„Führe Pom zum Pferch und sattle sie ab. Und vergiß nicht, sie abzureiben. Sie ist warm."
„Kann ich jetzt Ihr Abendessen machen?"
„Ja, George. Inzwischen werde ich ein heißes Bad nehmen."

George und ich aßen an dem Klapptisch in der Ecke meiner Küche. Der Tisch war gedeckt mit einer rotweißkarierten Decke.
Die Küche ist mir fast der liebste Raum im Haus.
Sie ist ziemlich groß, hat weißgekalkte Wände und zwei französische Fenster, die auf die Terrasse und auf den Anger hinausgehen.
In einem Alkoven am anderen Ende des Raumes steht ein großer schwarzer Eisenofen. Türen, Schränke und Regale sind aus dunkelgebeiztem Holz; Michael hat sie selbst gezimmert, und sie wirken sehr gemütlich. Der Fußboden ist apfelgrün gestrichen.
Am Morgen ist der Raum von Sonnenlicht durchflutet. Am Abend, durch Petroleumlampen erleuchtet, ist er gemütlich, erfüllt vom Geruch guten Essens und der Wärme menschlicher Gemeinschaft.
George hat eine Spezialität, Trauben-und-Nuß-Pastete. Er weiß, daß ich sie gerne esse. Er servierte sie als Friedensgericht. Wir saßen lange bei Tisch, und die Hunde schliefen neben dem Ofen.
Und bevor ich ging, sagte ich zu ihm, er solle Stromer wieder die lange Kette anlegen. „Hol Rube. Er soll dir helfen."

23

Ich bin mitgeritten bei der Grenzparade.
Ich trug ein Pionierkostüm, das mir die Careys geliehen hatten, ein besticktes, enganliegendes Mieder, einen langen, mit Volants besetzten Rock und eine Schute.
Zeitungsfotografen warteten auf uns, als wir aus unseren Kutschen stiegen.
Unsere Truppe war auch im Zug, Michael auf Juanita an der Spitze, hinter ihm auf ihren herausgeputzten Pferden die Jungens, dann Riley mit dem Planwagen und am Schluß an der Leine Baby.
Die vier Fohlen hatten den stärksten Beifall. Wiehernd vor Verwunderung, die Köpfe erhoben und die Ohren hochgestellt wie Fragezeichen, sprangen sie hin und her auf ihren federnden Fesseln, verwirrt durch die Blaskapellen und die wimmelnde Menge, ab und zu mit den Hinterbeinen ausschlagend. Gelegentlich lief eins von ihnen zu seiner Mutter, streckte den Kopf unter ihren Bauch und trank einige Schluck Milch. Die Menge tobte, die Stute setzte ihren Weg fort, das Fohlen sprang zur Seite, verdrehte seinen Kopf, als wollte es fragen, was denn hier los sei.

Auf meinem Rückweg von der Stadt wurde mir auf dem Postamt ein an Hilda adressiertes Telegramm ausgehändigt und mitgeteilt, ich solle es öffnen und ihr

den Inhalt mündlich beibringen, denn es sei eine Todesnachricht.
Ihr Vater ist gestorben. Was wird es für sie bedeuten?
Ich fuhr sofort in die Stadt zurück und fand Hilda in ihrem Hotel. Sie brach in Tränen aus und hörte von nun an nicht mehr auf zu weinen. Sie müsse sofort nach Hause fahren, sagte sie.
Ich brachte sie zurück auf die Ranch und packte ihren Koffer, während sie weinte. Zog sie an, während sie weinte. Brachte sie wieder zur Stadt, kaufte ihr das Billett, verstaute sie im Bus und stand draußen am Fenster, während sie weinte.
„Es tut mir leid, Mrs. Bergwin", schluchzte sie, „was werden Sie nur machen? Die Jungens kommen in drei Tagen nach Hause."
„Ich komme schon zurecht. Machen Sie sich darüber keine Gedanken."
„Doch was werden Sie machen? Fumiko versteht nichts vom Kochen."
„Ich werde jemand finden."
„Es gibt niemand in dieser Stadt."
„Alles einsteigen!"
Die Türe wurde zugeschlagen, der Motor gestartet.
„Auf Wiedersehen, Hilda. Schreiben Sie mir."
„Auf Wiedersehen, Mrs. Bergwin."

Ich war auf dem Stellenvermittlungsbüro, doch es gibt hier niemand, der eine Stellung auf dem Lande will. Hier im Westen geht man in der Ferienzeit in die Stadt und nicht aufs Land.
Ich fuhr langsam durch die Straßen zum Grenzpark.
Die Stadt ist überfüllt.

Über die Straßen gespannte Spruchbänder verkünden, daß das größte Rodeo der Welt im Gange ist.
Scharen von Halbwüchsigen galoppieren auf Ponnys die Straßen auf und ab, stören um die Wette den Autoverkehr.
Die Touristen tragen den letzten Chic, scharlachrote oder purpurrote oder gelbe Seidenhemden, grelle Halstücher, enge Breeches und bestickte Stiefel, ohne Unterschied des Geschlechts.
Als ich unseren Lagerplatz erreichte, hob sich mein Herz beim Anblick der langen, geraden Pfostenlinie mit den angebundenen Pferden, des Walles von Heuballen und der entlang des Zaunes symmetrisch aufgehängten Sättel, bewacht vom „Offizier des Tages".
Michael sagte mir, drei weitere Jungens hätten sich unserer Gruppe angeschlossen. Ham Parks älterer Bruder und zwei Freunde waren im Wagen von New York gekommen, um das Rodeo zu sehen, und wünschten, für den Rest der Lagerzeit bei uns zu bleiben.
Michael und ich sprachen über die hereingebrochene Katastrophe und sahen einander an.
„Alice?" fragte er zögernd.
„An sie dachte ich gerade. Glaubst du, es besteht eine Möglichkeit, daß sie nüchtern ist?"
„Kaum", erwiderte er, „in der Rodeo-Woche."
„Es sei denn", meinte ich hoffnungsvoll, „sie war zu betrunken und sitzt im Gefängnis."
Diese Möglichkeit ließ auch Michael hoffen, und er entschloß sich, sich auf die Suche nach Alice zu machen.
Ich saß in einem Heuhaufen, plauderte mit den Jungens, während ich wartete, bis Michael zurückkam.
Er hatte sie gefunden; sie war leidlich nüchtern, entzückt, für den Rest des Sommers als Köchin auf die

Ranch zu kommen (wir hatten sie früher schon einmal gehabt), wollte jedoch um keinen Preis die Stadt verlassen, bevor das Rodeo zu Ende war. Und danach brauchte sie einen Tag, ihre Sachen zu packen und einige Kleinigkeiten zu erledigen. Sie würde am Montag hinauskommen.

„Glaubst du, du schaffst das?" fragte Michael.

„Gewiß, bis du am Samstag mit den Jungens zurückkommst. Aber dann werdet ihr für zwei oder drei Tage achtzehn sein. Ich weiß nicht . . ."

„Erinnerst du dich an den alten Harvey?" fragte Michael. „Ich habe ihn zufällig getroffen. Er ist ein ziemlich guter Koch. Vielleicht können wir ihn nehmen, bis Alice kommt. Zumindest könnte er dir die schwere Arbeit abnehmen."

„Aber er ist ja auch immer betrunken", erwiderte ich. „Nein, da mach ich's schon lieber allein, bis Alice wieder da ist."

Ich kaufte genügend Vorräte bis Montag und fuhr zur Ranch zurück. Ein Gefühl süßen, kühlen Friedens überkam mich, als ich das Band der sich westwärts in den Sonnenuntergang windenden Straße sah und an das stille, leere Haus, die Hunde, meinen Flügel, den langen Abend und an den *Sprungtanz* dachte.

24

Für den Rückweg von Cheyenne, den sie in einem Tag machen, nehmen sie die kürzeste Route über die Ebene und erreichen die Ranch auf dem Feldweg hinter dem Haus, der unmittelbar in den Pferch und in die Ställe führt. Der Planwagen trifft erst Stunden später ein.

Die Jungens sind natürlich ausgehungert, und es wird immer ein besonders gutes Abendessen für halb acht bereitet, das, wenn nötig, bis nach neun Uhr aufgehoben werden kann.

Ohne Hilda war dieses Essen für mich ein Tüchtigkeitstest, zumal ich die Hausherrin spielen, das Tischgebet sprechen und der Mahlzeit die übliche Atmosphäre der Ungezwungenheit geben mußte.

Fumiko ist im Servieren bewandert. In den letzten Tagen habe ich ihr die Kunst des Anrichtens beigebracht.

Während ich das Gemüse putzte und kochte, warteten auf mich im Oberstock eine mit kaltem Wasser gefüllte Badewanne sowie frische Unterwäsche und ein frisches Kleid.

Zum Essert machte ich Pflaumenpudding.

Als Fumiko zum ersten Mal läutete, saß ich in der Badewanne, und die Jungens versammelten sich auf der Terrasse. Beim zweiten Läuten, fünf Minuten später, betrat ich das Eßzimmer, und Scotty zog meinen Stuhl vor.

Morgen wird einer (oder mehrere) der Jungens ein wenig spitz aussehen, vielleicht Fieber haben, und ich werde ihn im Gästezimmer ins Bett stecken, ein Wasserglas mit einem Thermometer und eine Karaffe Fruchtsaft auf den Nachttisch stellen und neben ihm sitzen, seine Kissen glätten und ihm den Puls fühlen. Sie haben das ganz gerne.

Als das Essen zu Ende war, saßen wir alle draußen auf der Terrasse.

Unsere Wolke hing über uns, größer als gewöhnlich und geladen mit Elektrizität. Bald würden Blitze sie durchzucken; sie würde brodeln, rot erglühen und wieder dunkel werden.

Es begann zu dämmern. *Zauber der Dämmerung.* Hier war er ... ein sanftes magisches Indigoblau, und die Nachtvögel begannen ihre plötzlichen, dramatischen Verkündigungen zu flöten.

Wenn man still ist, kann man beobachten, wie diese Veränderung über die Erde kommt. Die Jungens waren still. Die große Wolke bewegte sich ostwärts. Schließlich glitt sie, murmelnd, grollend, von Zeit zu Zeit aufleuchtend, über den Hügel. Dann gingen einige Sterne auf, blaß und fern. Mehr und mehr erschienen, bis der ganze Himmel schimmerte und funkelte.

Die Jungens gingen früh zu Bett.

Es war Harry Brimmer, den ich ins Bett stecken mußte. Er nahm an dem Stierreiten teil, schoß auf einem ziemlich lebhaften Tier in die Arena, hielt sich etwa zehn Sekunden auf seinem Rücken, bevor es ihn abwarf. Er ist voller blauer Flecken. Ich habe ihn mit Sloans Salbe eingerieben, und das ganze Haus riecht.

Auf meinem Weg zu den Ställen kam ich an Bobbie

vorbei, der auf dem Brunnenrand saß und seine Wäsche wusch. Er schlug mit seinem blauen Leinenhemd klatschend ins Wasser, die Augen verträumt auf den Horizont gerichtet.
„Seltsam", sagte er langsam, mich anlächelnd. „Ich bin froh, daß wir wieder zurück sind."
Mir scheint, Bobbies Gesicht ist runder geworden.

Die Jungens haben herausgefunden, wo Missy ihre Jungen versteckt hat. Unter einem Felsvorsprung am Hügelhang, unter den, so möchte man glauben, kaum eine Maus kriechen kann.
Doch die Hunde sitzen stur vor dem Loch und bellen. Missy sitzt in der Nähe, wäscht sich unbekümmert. Da ist nichts drin . . . wie könnte da auch etwas drin sein?
Doch ich hörte die unendlich feinen Schreie . . . und plötzlich machte sich Missy so dünn wie ein Wiesel und verschwand unter der Erde.
Jetzt hat sie die Kleinen weggeschafft.

Michael fuhr heute in die Stadt, um an meiner Stelle die Einkäufe zu erledigen, da ich die Küche nicht verlassen kann. Er wollte auch Alice mitbringen. Dies ist mein letzter Tag! Doch er kam ohne sie zurück. Die „Kleinigkeiten", die sie zu erledigen hatte, bevor sie die Stadt verließ, waren von der Art, daß sie festgenommen und eingesperrt wurde.
Der Richter sagte zu Michael, er würde sie herauslassen, wenn Michael sie brauchte, aber Michael hielt es für klüger, sie im Gefängnis nüchtern werden zu lassen.
So muß ich noch weitere drei Tage neunzehn Mäuler stopfen, und das Thermometer hat plötzlich begonnen, unerwartet zu steigen.

Es ist alles in Ordnung.
Alice ist hier, schlank, schnell, bescheiden, ruhig, tüchtig.
Ich kann mir nicht helfen, sie hat Charme.
Sie sieht aus wie etwa fünfundfünfzig. Sie hat kurzes, dicht gelocktes Haar, mehr grün als grau, und man sieht sie nie ohne Zigarette im Mund. Sie schlurft herum in alten Filzpantoffeln. Sie verspricht immer, nicht zu trinken, während sie für uns auf der Ranch arbeitet. Wenn sie nervös wird und unbedingt etwas haben muß, soll sie uns fragen.

Dann kommt sie demütig in das Wohnzimmer geschlichen, in ihren Pantoffeln, und sagt so flehend „Madam, der Bergwind ...", daß ich nicht widerstehen kann.
Sie ist Balsam für meinen Geist; ich habe die heißen und hektischen Tage in der Küche vergessen und brauche an nichts anderes mehr zu denken als an den *Sprungtanz,* der in seiner größeren Form *Svenska* heißen soll.

Das zweite Thema von *Svenska,* das ich erfunden habe, hat ein Programm, eine Handlung. Ein kleines Mädchen, ein fröhliches, wildes Kind, schießt aus der Gruppe hervor, wirbelt einige Male herum, so daß sein rotes Röckchen weit absteht von seinem Körper, mischt sich wieder unter die übrigen, löst sich wieder von ihnen zu neuen Wirbeln und Sprüngen, ein Solotänzer schließt sich ihm an, und die beiden verfolgen einander, während die Musik immer schneller und wilder wird, um außer Rhythmus zu geraten und chaotisch zu werden und die übrigen Tänzer und Tänzerinnen entfesselt durcheinanderzujagen; und mit der absterbenden Musik werden die Bewegungen langsamer, die Gruppe findet ihre

Ordnung wieder, nimmt das Solopaar wieder in sich auf.
Ich glaube, ich habe das Richtige getroffen. Ich bin entschlossen, es zu Ende zu führen. Ich schreibe meistens in der Nacht, wenn alle anderen schlafen. Manchmal gehe ich hinaus, spaziere ziellos umher. Und oft bleibe ich stehen und lausche der Musik, die in mir aufsteigt.
Ich bin nicht der einzige Nachtwandler. Immer wieder höre ich das nahe oder ferne Heulen der Kojoten. Und jedesmal erschauere ich.
Einige Male habe ich den Schrei einer Wildkatze gehört, einmal ganz nah. Es klang wie der letzte lange Schrei einer Frau, die das erhobene Messer ihres Mörders erblickt.
Manchmal setze ich mich auf die Stufen der Terrasse und sehe zu, wie die Sterne verblassen. Der Himmel wird hell, und ein zartes, aprikosenfarbenes Licht glüht hinter dem Gebirgskamm im Osten auf. Die Nacht ist vorüber.
Alice hat einen Freund, der sie besuchen kommt, einen traurig dreinschauenden, verwahrlosten alten Mann. Er hat einen kleinen baufälligen Wagen, und er erscheint und verschwindet. Ich weiß nicht, woher er kommt noch wohin er fährt. Manchmal sehe ich ihn in der Küche sitzen. Hat er ihr eine Flasche gebracht? . . . fragte ich mich heute morgen, als ich ihr die Anweisungen für den Tag gab und sie etwas aufgekratzt war. Dieses ist sonst ein sicheres Zeichen. Dann verwandelt sich ihr üblicher gleitender Gang in einen rhythmischen, fast tänzerischen Schritt, und sie beobachtet mich argwöhnisch. Nein. Er hat nicht. Es ist alles in Ordnung. Schließlich hat Alice es versprochen.
Vielleicht ist er einer ihrer Ehemänner. Sie hat eine

ganze Reihe gehabt. Es ist erstaunlich, ihr zuzuhören, wenn sie erklärt, wie und warum der letzte, obwohl sie ihn in aller Form und in gutem Glauben geheiratet hat, sich doch nicht als der richtige erwies.

Die kurze Hitzewelle ist vorüber, und plötzlich ist es kühl und riecht am frühen Morgen nach Herbst.

Man sagt hier, wenn der Sommer kommt, dann kommt das Rodeo, und dann kommt der Winter.

Die Jungens machen Herbstpläne. Sie sprechen über den nahen Schulbeginn. Sie überlegen, ob sie per Bahn oder mit dem Flugzeug oder im Wagen in den Osten zurückkehren sollen. Diejenigen, die zum ersten Mal zum College gehen, sind aufgeregt.

Sie sind sehr braungebrannt, einige Zentimeter größer und einige Pfund schwerer. Bobbie hat sechs Pfund zugenommen. Er ißt weiter sein heroisches Frühstück.

Wir alle kennen einander viel besser, und die Gespräche und Diskussionen dauern immer länger, werden immer lebhafter.

Beim Mittagessen werde ich manchmal gefragt: „Mrs. Bergwin, reiten Sie heute nachmittag?"

„Ja, ich glaube."

„Darf ich mit Ihnen reiten?"

„Gewiß."

„Darf ich Pompadour nach der Übungsstunde satteln?"

„Bitte."

Meistens ist es Fred; so auch gestern. Während ich nach der Übungsstunde in der Hängematte lag, hörte ich ihn mit zwei Pferden kommen.

„Mrs. Bergwin, Ihre Sporen sind schick. Sie sind so winzig."

„Der General hat sie mir vor einigen Jahren aus Paris

mitgebracht. Sie sind in den Absatz des Stiefels eingearbeitet. Hilf mir beim Aufsteigen, Fred. Pom ist so hoch."

„Ich wollte Sie schon immer bitten, mir zu zeigen, wie man einer Dame in den Sattel hilft."

Dies gehört zu den guten Manieren, auf die wir großen Wert legen und die in unserem Prospekt besonders erwähnt werden. Die Eltern reagieren meist überrascht ...

„Gute Manieren? In so primitiver Umgebung!"

Doch sogar unsere Pferde müssen sich gut benehmen. Wenn Michael ihnen einen Eimer voll Hafer hinhält, müssen sie nacheinander fressen, dürfen nicht drängen. Das gleiche gilt für die Hunde und Katzen. Alle richten sich danach und scheinen Gefallen zu finden an guten Manieren.

Bobbie schloß sich uns an, und wir ritten an der westlichen Hügelkette entlang.

Gelegentlich machten wir halt und schauten uns um, blickten zu den Bergen hinauf, atmeten die weiche, stetige westliche Brise und verloren uns im Himmel.

Weit im Süden sah ich eine winzige Silhouette. Ein Pferd? Wenn es ein Pferd war, dann mußte es Posaune sein, denn er ist schwarz, und kein Pferd steht so lange unbeweglich wie Posaune. Wenn ich eines Tages Zeit habe, sagte ich zu mir, werde ich dort hinausreiten und versuchen, mit ihm Freundschaft zu schließen.

Rachel war mitgekommen. Sie läuft jetzt öfter neben meinem Pferd einher als früher. Die Zahl der von ihr täglich zurückgelegten Meilen hat sich bereits um die Hälfte verringert. Nach einem ruhigen, mit mir in meinem Zimmer verbrachten Abend geht sie an der *Leine* zum Geräteschuppen und läßt sich mit Bunny für die Nacht einschließen.

Sie schlafen die ganze Nacht durch, bellen nicht, es sei denn, die Pflicht gebiete es (Kojoten und andere Marodeure).

Am Morgen läßt George sie heraus, sie fressen einen Happen zum Frühstück, dann spielen sie und laufen herum, entfernen sich aber nicht weit in der Erwartung der bevorstehenden Freude, jedermann Gutenmorgen sagen zu können.

Danach kommt Rachel zu mir auf die Terrasse zum Bürsten und zum Anstandsunterricht (natürlich auch zu köstlichen rohen Eiern). Und dann erweist sich, obwohl die weite Welt ruft, die Musik oft als der stärkere Magnet, und sie liegt den ganzen Vormittag auf der Matte vor der Türe, während ich am Flügel sitze.

Schon sieht sie vollkommen verändert aus. Nicht nur, daß ihre Knochen nicht mehr hervorstehen, sie ist stolz geworden, stolz auf ihren Gehorsam, stolz, jemandem zu gehören, stolz, zu wissen, daß es Recht und Unrecht gibt, daß es sich lohnt, das Richtige zu tun, daß sie immer mit einem Blick der Zustimmung rechnen kann, wenn sie es tut.

Immer weniger geht sie zu anderen. Und wenn sie auf der Bank steht und ich sie bürste, betrachtet Michael sie prüfend und sagt: „Sie ist fast reif für die Hundeschau. Ihre Muskeln sind wundervoll."

Während wir nach Haus ritten, ging ein leichter Schauer nieder und ein Regenbogen spannte sich von Hügel zu Hügel über das Tal.

Und die Abendbrise trug uns von der Farm den Geruch von gebratenem Huhn entgegen. Jetzt erst merkten wir, wie hungrig wir waren. Wir gaben unseren Pferden die Sporen.

Posaune ist draußen auf dem entferntesten Plateau hinter dem Sattel.

An diesem Morgen nahm ich den Wagen und fuhr so weit ich konnte. Dann begann ich mit einem Eimer Hafer unter dem Arm und meinem Fernglas um den Hals zum Plateau hinaufzusteigen.

Die Weide ist etwa zwei Quadratmeilen groß. Sie ist bedeckt mit herausragenden Felsen und kleinen von Gebüsch ausgefüllten Senken. Es gab also genug Verstecke, wenn er nicht wollte, daß ich ihn fände.

Ich wußte, daß es lange dauern konnte. Doch Posaune weiß, was Hafer ist und wie ein Eimer aussieht. Er wurde in seinem ersten Jahr eingefangen und gezähmt. Wenn dies nicht geschehen wäre, hätte ich keine Chance gehabt, an ihn heranzukommen.

Ich stellte mich in die Mitte des Geländes und begann ihn zu rufen, wie ich Rachel rufe, auf dem A über dem mittleren C und dann auf dem Fis. So entsteht ein langer, stetiger, schallender Ruf.

Ich rief wieder und immer wieder in die Leere und Wildnis und war ziemlich sicher, daß er mich hören würde, wenn er sich innerhalb eines Umkreises von zwei oder drei Meilen befand. Und wenn er hörte, würde er neugierig werden, und einmal neugierig, würde er herankommen, um seine Neugier zu befriedigen.

Eine Stunde verging, und sie erschien mir wie ein Tag. Die Wolken segelten langsam über mich hinweg. Wenn ich müde war vom Rufen, nahm ich das Fernglas und suchte das Gelände Zentimeter um Zentimeter ab. Nichts von ihm zu sehen. Dann setzte ich mich und ruhte eine Weile aus, erhob mich und setzte meine Bemühungen fort.

Ich sah Habichte, eine Antilope, unzählige Felsentauben.

Und ganz in meiner Nähe kam ein Hermelin aus seinem Loch. Sein schlangengleicher Kopf drehte sich wie ein Periskop, beobachtete mich eine ganze Weile, verschwand wieder in dem Loch.
Ich stand an einer niedrigen Felswand, blickte um mich und dachte: „Wenn ich jetzt falle, falle ich in den Himmel."
Das ist es, was dieses Land so anders macht. Gewöhnlich ist der Himmel das Dach der Erde. Man sieht ihn nur, wenn man nach oben schaut. Doch hier ist er ringsum, als ob man in der Mitte einer riesigen blauen Blase wäre.
Der Vormittag verging, und ich begann hungrig zu werden. Ich gab nicht auf. Manchmal schwang ich, während ich rief, den Eimer mit Hafer. Manchmal rief ich: „Hafer, Posaune! Hafer!"
Nirgends ein Zeichen von ihm.
Die Sonne hatte den Zenit überschritten und begann, am westlichen Himmel hinabzusteigen.
Dann sah ich auf einem etwa eine Meile entfernten Felsen einen schwarzen Fleck, der meiner Meinung nach vorher nicht dagewesen war. Es konnte ein Habicht sein. Ich setzte das Fernglas an die Augen. Nein, es war kein Habicht, es war der Kopf von Posaune; der Rest seines Körpers war hinter dem Felsen verborgen. Er schaute zu mir herüber, und ich mußte lachen über seinen verwundert gereckten Hals, seine neugierig gespitzten Ohren.
Was nun folgte, war ein Spiel. Ich ging auf ihn zu, rufend, den Eimer schwingend. Er kam hinter dem Felsen hervor, beschrieb wundervoll trabend einen Bogen. Dann kletterte er auf den Felsen, stand dort in voller Größe sichtbar, mit hocherhobenem Kopf zu mir her-

überschauend. Dann verschwand er wieder, tauchte wieder auf, trabte im Kreis, jedesmal etwas näherkommend. Schließlich standen wir uns, etwa eine Meile voneinander entfernt, gegenüber. Ohne das Fernglas sah er aus wie ein Spielzeugpferd.

Nun wußte ich, daß er kommen würde und wahrscheinlich schnell. Ich begann, nervös zu werden, und fragte mich, ob ich sicherer wäre mit dem Rücken an dem Felsen oder im freien Gelände. Im letzteren Falle konnte er mich überrennen, doch im ersteren würde ich zwischen Hengst und Felsen zerdrückt werden . . .

Ich entschied mich für den Felsen, denn ich hatte Angst, von ihm überrannt zu werden, und als ich mich aufgestellt hatte, kam er.

Es war wirklich ein aufregender Moment. Ihn mit erhobenem Kopf und flatternden Haaren herankommen zu sehen war faszinierend. Er galoppierte nicht, geriet nie aus dem Trab . . . aber was für ein Trab! Als er auf zehn Meter herangekommen war, war er nicht mehr klein, sondern das riesigste Pferd, das ich je gesehen habe.

Ich sprach auf ihn ein, ihm den Eimer hinhaltend: „Hier, Posaune! Hafer! Komm, Posaune!" Doch ich brauchte ihn nicht zu überreden.

Er war entschlossen, bis zu dem Eimer zu gelangen, trotz der Furcht, die er ihm einflößte . . . ich sah es an seinen wilden, weit aufgerissenen Augen.

Dann stand er vor mir, etwa anderthalb Meter von mir entfernt, die Vorderbeine gespreizt, das Gewicht nach hinten verlagert. Ich streckte den Eimer vor . . . weiter . . . noch weiter. Er senkte den Kopf, reckte den Hals, beleckte den Rand des Eimers . . . immer bereit, zur Seite zu springen oder herumzuwirbeln und auszuschlagen. Er zog den Kopf zurück, verlagerte sein Gewicht auf die Vorderbeine, die langsam einknickten. Er schnaubte und prustete, machte dann einen Schritt vorwärts und brachte seinen Kopf für eine Sekunde ganz nah an mein Gesicht heran, bevor er ihn in den Eimer tauchte.

Dies war der dramatische Höhepunkt eines langen Spiels, und er löste in ihm eine Explosion der Furcht aus. Als er den Kopf aus dem Eimer zog, sprang er. Es war ein phantastischer Anblick ... dieser riesige Pferdeleib in der Luft, umwallt von seiner mächtigen Mähne. Der Sprung entfernte ihn einige Meter von dem gefährlichen Eimer, und er trabte davon, kauend, was er im Maul hatte. Er beschrieb mehrere Kreise, mit erhobenem Kopf und hochgestellten Ohren, mich ständig beobachtend. Dann kam er wieder heran, tauchte den Kopf wieder in den Eimer, sprang und trabte wieder davon.

Er leerte den Eimer, doch bis zum Schluß blieb er mißtrauisch, argwöhnisch.

Mein Arm schmerzte, als ich den Eimer senkte. Ich streckte die Hand nach ihm aus, ich wollte ihn berühren, ihn tätscheln, meine Haut auf der seinen fühlen, bevor ich ihn verließ. Doch er erlaubte es nicht.

Als ich mich umwandte und wegging, folgte er mir. Er stieß mit der Nase gegen den leeren Eimer, sprang zur Seite und trabte davon, beschrieb einen Kreis und kam wieder heran.

Plötzlich spürte ich seinen Atem an meinem Arm, und er biß zu. Ich wußte, es war eine Bezeugung von Interesse und Zuneigung, doch es tat weh. Ich fuhr herum und schwang den Eimer.

„He, Posaune! Laß das!" Ich tat so, als wollte ich ihn

schlagen. Er sprang mit einem hellen Wiehern zur Seite, trabte davon, kam sofort wieder zurück.

Schließlich spürte ich, wie er meinen Geruch aufnahm, spürte seinen heißen Atem in meinem Nacken, hörte das Schnauben, und dann kam der Stoß ins Kreuz. Jetzt blieb er hinter mir, folgte mir so dicht, daß er mir fast auf die Fersen trat. Ich ging schneller. Einige Meter vom Wagen machte er halt, sah zu, wie ich einstieg. Er stand da, mit gespreizten Vorderbeinen, erhobenem Kopf, eingezogenem Kinn, gespitzten Ohren, gleichzeitig erschreckten und drohenden Augen.

Nachdem ich eine Weile gefahren war und ihn nicht mehr sehen konnte, hörte ich ihn noch mehrere Male in einem fragenden Ton wiehern. Sicher trabte er jetzt an der Stelle, wo der Wagen gestanden hatte, hin und her. Er würde mich jetzt nie wieder vergessen.

Was würde aus diesem Pferd werden? Wenn wir ihn in Freiheit beließen, würde er eine Rotte von Stuten sammeln und wieder verwildern. Wenn wir dies täten, würden wir uns des besten Tieres berauben, das wir je gezüchtet hatten.

Wenn wir ihn unkastriert auf die Ranch nähmen, mußten wir uns über eines klar sein: es kann nie zwei Könige geben. *Lang lebe der König!* bedeutet, daß ein König gestorben ist.

Er würde Blazes töten.

25

Eugenie und Jeannie kamen . . . und gingen.
„Nur für eine Woche", rief Eugenie aus, als ich sie am Bahnhof in Cheyenne abholte. „Ed tobt jetzt schon."
Und es war nur für eine Woche, doch diese Woche verbrachte sie im Krankenhaus.
Sie wollte reiten, und Michael setzte sie auf Bonnie, die alte, gutmütige Stute. Doch Stuten sind nicht immer nett zueinander. Fat Pink, die ein Fohlen hat, hatte etwas einzuwenden gegen Bonnies Anwesenheit am Pferchzaun, drehte sich um und schlug nach ihr.
Eugenie sagte: „Autsch!" Es war nur ein leichter Schlag gegen ihr Schienbein, doch am Abend war die Stelle angeschwollen. Und am Morgen sagte sie mir, während der Nacht hätte es so weh getan, daß sie aufwachte, wenn das Leintuch die Stelle berührte. Ich machte mir Sorgen.
So ließ ich mir, als sie am nächsten Tag nach Cheyenne fuhr, versprechen, daß sie den Arzt aufsuchen würde. Doch sie tat es nicht. Als sie zurückkam, lachte sie über meine Vorwürfe, sagte, es würde von selbst heilen. Ich seufzte tief. Ich erwartete Unheil. Und es kam.
Am Abend schmerzte es unerträglich. Ich mußte sie nach Cheyenne zum Arzt bringen. Der schickte sie ins Krankenhaus. Dort machte man bedenkliche Gesichter. Die ganze Nacht wachte eine Krankenschwester bei ihr, er-

neuerte alle zwanzig Minuten die verordnete heiße Kompresse. Am Morgen sprach der Arzt von der Möglichkeit einer Osteomyelitis. Ich telegrafierte an Ed.
Als Ed ankam, ging es Eugenie wieder besser. Er atmete auf, verbrachte einen Tag bei uns auf der Ranch und reiste wieder ab.
Ich glaube, Eugenie gefiel es im Krankenhaus. Sie hatte keine Schmerzen mehr. Jedermann besuchte sie. Die Krankenschwestern waren reizend, der Arzt entzückend. Das Bein begann zu heilen.
Jeannie ist immer begeistert von dem Leben auf der Ranch. Im Reiten steht sie nicht hinter den Jungens zurück und — wie üblich — erwartete sie mich auch dieses Mal jeden Abend am Pferchtor, wenn ich mit dem Wagen von Cheyenne zurückkam, um mir das Unglück des Tages zu verkünden.
„Angler haben die Gatter offen gelassen, und jetzt sind eine ganze Menge Kühe mit weißen Gesichtern auf unserer Weide und zertrampeln das Gras . . ."
„Shag lahmt. Er kann kaum gehen. George meint, er hat sich das Bein gebrochen."
„Bonnie hat die Nase voll Igelstacheln."
Wir nennen sie Kassandra.

In der letzten Woche der Lagerzeit wird die Arbeit der Jungens aufregender. Die jungen Fohlen werden durch Einbrennen gekennzeichnet, einige Dreijährige werden zugeritten, einige Zweijährige eingefangen und ans Halfter gewöhnt.
Tage, bevor es beginnt, spannt Michael sie auf die Folter.
„Wann werden wir die Fohlen kennzeichnen, General?"
Als ob er die Frage nicht gehört hätte, wandert sein

Blick die Tafel hinunter, und er bittet Jerome um den Honig.

Sie versuchen eine andere Taktik. „Soll ich nicht ins Gebirge hinaufreiten, General, und Blazes und die Zuchtstuten und die Fohlen herunterholen?"

Dies, von Harry gesagt, löst ringsum Gelächter aus.

Wenn Tag auf Tag vergeht, beginne auch ich die Spannung zu fühlen. „Sag' es ihnen, Michael. Sie platzen vor Neugier. Ich auch."

Michael würde die Rotte der Pferde am liebsten allein von der Hochebene herunterholen . . . in aller Ruhe hinaufreiten, so gekleidet, daß jeder Westerner ihn einen Gecken nennen würde, die Rotte finden, sie mit Pfeifen und einem an seinem Arm hängenden Eimer Hafer lokken, sie zum Gatter an der Landstraße führen, absteigen, den Eimer auf den Boden stellen, um sie zurückzuhalten, während er das Gatter öffnet, wieder aufsteigen, diejenigen, die sich entfernt haben, heranholen und sie schließlich alle durch das Gatter treiben, dann absteigen, das Gatter schließen, wieder aufsteigen, um in einem Abstand von der Rotte im Schritt zum Pferch zu reiten, das Gatter zu öffnen, und es den Pferden überlassen, ihren Weg in den Pferch selbst zu finden.

Doch wenn die Jungens ihm „assistieren", sind die Gatter oft geschlossen, wenn sie offen sein sollen, oder einige der Jungens reiten zu nahe an die Stuten heran oder treiben sie von zwei Seiten, so daß sie nach der Seite ausbrechen oder kehrt machen und meilenweit in die Ebene zurücklaufen. Jeder Befehl, den Michael gibt, wird mißverstanden.

„Aber General, Sie haben gesagt, ich soll mich hinter ihnen halten . . ."

„Genau das habe ich gesagt. Aber du hast dich neben ihnen gehalten."

„Nein ... Sie sagten dahinter, und ich war hier, und Sie waren dort, und dahinter bedeutet Ihnen gegenüber ..."

„Das bedeutet es nicht. Es bedeutet gegenüber dem Hinterteil des Pferdes ..."

Sechs andere Jungens mischen sich ein, und diese interessante Diskussion wird mit voller Lungenstärke fortgesetzt.

Das Schwierigste ist, die Stute von dem Fohlen zu trennen, wenn das Fohlen durch das Gatter in den kleinen runden Pferch getrieben werden soll, wo es mit dem Lasso eingefangen, niedergeworfen und gekennzeichnet wird.

Mutter und Fohlen sind durch eine unsichtbare Nabelschnur miteinander verbunden, und gleichgültig, wie schnell die Mutter galoppiert, sich im Kreise dreht und von den johlenden Jungens hin- und hergehetzt wird, das Fohlen weicht nicht von ihrer Seite.

Nun ist es vorüber.

Es hat nur einen Todesfall gegeben. Das kleine schwarze Fohlen von Fraidy Cat bäumte sich in dem runden Pferch vor den Stangen auf, wie sie es alle tun, und schien dann plötzlich nur auf drei Beinen zu laufen. Ein Fuß baumelte lose wie eine Troddel.

Michael erschoß es, und die Jungens schleiften es hinaus aufs Gras. Michael holte den Wagen. Die Jungens schleiften es hinauf zu dem alten Silberminenschacht und stießen es hinein.

Heute nacht ist die Rotte wieder oben in den Bergen, und jedes Fohlen trägt das Brandzeichen IZ auf der

Schulter und das Jahr seiner Geburt auf dem Vorderbein. Die Fohlen, die am meisten versprechen, haben auch das jüdische A auf der Backe.
Blazes hat wieder die Aufsicht übernommen. Die Stuten grasen friedlich auf den Hängen unter ihm, vom Sternenlicht überflutet. Nur eine Mutter hat kein langbeiniges Fohlen mehr an ihrer Seite. Von Zeit zu Zeit hebt sie den Kopf, schaut um sich, schnuppert im Wind und wiehert.
Fast von Geburt an gönnen sich die kleinen Fohlen eine „Freistunde", meistens bei Sonnenuntergang. Sie entfernen sich von ihren Müttern, vergessen alle Warnungssignale und ihren Hunger, wählen sich einen Partner und beginnen zu spielen.
Mit trampelnden Hufen verfolgen sie einander, machen plötzlich kehrt, bäumen sich auf, schlagen aufeinander ein, und manchmal ertönt das scharfe Klatschen eines kleinen Hinterhufes gegen einen gespannten Bauch, gefolgt von einem erbosten Schnauben, und dann jagen sie sich wieder, bremsen jäh ab, wirbeln herum, gehen wiehernd auf die Hinterbeine, schlagen mit den Vorderbeinen in die Luft wie mit Flegeln . . .
Es sieht gefährlich aus . . ., doch es ist nur ein Spiel.

Bei einem Spaziergang nach dem Abendessen stieß ich auf Stromer, der, die Nase dicht an der Wurzel einer kleinen Kiefer, bewegungslos dastand. Ich betrachtete ihn aus geziemender Entfernung, verwundert über seine Haltung und die Tatsache, daß er sich nicht rührte. Ich umkreiste ihn. Ohne den Kopf zu heben, verfolgte er mich mit rollenden Augen, und sein Blick schien mir etwas Flehentliches zu haben. Ich ging näher, und da sah ich, daß seine lange Kette sich um den Stamm des

Baumes gewickelt hatte, so daß er ein Gefangener war. Er konnte den Kopf nicht bewegen, ohne an der empfindlichen Haut seiner Nüstern zu zerren.
Stumm flehte er mich an, ihm zu helfen, doch ich machte kehrt und holte Michael. Michael zu sagen, daß ein Tier in Not ist, hat den gleichen Effekt, als wenn man einer Mutter sagte, ihr Kind läge schlafend in einem brennenden Haus.
Stromer machte mir keinen Vorwurf. Er sah mich aus nach hinten gerollten Augen an, während ich neben Michael stand, der die Kette abwickelte, und es war, als sagte er: „Nun, du hast wenigstens jemand zu Hilfe gerufen. Ich habe nichts gegen dich."
Schweigend, mit ärgerlich verkniffenen Augen, löste Michael die Kette von dem Ring, trat zurück. „So, alter Bursche . . ."
Stromer fühlte seine Freiheit, machte einige Schritte, stand da in prachtvoller Haltung, mit erhobenem Kopf und gespanntem Blick die Weide, die Bäume am Bach, die niedrigen, mit Kiefern bewachsenen Hügel absuchend, und trabte plötzlich davon in die hereinbrechende Dunkelheit.
Michael brachte die lange Kette Riley und befahl ihm, Stromer am nächsten Morgen beim Melken wieder die kurze Kette anzulegen.

Wir haben ein kräftiges Pferd, geeignet für den Sattel und für leichte Arbeit. Es ist ein Wallach und heißt Jinx.
Sein Leben begann unglücklich. Er war ein Spätsommerfohlen und erlebte seinen ersten Winter, als er kaum drei Monate alt war. Der Winter brachte heftige Stürme, und die Stute war alt.

Ich denke immer noch daran, wie sie in jenem letzten Sturm ihres Lebens gestanden haben muß, den Schweif dem treibenden Wind und dem Schnee zugekehrt, wie alle Pferde es tun, und wie das Fohlen, bestürzt und entsetzt, sich an sie preßte.
Wenn es nach der warmen Milch suchte, drehte sie ihren großen Kopf nach hinten, berührte es mit den Lippen, und sie lehnten sich aneinander, stemmten sich gegen die Gewalt des Sturmes.
Sie kannte jeden Baum, jede Klippe, jedes Tal im Bereich der Ranch. Warum suchte sie keine schützende Stelle auf und nahm es mit sich? Entweder hatte sie nicht mehr die Kraft dazu oder das Füllen war noch zu schwach oder ihre Sinne versagten und ihre Augen waren schon halb blind.
Sie standen in der Mitte von Sektion Neunzehn, wo der Wind aus einer zweihundert Quadratmeilen großen offenen Ebene weht, und zum ersten Mal hörte das Fohlen das lange, hohe, singende Heulen eines Schneesturmes und spürte den peitschenden Aufprall des gefrorenen Nebels, der sich mit hundert Kilometer in der Stunde bewegte.
Bei solchen Stürmen suchen alle Tiere Zuflucht in einem tiefen, stoischen Ausharren. Meistens beziehen sie ihre strategisch berechnete Stellung und bewegen sich nicht mehr.
Die langen Stunden vergingen. Es mag etwa zwei Uhr morgens gewesen sein, als die Wärme in dem Körper der Stute zu schwinden begann, ihr Blut langsamer floß. Sammelte sie in einer letzten Anstrengung ihre letzten Kräfte und rannte los in Richtung der Hügel? Stolperte sie, fiel auf die Knie und spürte dankbar die Erde ihr

entgegenkommen? Legte sie sich mit einem tiefen Seufzer selbst in den Schnee?

Am nächsten Tag, als der Sturm sich ausgetobt hatte, kam ein Nachbar auf die Ranch und sagte: „Wissen Sie, daß draußen in Sektion Neunzehn ein kleines Fohlen allein ist?"

Wir rechneten nie damit, ihn aufziehen zu können.

Ich habe Lämmer und Kälber und andere mutterlose Fohlen mit der Flasche aufgezogen. (Saubere, sterilisierte Flaschen.) Doch dieses Baby wollte nichts von Glas und Gummi wissen.

Er bezeugte ein leichtes Interesse für Hafer, doch der Tierarzt warnte mich, ein drei Monate altes Fohlen hätte nicht den Verdauungsapparat, Hafer zu verarbeiten; er würde krank werden und dann elend eingehen. Doch dieses Baby schien zu sagen, man solle es doch einmal mit ihm versuchen.

Michael meinte, echte Mutterliebe und Zärtlichkeit von seinesgleichen täten ihm besser als alles andere. So brachte er das Fohlen zu unserem Arbeitsgespann, der alten Fanny und dem alten Captain, und sagte ihnen, das kleine Geschöpf sei gekommen, sie in ihren alten Tagen zu trösten.

Sie nahmen ihn mit Begeisterung auf. Er folgte ihnen überallhin. Auf der Weide war er zwischen ihnen oder nahe bei ihnen. Wenn sie angeschirrt wurden und zur Arbeit aufbrachen, drehte Fanny den Kopf und wieherte nach dem Fohlen.

Und er kam angerannt auf seinen staksigen Beinen, begleitete sie.

Er wuchs und gedieh. Liebe und Hafer taten Wunder. Doch das Pech verfolgte ihn. Er hatte seine erste Auseinandersetzung mit Stacheldraht. Sie bleibt keinem

Pferd erspart, und das Erlebnis ist so schrecklich, daß es nie wieder versucht, ein Stacheldrahthindernis zu überwinden. Manchmal bleiben kleine Narben zurück von der ersten Begegnung, doch meistens hat sie keine ernsthaften Folgen. Nicht so bei Jinx. Seine Wunden entzündeten sich, und wieder mußte ich ihn pflegen und hätte ihn beinahe verloren.

Er war ein Jahr alt, als Michael das kleine Schwimmbecken auf der Buckelwiese baute.

Auf einer Fläche von fünfundzwanzig auf fünfundzwanzig Meter hob er am Rande des Baches die Erde einen halben bis einen Meter tief aus, schichtete ringsum einen Wall von einem Meter auf. Die Arbeit beanspruchte sechs Wochen und die Hilfe mehrerer Männer. Sie verschlang eine Menge Geld.

Dann wurde das Wasser eingelassen. Das Becken füllte sich in einer Nacht, und das überflüssige Wasser begann durch eine Ablaßrinne in den Bach zurückzulaufen.

Michael und ich gingen hinunter und betrachteten stolz sein Werk. Wieviel Freude würden wir alle und besonders die Jungens daran haben!

Wir jubelten wie damals, als die Windmühle ihre ersten Umdrehungen machte.

Doch während wir noch jubelten, kam Jinx, ein übergroßer, ungelenker Jüngling, herangaloppiert, war mit einem Satz auf dem etwa einen Meter breiten Erddamm, der die untere Seite des Beckens abschloß, lief auf ihm entlang, machte in der Mitte einen eleganten Sprung über die zementierte Abflußrinne, lief weiter bis ans Ende, machte kehrt, galoppierte zurück.

Ich gewahrte einen ängstlichen Ausdruck in Michaels Gesicht.

Am Rand des Damms waren ein paar Erdbrocken losgebrochen und ins Wasser geplumpst.
„Runter dort, Jinx!" rief Michael.
Er hätte ebensogut sagen können: „Laufe hin und her auf dem Damm, Jinx!", denn das war es, was Jinx jetzt tat.
Weitere Erdklumpen bröckelten ab, und immer mehr. Schließlich sahen wir in entsetztem Schweigen zu, wie sich der ganze Damm auflöste, immer mehr Löcher und Risse zeigte und wie er schließlich brach und das Wasser gurgelnd und schäumend in das tiefer liegende Bachbett schoß.
Mit einem letzten großen Satz rettete sich Jinx aus der Gefahrenzone und trabte, fröhlich wiehernd, davon auf die Weide.
Fünf Minuten später war das Bild vor uns still und friedlich. Das Becken war leer, der Bach schlängelte sich sanft durch die Wiese wie vor Jahrhunderten, das Loch im Damm sah aus wie eine häßliche Zahnlücke.
„Ich hab's gewußt!" fluchte Michael. „Ich habe es die ganze Zeit gewußt. Ich hätte die Erde sich setzen lassen sollen. Sie hätte sich ein Jahr lang setzen müssen, bevor ich das Wasser einließ! Alles umsonst ... die Arbeit, das Geld! Ich Idiot!"
Doch Michaels Wut war bald verraucht. Ich kenne das an ihm. Es ist seine Art, mit unangenehmen Dingen fertig zu werden. Manchmal beneide ich ihn darum. Er reparierte den Damm am nächsten Tag und ließ ihn sich ein Jahr setzen.
Heute haben wir ein wunderbares Schwimmbecken. Das Wasser fließt durch die Abflußrinne ab und erneuert sich ständig. An heißen Tagen reiten die Jungens hinunter, binden ihre Pferde an den Sträuchern an, ziehen

sich aus, springen in das kühle Wasser, schwimmen und legen sich dann auf die Dämme und sonnen sich.
Ich liebe es, allein baden zu gehen. Ich schwimme, lege mich auf den Rücken, lasse mich, ein wenig mit kleinen Handschlägen nachhelfend, treiben. Dann wölbt sich der Himmel über mir wie eine große blaue Glasschale, in der weiße Wolken, hinter sanften grünen Hügeln auftauchend und verschwindend, langsam dahinsegeln.

Als ich gestern nach dem Schwimmen in meinem nassen Badeanzug, ein Handtuch um die Schultern geschlungen, über die Weide nach Hause ging, kam mir Jerome entgegengelaufen.
Michael hatte ihn geschickt, mich zu holen. Fred hatte einen Unfall gehabt. Ich sollte ihn zum Arzt bringen.
Ich fand Fred ziemlich blaß in meiner Hängematte sitzend, bereit, in die Stadt gebracht zu werden. Sein Arm war bandagiert und hing in einer Schlinge.
Michael erklärte mir beschwichtigend, es handle sich wahrscheinlich nur um eine Verrenkung, doch in seinem Blick war Sorge.
„Es tut nicht weh", sagte Fred. „Es war nur ein harmloser Sturz, nicht schlimmer, als er jeden Tag vorkommt."
Er ritt nach der Übungsstunde die Weide hinunter, rutschte nach einer schnellen Wendung aus dem Sattel, fiel auf die ausgestreckte Hand. Ich ahnte Böses . . . sein Gewicht und sein schmales Handgelenk.
Ich lief die Treppe hinauf, mich anzuziehen. Michael folgte mir.
„Seine Hand war vollkommen verdreht."
Ich fuhr Tempo. Es war Samstagnachmittag. Alle Ärzte in der Stadt waren mit ziemlicher Sicherheit zum Golfspielen oder zum Angeln gefahren.

Es dauerte zwei Stunden, bis ich Dr. Phelps gefunden und er die Röntgenaufnahme gemacht hatte. Wir fanden nirgends eine Krankenschwester oder einen Anästhesisten.
Die Röntgenstrahlen bestätigten, was ein kurzer Blick verraten hatte. Es war ein komplizierter Bruch des Handgelenks.
Fred legte sich auf den Operationstisch. Dr. Phelps machte die Anästhesie selbst, ließ mich dann die Maske halten, während er den Arm einrichtete.
Fred schrie und krümmte sich, was mich schwitzen und zittern machte, doch er erinnerte sich an nichts mehr, als er, ein wenig später, wieder bei Bewußtsein war.
Eine weitere Röntgendurchleuchtung zeigte, daß der Arm richtig eingerichtet war. Fred bekam einen Gipsverband, und ich telegrafierte an seine Familie.
Abgesehen davon, daß ich mir im vergangenen Jahr das Schlüsselbein brach, als eine zweijährige Stute mich abwarf, war dies der erste gebrochene Knochen in sechs Jahren.

Alles in bester Ordnung. Keine Komplikation. Fred reitet wieder mit einer Hand.

Wir haben noch nie so viele wilde Blumen gehabt. Fast mannshoher Rittersporn, blau, rosa und weiß, Glockenblumen mit haardünnen Stengeln, besetzt mit Kaskaden von Glocken, bräutlich weiße Mariposa-Lilien.
Ich habe das Haus voller Blumen und verbringe Stunden damit, sie zu arrangieren und zu erneuern. Sie halten nicht sehr lange, doch sie sind unwiderstehlich.
Wenn ich über die Heuwiese gehe, stelle ich jedes Mal

in banger Hoffnung fest, daß das Gras sehr dicht und schon fast hüfthoch ist.
„Wenn nichts dazwischenkommt", sagte Michael, „dann wird es die beste Ernte sein, die wir je hatten."
„Und die Preise sind gut, nicht wahr?"
Er schaute mich mit einem breiten Lächeln an und nickte.
Und sofort sehe ich im Geiste Betty Bedfords Haus in Connecticut, die beiden großen Backsteinkamine, die alte schattige Eiche, den Rasen und die Terrasse, und da sind wir, Michael und ich mit einigen Jungens und natürlich auch einigen Pferden auf der Koppel, und Rachel und Bunny.
Die nächsten Wochen werden entscheidend sein für uns. Entweder wird es dieses Jahr sein oder es wird etwas geschehen, wie bis jetzt immer, und wir werden wieder zwei Fluggräser sein, getrennt, wartend, ziellos ins nächste Jahr treibend ...
Optimistischer Nachgedanke: Wenn Heu verkauft werden soll, muß es gepreßt sein. Wir haben keine Heupresse. Nun, dann werden wir eine borgen oder kaufen ...

26

Es beginnt zu dämmern. Ich habe nicht viel geschlafen. *Svenska* läßt mir keine Ruhe in der Nacht. Ich lauschte dem hohen Singen des Windes in den Kiefern, sah im Geist die stetig kreisenden Windmühlenflügel.

Ich schaute zum Fenster hinaus nach Nordosten, wo die Kiefernklippe in einen sanften, kahlen Hang übergeht, die Nachtweide. Ich sah dort die Kühe stehen, friedlich, auf das Morgenmelken wartend. In ihrer Nähe stand ein großer Kojote. Sie beachteten ihn nicht. Dies überraschte mich einen Moment, doch dann erinnerte ich mich, daß ein Kojote ihnen vertrauter ist — mehr Teil der Natur — als ein Mensch.

Ich sah die Sonne hinter den Hügeln aufgehen. Sie zauberte lange, waagrechte Streifen von leuchtendem Rosa an den dunkelblauen Himmel, vergoldete die Unterseite hoher violetter und mauvefarbener Wolken.

Gestern lag Herbstgeschmack in der Luft. Auf meinem Spaziergang über die Heuwiese sah ich andere Blumen, nicht mehr soviel Rittersporn und Glockenblumen, statt dessen gefiederte Goldrute, schwarzäugige Susannen, Astern. Alles ist jetzt golden und purpurn, nicht mehr blau und rosa und weiß.

Eben ist die Sonne aufgegangen und sitzt auf dem fernsten Hügel im Nordosten. Lange Lichtfinger greifen aus, berühren die Kiefern und die rollenden Hügel, die

Jährlingsfüllen am Hang, die Kühe auf der Weide (der Kojote ist verschwunden), und nun, während der gleißende Feuerball sich von dem Kamm löst und steigt, wird das Tageslicht zu einer Flut, die alle Senken füllt, Wärme über alles gießt, über Scheune, Anger, Haus; und alle Tiere drehen ihre Leiber, sie mit der Breitseite zu empfangen, mit gesenktem Kopf, entspannt, damit das heilende Bad ultravioletter Strahlen ihre letzte Faser durchtränkt.

Ich halte mein Gesicht zum Fenster hinaus, und das Licht brennt in meinen Augen und blendet mich, und plötzlich fühle ich Tränen auf meinen Wangen, Tränen der Dankbarkeit für alle Schönheit und Süße des Lebens, für die Liebe, die ich empfangen und schenken darf, für die Blumen, für den Anblick spielender Fohlen, für drei Regenbogen auf einmal.

Riley melkt die Kühe.

Im Pferch bekommt Juanita ihren Hafer; neben ihr steht ihr Fuchsfohlen von diesem Jahr. Und da ist Goldmünze, der große Fuchs. Wie sein Fell glänzt. Er denkt wahrscheinlich, er ist der Vater des Fohlens; doch er ist es nicht. Weit draußen auf der Hochebene, hinter dem rundbuckeligen Hügel jenseits der Landstraße, wacht Blazes über seine Zuchtstuten, gleichzeitig nach allen Seiten sichernd, jeden Augenblick bereit, den Kopf zu senken, seinen schlanken Hals zu verdrehen und sie zu warnen. Er ist der Vater.

Ich sehe Stromer außerhalb des Pferches stehen und nicht weit von ihm die kleine Färse Domino. Die andern Kühe wollen nichts von ihr wissen; der Stier ist ihr einziger Freund. Ich fragte Michael kürzlich, ob er es bemerkt hätte, und er sagte: „Oh, ja. Er liebt sie. Und das

kann man ihm nicht verdenken. Sie ist ein sanftes und intelligentes kleines Ding, ein richtiges Schätzchen. In der Stierwelt muß sie hoch im Rang stehen."
Ich frage mich, ob dies der Grund dafür ist, daß Stromer in der letzten Zeit nicht ausgebrochen ist.
Bald wird der Duft von Kaffee das Haus erfüllen.

Ich werde den ganzen Vormittag an *Svenska* arbeiten. Dies ist eine Woche der Besichtigungen, denn Jungens dürfen nicht in den Westen kommen, ohne die berühmten Orte zu sehen, den Yellowstone-Park, die Teton-Berge, den Jackson-See. Sie brechen unmittelbar nach dem Frühstück auf, und dann bin ich wieder einmal allein mit meinen Tieren.
Drei Wagen sind nötig, um die Gruppe zu befördern. Die Parks stellten den ihren, und einen mieteten wir in Cheyenne. Ich werde ohne Transportmittel sein für eine Woche. Wenn ich die Post holen will, muß ich nach Granite-Canyon reiten.
Ich habe Alice für heute Stadturlaub gegeben. Riley wird sie im Lieferwagen zur Lincoln-Überlandstraße bringen, wo sie den Neun-Uhr-Bus nimmt. Sie will sich eine Dauerwelle machen lassen, sagt sie, und wird mir Manuskriptpapier und eine Filmrolle für meine Kamera mitbringen. Ich möchte eine Aufnahme von Juanita mit ihrem hübschen Fohlen machen. Es ist ein Er und hat noch keinen Namen.
Gestern abend, als ich vor dem Schlafengehen auf der Terrasse stand, glaubte ich in der Ferne auf dem Plateau galoppierende Pferdehufe und eine rufende Männerstimme zu hören. Auf dem Hochplateau dürfte nur Blazes mit seinen Stuten sein. Machte jemand Jagd auf sie? Mir wurde etwas unbehaglich zu Mute. Heute

nachmittag werde ich hinaufreiten und nachsehen, ob sie wohlauf sind. Wahrscheinlich sind sie es, und Blazes wird aus der Rotte herangetrabt kommen, um zu Pom zu sprechen, wird schnauben und wiehern und sie fragen, warum sie nicht bei der Rotte wäre, was sie denn dort unten bei den Menschen triebe. Und Pom wird antworten, das ginge ihn nichts an, doch es wird sehr unsicher klingen.

Ich habe für *Svenska* eine wundervolle Passage gefunden, in einem überraschenden b-Moll und einem spannungsgeladenen e-Moll. Als ich sie immer wieder spielte, wußte ich plötzlich, daß dies Shinar war. Manchmal betrete ich es, wie man in einen Traum gleitet, mühelos, unbeabsichtigt. So auch jetzt, und ich bade mich in diesem Gefühl reinster Freude, überlasse mich mit meiner letzten Faser der Musik, die aus meinen Fingern strömt und mich selbst wegschwemmt . . .

Es war zwei Uhr vorbei, als ich zu den Ställen ging, um mein Pferd zu satteln. Shinar hat mich ausgeschlossen.

Ich hatte gewußt, daß es nicht ewig dauern konnte. Sein Zauber würde schwinden, als ob Türen und Fenster geschlossen wurden, und so sehr ich mich auch anstrengen würde zu lauschen, ich würde immer weniger hören und schließlich taub werden für sein Geheimnis.

Und so kam es auch. Ich ertappte mich, daß ich automatisch weiterklimperte, sinnlos und seelenlos. Die Ernüchterung war böse. Bitter ist jetzt die Einsamkeit und schmerzlich die Sehnsucht nach dem verlorenen Land.

Rachel und Bunny sprangen neben mir her. Für sie begann die Wonne des Tages jetzt erst.

Zur Mittagszeit war ein leichter Schauer niedergegangen, und es hatte sich dann wieder aufgeklärt. Doch es roch nach Sturm in der Luft, und ich trug einen Regenmantel, war vorbereitet auf Unwetter.

Die Sattelpferde waren alle auf die Stallweide getrieben worden, und so nahm ich die Pfeife, stellte mich an das offene Gatter des Pferches und blies langgezogene Töne. Rachel stand neben mir, zitterte und winselte vor Aufregung.

Zwei Stuten und ein Fohlen kamen auf mich zugaloppiert, Pom und Juanita. Ich entschloß mich plötzlich, Juanita zu reiten. Sie ist zu schwer für mich, sagt Michael, doch sie hat einen wundervollen Gang, und ich reite sie gerne.

Während ich sie im Pferch sattelte, lag Rachel vor ihr, in Vorfreude mit der Rute den Boden schlagend.

Ich kann Rachel jetzt von weit her heranrufen.

Dies ist mir gelungen, indem ich sie langsam an meinen Ruf „Ra..chel" gewöhnt habe, der mit einem A beginnt und mit Fis endet.

Zunächst sang ich ihr die Töne leise vor, wenn sie bei mir war. Dann rief ich sie aus immer größerer Entfernung und schließlich auch, als sie fast außer Sichtweite war.

Als sie den Ruf zum ersten Mal hörte, blieb sie stehen, wandte sich um, schaute mich an, rannte los und verschwand. Das geschah mehrere Male.

Doch eines Tages entschloß sie sich zu kommen; und sie kam herangeschossen wie ein Pfeil mit zurückgelegten Ohren, heraushängender Zunge, strahlenden Augen.

Sie wurde natürlich mit einem Hundekeks empfangen, mit viel Lob und Tätscheln. Dann nahm ich sie an der

Leine mit auf einen kleinen Spaziergang, bevor ich sie wieder freiließ.

Und jetzt klappt es immer. Ihre Erziehung ist abgeschlossen, und sie ist im Begriff, eine vollkommene Lady zu werden, wenn ich auch manchmal darauf achten muß, daß sie nicht übertreibt.

Natürlich begleitete uns Juanitas Fohlen. Von Zeit zu Zeit senkte es den Kopf, schlug spielerisch aus, jagte Rachel. Rachel schoß davon, kam wieder, sprang nach seiner Nase. Dies tun Hunde immer. Ich frage mich, ob es ein Necken ist oder so etwas wie ein Hundekuß. Bunny ist zu klein dazu. Manchmal machen die Pferde es ihm leichter, indem sie den Kopf senken, bis ein Kuß möglich ist, besonders Goldmünze. Eine große Liebe scheint zwischen den beiden zu bestehen. Sie vergessen nie den Begrüßungskuß.

Es ist herrlich, durch einen Spätsommertag zu reiten, wenn die Jahreszeiten wechseln und mit ihnen das Angesicht der Erde.

Über dem hohen Kamm des Bergsattels war die Luft so klar, daß ich die fernsten schneebedeckten Gipfel sehen konnte. Zwischen mir und ihnen schimmerten die welligen Linien niedrigerer Bergketten, jede in einer anderen Farbe . . . blau, violett oder braun.

Fern im Westen braute sich ein Gewitter zusammen . . . oder löste sich auf. Vielleicht war es die Wolke, die um die Mittagszeit ihren kurzen Segen über die Ranch ausgegossen hatte. Wenn es so war, dann hatte der Wind sich gedreht, denn als ich die Wolke beobachtete, erkannte ich, daß sie auf mich zukam. Sie war sehr niedrig, rollte fast über die Erde.

Wir vergnügten uns, indem wir hügelauf- und hügelabgaloppierten und Ausschau hielten nach den Stuten.

Doch wir entdeckten sie nicht. Inzwischen wurde die Gewitterwolke größer und dunkler, gewann an Geschwindigkeit. Sie schien mit finsterer Entschlossenheit auf mich zuzukommen, und ich wurde mir klar darüber, daß ich tüchtig naß würde, wenn ich die Stuten nicht bald fand.

Der Wind blies stärker. Bis jetzt hatte ich es vermieden, direkt in ihn hineinzureiten, doch jetzt war ich überzeugt, daß Blazes irgendwo in dieser Richtung Schutz gefunden hatte mit seiner Rotte, und ich schwang Juanita herum. Sie zögerte, doch ich zwang sie, und wir bohrten uns in die treibende Wand.

Jetzt begann der Wind ächzend zu klagen. Hier und dort sprang ein Kaninchen auf, schoß davon, halb vom Wind getragen. Das Präriegras neigte sich zitternd.

Dann wurde es plötzlich düster. Ein riesiger grauer Vorhang löschte alles Licht aus, und dann kam der Regen ... lange schräge Schnüre, die mir ins Gesicht schlugen und das Gras niederpeitschten. Ich zog meinen Leinenhut über die Augen, und als Juanita anfing zu zittern und den Kopf wegdrehte, preßte ich meine Knie in ihre Flanken, redete ihr Mut zu.

Dann stieß ich auf Blazes und seinen Harem, die Hinterhand dem Wind zugekehrt, so daß Schweife und Mähnen nach vorn geweht wurden.

Ich verhielt Juanita und begann die Stuten zu zählen. Blazes trabte zu uns heran. Es gab ein großes Begrüßen. Unser kleines Fohlen mischte sich in die Rotte, beroch die anderen Fohlen, sprach mit ihnen.

Die Rechnung stimmte, Stuten und Fohlen waren vollzählig. Wind und Regen brannten mir in den Augen, und ich wendete Juanita, gab ihr die Sporen, und wir galoppierten vor dem Wind heimwärts.

Das Fohlen wieherte zuerst protestierend, daß es seine neuen Freunde verlassen sollte, besann sich dann aber und folgte uns.

Weit unten vor uns, viele Meilen entfernt, fiel das Plateau ab zu einer niedrigen Ebene, dann zu einer noch niedrigeren . . . eine gigantische Treppe. Eine dieser Ebenen lag im hellen Sonnenschein. Über ihr war blauer Himmel mit kleinen weißen Wölkchen, die dicht über der Erde zu hängen schienen, ein friedliches, liebliches Bild. Doch der Sturm, der mich jagte, war eine jener elektrischen Höllen, die so oft über der Ranch wüten. Der Donner krachte wie Kanonenschläge. Das Fohlen sprang jedes Mal erschreckt mit allen vieren hoch blickte wild um sich, lief näher zu Juanita heran. Ich sagte Juanita mit meinem Körper, mit meiner Stimme, mit meinen Händen und Fersen, sie solle laufen, so schnell sie konnte. Und wie sie lief!

Doch der Sturm war schneller und hüllte uns plötzlich ein. Es wurde noch dunkler, der Regen peitschte noch wilder, der Blitz zuckte immer schneller, der Donner rollte und krachte ohne Unterbrechung. Wir waren mitten im Zentrum des Gewitters.

Es bewegte sich nach Südosten. Ich gedachte, in nördlicher Richtung aus ihm herauszukommen, wo ein nicht zu steiler Hang in die sonnige Ebene abfiel, und plötzlich waren wir über den Kamm hinweg und unter dem Wind.

Wenige Minuten später begrüßten wir die Sonne.

Das Fohlen drückte seine Freude und Erleichterung dadurch aus, daß es vor uns herrannte und immer wieder mit allen vieren in die Luft sprang.

Juanita wieherte in mütterlicher Bewunderung, und ich mußte lachen über die komischen Sprünge des Kleinen. Er blickte sich um und schien sich durch den Erfolg seiner Kapriolen zu noch wilderen Sprüngen ermutigt zu fühlen wie ein Clown in der Arena.

Und schon hatte ich einen Namen für ihn. Ich würde ihn Clown nennen.

Als ich trockene Sachen anzog, schaute ich zum Fenster hinaus und sah einen Regenbogen, eine leuchtende, flimmernde Brücke von einem Horizont zum andern . . . ich mußte wieder hinschauen, und jetzt waren es zwei . . . in einer Minute werde ich noch einmal hinschauen, und dann werden es drei sein . . .

Zu meiner Überraschung tauchte kurz vor dem Abendessen Billy Allenger auf.

Er mußte zurück nach New York. Er hatte die Gruppe in Yellowstone verlassen und wollte am nächsten Morgen weiterreisen.

27

Billy und ich hatten den langen Abend für uns allein. Es war kühl genug, ein Feuer im Kamin zu machen, und ich saß auf dem Sofa mit einer Näharbeit.
Billy war zuerst einsilbig, dann taute er allmählich auf und schließlich schüttete er mir sein Herz aus. Und als ich begriff, daß dieser „traurige junge Mann", der den blasierten dreißigjährigen Geschäftsmann spielte, das naivste Kind war, das man sich vorstellen konnte, begann ich, innerlich zu lächeln. Ich hätte es mir denken können. Ich mußte laut lachen. Billy lachte mit.
Und während ich nähte, erzählte er mir, wie er es müde geworden war, von seinen Eltern als Kind behandelt zu werden, obwohl er sich als erwachsener Mann fühlte und fähig, selbst auf sich aufzupassen, und seine Freiheit forderte.
Seine Eltern waren entsetzt. Er drohte davonzulaufen, und schließlich gaben sie nach. An seinem sechzehnten Geburtstag, vor einem Jahr, stopften sie ihm die Brieftasche voll Noten, gaben ihm einen Monat Zeit und ihren Segen und ließen ihn reisen.
Es folgte dann der Bericht, wie er das Geld ausgegeben hatte, und als er zu den doppelten Brandies kam, unterbrach ich ihn.
„Aber warum immer einen doppelten Brandy, Billy?

Warum konntest du nicht einfach sagen: ‚Einen Brandy'?"

„Ich weiß nicht. Wenn der Kellner sagte: ‚Was soll es sein, mein Herr?', glaubte ich, ich müßte sagen: ‚Ein doppelter Brandy', und so sagte ich es, wo ich auch hinging. Ich ging von einem Nachtklub in den andern. Ich wollte betrunken werden. Ich war es noch nie gewesen, und dies war mein letzter Abend. Am nächsten Abend würde ich wieder zu Hause sein . . ."

„Wo war das, Billy?"

„In Chikago."

„Chikago? Was in aller Welt hast du im Sommer in Chikago gemacht?"

„Nun, zuerst war ich auf dieser Ferienranch in Colorado für Stadtleute, die einmal Cowboy spielen wollen, doch sie mochten mich nicht sehr, und so mußte ich gehen."

„Warum?"

„Nun, ich tat alles, was ich in den Western-Filmen gesehen hatte . . . die Kühe und die Stiere jagen, den ganzen Tag herumgaloppieren und Jippi-Jippi schreien. Und als sie mir dann sagten, ich müsse gehen, da ging ich an meinem letzten freien Tag nach Chikago."

„Um betrunken zu werden."

„Ja."

„Und wurdest du es?"

„Wie tausend Mann! Mit jedem Glas fühlte ich mich großartiger und reicher, obwohl ich gerade noch das Geld für die Rechnung im Kongreß-Hotel und für das Essen bis zu meiner Rückkehr nach New York besaß. Das Rückfahrt-Billett hatte ich schon . . . Nun, ich liebe die Musik . . . ich spiele selbst Klarinette . . . und so

setzte ich mich immer nahe an die Kapelle, drehte meinen Stuhl um und schlug den Takt ..."
Billys schlanke Hände trommelten den Rhythmus eines Swings auf seinen knochigen Knien.
„Aber, stellen Sie sich vor, jedes Mal, wenn ich dem Kellner etwas sagen wollte, stotterte ich. Ich hatte nie gestottert zuvor. Und ich konnte nicht still sitzen ... ich rutschte immer hin und her auf meinem Stuhl ... rieb mir die Hände an den Schenkeln, schaute ständig um mich, und wenn ich merkte, daß jemand mich ansah, wäre ich am liebsten unter den Tisch gekrochen."
„Aber du bliebst bei deinen doppelten Brandies?"
„Ja. Und Whisky und Gin und alles mögliche. Ich fuhr von einer Bar zur andern, schlief unterwegs im Taxi ein. Am längsten saß ich in einem Kellerlokal, wo ein Neger am Klavier phantasierte. Es war wundervoll. Doch da war etwas, das mir den ganzen Abend verdarb ..., meine Hosen. Es war das einzige Paar, das ich hatte, und ich hatte sie auf der Ranch abgetragen. Es waren graue Flanellhosen, abgeschabt, schmutzig und zerknittert. Nun, ich wurde ganz wild über diese Hosen, konnte schließlich an nichts anderes mehr denken. Als ich dann in mein Hotelzimmer zurückkam, wollte ich mit ihnen abrechnen. Bevor ich zu Bett ging, ließ ich die Badewanne voll Wasser laufen und ertränkte diese widerlichen Hosen, die mir den schönsten Abend meines Lebens verdorben hatten, feierlich."
„Aber Billy!"
„Ja, ich wollte mich rächen."
Sein Versuch, in mein Lachen einzustimmen, endete in einem kläglichen Grinsen.
„Der nächste Morgen war fürchterlich. Mein Kopf dröhnte. Ich hatte nicht gewußt, daß ein Kopf so dröh-

nen konnte. Ich war unfähig zu denken, und mein Zug fuhr um drei Uhr. Ich versuchte, einen Entschluß zu fassen, doch es gelang mir nicht. Ich saß nur da auf meinem Stuhl, den Kopf zwischen den Händen. Es kostete mich eine ungeheure Anstrengung, zu dem Schluß zu kommen, daß ich nüchtern werden, in ein Warenhaus gehen und mir ein Paar Hosen kaufen mußte. Ich mußte mein Geld zählen. Es gelang mir nur mit Mühe. Und dann war ich entsetzt. Wenn ich die Hosen kaufte, konnte ich mir nichts zu essen kaufen, wenn sie mich die Hotelrechnung nicht mit einem Scheck zahlen ließen. So zog ich also die nassen, schmutzigen Hosen an, ging hinunter, schlich durch den Hinterausgang hinaus und kaufte mir im nächsten Warenhaus ein Paar Hosen ..."

Billy schwieg eine Weile. Ich sah in seinem Gesicht, daß er diesen fürchterlichen Gang wieder durchlebte, bei jedem Schritt seine nassen Fußstapfen hinterlassend, die Augen gesenkt vor den lächelnden Blicken der Passanten ...

„Mrs. Bergwin, das Leben kann sehr schlimm sein ... nicht wahr?"

„Ja, das kann es ... Hast du die Hosen bekommen?"

„Ja."

„Und nahmen sie den Scheck im Hotel?"

„Sie sagten: ‚Gewiß, Mr. Allenger, wenn Sie sich ausweisen können.' "

„Und konntest du?"

„Ich sagte ihnen, sie sollten die Firma *Long & Fisher* anrufen. Sie sind die Vertreter meines Vaters in Chikago. Ich sagte ihnen, sie sollten nach Mr. Fisher fragen. Er war es, der mich persönlich kannte. Ich glaubte nun, meine Schwierigkeiten seien vorüber, und ich begann, mich wohler zu fühlen. Doch der Mann kam vom Telefonieren zurück und sagte, Mr. Fisher wäre nicht anwesend, er käme erst später. Das warf mich wieder um, und ich suchte nach einem Ausweg, doch mein Schädel schien jeden Augenblick platzen zu wollen, und dann sagte der Manager: ‚Ich glaube, wir müssen Sie bitten, Ihre Rechnung in bar zu bezahlen, Mr. Allenger.' "

Wieder schwieg Billy eine Weile, bevor er fortfuhr.

„Ich begann zu zittern. Mein Kopf war auf einmal leer. Mir war, als wäre ich von einer Dampfwalze überfahren worden. Ich fragte mich, wie die Menschen mit dem Leben fertig werden, wenn immer solche Dinge passieren, die man nicht voraussehen kann. Ich begann meine Taschen umzustülpen, und Noten und Münzen fielen heraus. Ich hob sie auf und zählte sie. Es war gerade genug, die Rechnung zu bezahlen und dem Boy, der mir den Koffer vors Hotel trug, ein kleines Trinkgeld zu geben. Da stand ich nun auf der Straße, Füße wie Blei, einen Kopf wie ein Gasballon, keinen Cent in der Tasche, kein Geld für ein Taxi zum Bahnhof, und vor allem kein Geld, um mir eine Kopfwehtablette zu kaufen."

„Und wie kamst du zum Bahnhof ... in diesem Zustand?"

„Zu Fuß. Doch mir war, als liefe ich auf meiner Hirnschale. Und als ich zum Bahnhof kam, sagte man mir, meine Rückfahrkarte wäre seit zehn Tagen abgelaufen. Es war ein Studentenfahrschein. Der Mann sagte: ‚Sie müssen noch fast fünfzehn Dollar zuzahlen, um nach New York zu kommen.' Jetzt war ich am Ende. Ich wußte nicht, wohin ich gehen sollte. Die Tränen traten mir in die Augen. Da sah ich eine Telefonzelle. Ich stürzte hinein, schloß die Türe hinter mir, setzte mich auf meinen Koffer und heulte los. Eine Viertelstunde saß ich da und weinte vor mich hin. Ich wußte, daß es sinnlos war und so gar nicht männlich, doch es tat mir gut.

Schließlich beruhigte ich mich, wollte mir die Nase putzen. Doch ich hatte kein Taschentuch bei mir. Meine Nase lief. Mein Gesicht war von Tränen verschmiert. Da fiel mir mein Koffer ein, auf dem ich saß. Ich öffnete ihn, durchwühlte ihn nach einem Taschentuch. Als ich keins fand, überfiel mich bei dem Gedanken, daß ich mir nicht einmal die Nase putzen konnte, der ganze Jammer meiner Hilflosigkeit, ich heulte wieder los, nahm das erste beste, was mir in die Hand kam, um mir das Gesicht abzuwischen, es war eine alte Wolljacke ... und da fühlte ich unter der Wolle etwas Hartes und Rundes. In der Tasche der Jacke steckte ein Zehn-Cent-Stück. Es erschien mir wie ein Geschenk des Himmels in höchster Not. Zunächst dachte ich daran, mir sofort Kopfwehtabletten zu kaufen, dann aber entschloß ich mich, im Büro von *Long & Fisher* anzurufen."

Ich machte ein paar Stiche, wartete darauf, daß Billy fortfuhr. Als er schwieg, blickte ich auf und sah, daß sein Gesicht strahlte.

Er nahm seine Brille ab und putzte sie. Er fuhr sich mit der Hand durch die Haare. Ich begann zu lächeln. Ich sah, daß diese traurige Geschichte ein glückliches Ende haben würde. Ich legte mein Nähzeug nieder und dachte daran, daß dies eine fertige kleine Geschichte war und ich sie nur niederzuschreiben brauchte. Ich würde ihr den Titel geben: „Er konnte sich nicht einmal die Nase putzen."

„Nun", sagte ich eifrig. „Erzähle weiter."

Er lächelte. „Mr. Fisher war zurückgekommen, und ich war gerettet. Ich nahm ein Taxi, fuhr zu seinem Büro. Er bezahlte das Taxi, löste meinen Scheck ein, besorgte mir einen Flugschein und entließ mich mit Grüßen an meinen Vater."
Nach erneutem langen Schweigen fügte er hinzu: „Das ist alles. Die Kopfwehtabletten bekam ich auf dem Flughafen. Doch während des ganzen Fluges fragte ich mich verwundert, warum ich mit dieser Welt, die mir so wundervoll und einfach erschien, nicht fertig geworden war. Für die Erwachsenen war es so leicht gewesen, und ich hatte gedacht, man braucht nur erwachsen zu werden . . . Doch das ist nicht alles, nicht wahr?"
„Nicht ganz . . ."
Wir sagten uns gute Nacht und ich ging hinauf in mein Zimmer, um mich schlafen zu legen, denn ich war sehr müde von dem langen Ritt und dem langen Abend. Doch ich lag noch eine ganze Weile wach und dachte über diese moderne Geschichte vom verlorenen Sohn nach, die mir, je länger ich über sie nachdachte, gar nicht mehr so komisch vorkam, trotz ihres Happy-Ends.

28

Michael ist zurück mit den Jungens.
Alice war nicht wieder aufgetaucht.
Ich nahm Michael buchstäblich das Steuer aus der Hand, als er ankam, fuhr in die Stadt und stieß in der Türe des Vermittlungsbüros auf Etta Briggs, die wieder eine Stelle suchte.
Ich nahm sie mit. Wir haben bald Heuernte, und ich brauche eine Köchin für die Mähermannschaft.
Als ich auf die Ranch zurückkam, fand ich die Jungens in schnatternder Aufregung vor.
„Morgen ist Selbstmord-Rennen, Mrs. Bergwin."
Was zuerst nur „der letzte Ausritt" war, hat sich zu einer heroischen, von Michael persönlich geleiteten Angelegenheit entwickelt. Den ganzen Sommer wird darüber in dramatischen Schilderungen gesprochen, um die neuen Jungens zu beunruhigen, ja, sie zu erschrecken. Es ist wirklich das einzige, das sie jetzt noch hier hält. Es kommt immer zu Stürzen. Wenn die Hälfte der Jungens auf ihren Pferden zurückkommt, ist das schon viel.
Wenn es vorüber ist, sind sie alle in Gedanken nicht mehr hier, leben schon in der Zukunft.
(Gibt es überhaupt eine Gegenwart? Sie ist nur eines Messers Schneide zwischen Vergangenheit und Zukunft.)

Ich sehe selten viel von dem Selbstmord-Rennen, sehe sie vielleicht, wenn sie starten, und später gelegentlich als Silhouetten auf einer fernen Hügelkuppe. Oder sie schießen plötzlich unter den Bäumen hervor, überfliegen einer hinter dem andern den Bach, reiten einen großen Bogen, springen wieder über den Bach und verschwinden, eine Staubwolke zurücklassend.

Heute war Jerome der Held des Rennens — im negativen Sinne.

Ich hatte die Kavalkade etwa eine halbe Meile entfernt, oberhalb des Schwimmbeckens, über die Weide preschen sehen. Während ich sie verfolgte, löste sich ein Reiter von seinem Pferde, flog in einem langen Bogen durch die Luft und verschwand in einem Busch.

Beim Abendessen sagte ich: „Ich habe einen von euch mit einem eleganten Salto absitzen sehen. Wer war es?"

„Ich natürlich", sagte Jerome, bekümmert, doch tapfer lächelnd. (Der Sommer hat gezeigt, daß er noch einige schwache Stellen in seiner Reitkunst hat.)

Jerome konnte nicht eher springen lernen, bis Michael einen Strauch, der rechts neben dem Hindernis stand, hatte entfernen lassen. Jedes Mal, wenn Jerome springen wollte, schien eine unsichtbare Hand aus dem Busch nach ihm zu greifen, ihn zu sich herunterzuholen.

„Es ist wie ein komischer Spuk", erklärte mir Michael lachend.

Natürlich trägt diese seine Vorliebe für improvisierte Landungen in Sträuchern Jerome manchen jugendlich grausamen Spott der andern Jungens ein, doch er erduldet ihn mit stoischem Humor.

Die Jungens nehmen nur mit Wehmut Abschied von ihren Pferden. Einigen von ihnen fällt die Trennung be-

sonders schwer. Ein sehr enges Band besteht zwischen Fred und Shag und Red Brewster und Rheingold.
Zu Beginn des Sommers brachte Red seinem Pferd bei, ihm zu folgen. Er verknotete die Zügel, warf sie dem Pferd über den Kopf, entfernte sich, gab das Kommando, und Rheingold folgte ihm so dicht, daß er ihm fast auf die Fersen trat.
Ich sah sie, wie sie am letzten Tag Abschied voneinander nahmen. Es ist Pflicht eines jeden Jungen, seinem Pferd das Zaumzeug abzunehmen, es zu putzen und in den Geschirraum zu hängen, dann das Pferd zu dem offenen Pferchgatter zu führen und es freizulassen. Red zögerte am Gatter. Ich streichelte Rheingolds Nase.
„Wenn mein Daddy ihn für mich kaufen wollte, Mrs. Bergwin, glauben Sie, daß der General ihn verkaufen würde?"
Red wohnt in einer Vorstadt von Boston.
„Wir haben genügend Gelände. Wir könnten eine Garage in einen Stall verwandeln . . ."
„Aber Red, Rheingold ist ein Hengst."
„Ich weiß . . .", murmelte er.

Die Jungens sind fort, und statt ihrer bevölkert eine Schar hart dreinblickender Männer die Ranch, die Heumacher.
Alle unsere Gedanken sind jetzt auf die Heuernte gerichtet. Gott sei Dank brauchen wir keine Heupresse zu kaufen oder zu mieten. Michael hat einen Unternehmer namens Sanski vertraglich verpflichtet, die ganze Ernte zu schneiden, zu pressen und in die Scheune zu bringen.
Das gute Wetter hält an. Das Glück lächelt uns. Es ist wieder Hochsommer.

Sanski benutzt unsere Gespanne, Captain und Fanny, Ginger und Jock. Die Pferde betrachten seine Männer mit Staunen und Argwohn, verdrehen die Hälse, um diesen so fremden und andersartigen Stimmen zu lauschen.

Die Männer sind überall. Sie wohnen im Gesindehaus, nehmen ihre Mahlzeiten jedoch in unserer großen Küche ein. Michael ißt mit ihnen. Er meint, es verbessere das Arbeitsklima. Ich sehe nicht viel von ihm.

Etta Briggs ist in ihrem Element. Sie verwöhnt die Männer mit dünnen Steaks, dicken Pfannkuchen, dicken Mehlsoßen mit vielen Klumpen.

Sie bricht ständig in ein lautes unerwartetes Lachen aus, das im ganzen Haus widerhallt. Jeden Abend nach dem Essen sehe ich einen großen schwarzhaarigen Burschen an der Küchentüre warten, während sie das Geschirr abwäscht. Wenn sie damit fertig ist, verschwinden sie beide in der Dunkelheit.

Heuzeit in Wyoming war sonst für mich ein von dem süßen Duft des getrockneten Grases erfülltes Erlebnis. Doch Sanski mit seinen rauhen Männern, seinen Mähmaschinen, seinen Rechen und seiner großen Motorpresse hat die Ranch bis zur Unkenntlichkeit verändert. Ich fühle mich unbehaglich in diesem lärmenden Treiben.

Wieder einmal lebe ich am Rande einer geräuschvollen Welt, die wie eine Staubwolke brodelt. Ich kapsele mich ab in *Svenska*. Ich mache lange Ritte auf Pom, lasse mich von Rachel begleiten.

Heute waren wir oben auf dem Hochplateau.

Trotz der heißen Sommertage ist der Schnee immer noch hoch auf der Nimmer-Sommer-Kette, und der Wind trägt seinen Geruch herüber.

Oben angekommen, stieg ich ab und setzte mich auf einen Felsen, die Zügel über dem Arm. Rachel kauerte zwischen meinen Knien, zitternd vor Erregung und Spannung, weil sie hier oben war, weil sich ihren Augen endlose Verlockung bot, weil der Wind ihre Riecher mit starken, einander abwechselnden Gerüchen füllte, so daß sie nicht wußte, welchem sie folgen sollte, in ihrer Verwirrung die Ohren spitzte, zitterte, bewegungslos in eine Richtung starrte, wieder zitterte und sich wand, bis ich meine Hände auf ihre Ohren legte, sie niederhielt und zu ihr sagte: „Was ist denn, Rachel? Was ist denn, du dummes kleines Mädchen?"

Da entspannte sich ihr Körper, ihre Ohren klappten herunter, sie erhob sich, um mir das Gesicht zu lecken, legte sich wieder zwischen meine Knie, lauschte, schnüffelte und zitterte von neuem.

Die Zügel über meinem Arm waren locker. Pom stand dicht neben mir, das ragende Standbild eines Pferdes mit wachsam erhobenem Kopf, gespannt und lauernd wie Rachel. Es war, als wären sie beide berauscht von einem starken Wein.

Svenska! Svenska! Meine Fingernägel sind stumpf vom Schreiben, und am kleinen Finger habe ich eine Blase. Es geht schon heiß und laut zu, wenn die Burschen und Mädels im Birkenhain tanzen.

Ich habe mehrere Schreie herausgenommen. Es begann, zahm zu klingen. Ich habe einige wieder hineingetan. Wenn ich den Teil spiele, in dem das junge Mädchen aus der Gruppe läuft und allein tanzt, denke ich immer an das schwedische Wort *Flicka*, das „kleines Mädchen" bedeutet.

Ich habe eins der einjährigen Stutenfohlen Flicka getauft. Vielleicht wird es in einer anderen Inkarnation ein kleines schwedisches Bauernmädchen mit einem fliegenden roten Röckchen und weißen, spitzenbesetzten Höschen sein.

Warum soll dieses kleine Stutenfohlen nicht die Heldin der Pferdegeschichte werden, die ich schreiben will? Ich sah Flicka, kaum daß sie geboren war. Es war ein Zufall ... gewöhnlich suchen die Stuten ein geheimes Versteck auf, wenn sie gebären wollen. Auf einem Spaziergang kürzte ich den Weg von einer Weide zur andern ab, indem ich durch eine mit dichtem Buschwerk bewachsene Felsensenke ging. Ich stieß auf die Stute, die breitbeinig im Gebüsch stand, mit gespitzten Ohren, mir entschlossen entgegenschauend. Sie blockierte mir den Weg und rührte sich nicht von der Stelle, als ich auf sie zuging. Dann sah ich den Grund. Das Fohlen stand hinter ihr, wahrscheinlich zum ersten Mal auf eigenen Füßen, und suchte zaudernd, hin und her schwankend, nach der Zitze. Ich zog mich langsam und geräuschlos zurück, ließ sie allein und ungestört in ihrem großen Augenblick.

Dieses Stutenfüllen hat sich zu einer Pferdeschönheit mit der gleichen Färbung wie Floss entwickelt — goldenes Fell, cremefarbene Mähne und cremefarbener Schweif.

Ich werde diese Geschichte schreiben. *Flicka* ist ein guter Titel.

Ich hatte große Schwierigkeiten mit *Svenska* ... die üblichen. Wenn ich eine Geschichte oder eine Komposition beginne, dann immer, weil ich eine Vision des Ganzen hatte, doch wenn ich an den einzelnen Teilen arbeite, verliere ich oft den Blick für das Ganze. Ich höre auf zu schreiben, schließe die Augen, versuche mich

zu erinnern, nicht selten vergeblich. Kann man wirklich das Ganze sehen, bevor es vollendet ist? Denn das Ganze schließt das Ende ein — muß es einschließen —, und wenn man nicht eine Geschichte, sondern ein Leben gestaltet (das unsere), wie kann man dann wissen, ob das unmittelbare Detail, das Abenteuer, in das man sich gerade gestürzt hat (unsere Schule im Osten), Teil des Ganzen ist, bevor man das Ende gesehen hat?
Nein, man kann es nicht. Wir wagen ein Abenteuer, wir hoffen, daß es ein Schritt vorwärts in unserem Leben sein wird, doch es kann auch ein Umweg sein, ja, sich als ein Irrtum herausstellen.
Nach dem Osten gehen, wird für mich bedeuten, nach Hause gehen. Und vielleicht ist es Zeit für mich, dies zu tun. Doch ich habe mich falsch ausgedrückt. Ich hätte sagen müssen, nach dem Osten gehen, *würde* für mich bedeuten, nach Hause gehen. Denn wir wissen nicht, ob es uns vergönnt sein wird.
Wir beobachten den Himmel. Schwerer Regen in diesem Augenblick könnte die ganze Heuernte ruinieren. Und gestern abend sagte Michael: „Glaubst du, es besteht die Möglichkeit, daß Betty einen Rückzieher machen könnte?"
„Einen Rückzieher?"
„Ja, mit ihrem Angebot, uns ihr Landhaus zu überlassen für unsere Schule."
Ich erschrak, überlegte eine Weile. Dann sagte ich: „Das könnte der Fall sein, wenn sie ihre Pläne ändern und sich entschließen würde, das Haus selbst zu benutzen."
„Hast du ihr schon geschrieben?"
„Nein, ich gedachte zu warten ... bis wir sicher sind mit dem Heu ..."
Michael tat mehrere Züge an seiner Pfeife, senkte die

Brauen. „Ich glaube, es ist besser, du schreibst gleich."
„Gut."

Ich habe an Betty geschrieben. Der Brief ist unterwegs, per Luftpost.

Heute liegt eine schwere Wolkenbank über Cheyenne. Sie bewegt sich nicht wahrnehmbar, doch sie hat sich etwas höher geschoben. Sie hängt östlich und südlich von uns, ein dichter, finsterer Vorhang von bleiernem Grau.
Wir sind im Sonnenschein. Unser Glück hält an.

Wenn Sanski ein Feld abgemäht und das Heu zu Ballen gepreßt hat, nehmen seine Männer das nächste in Angriff, und unsere Männer rücken nach, um das liegengebliebene Heu zu bergen.
Wir werden etwa fünfzehn bis zwanzig Tonnen ungepreßtes Heu übrig haben zur Verfütterung an unser eigenes Vieh während des Winters. Es wird in dem viereckigen Turm am Ende des Kuhschuppens aufgestapelt.

Die Wolkenbank hat sich wieder gesenkt, so daß wir nur ihren Rand über Cheyenne sehen können. Das Wetter meint es also gut mit uns. Doch Michael hat Ärger mit Sanski.
Sanski, der sich verpflichtet hat, für einen Pauschalbetrag alle Wiesen zu mähen und das Heu zu pressen, verlangt von Michael ständig Vorschüsse, um seine Leute zu bezahlen. Michael ist nicht verpflichtet, diese Vorschüsse zu leisten, doch da wir nach der Sommerschule

leidlich bei Kasse sind, gibt er Sanski alle paar Tage einen Scheck, wenn er darum bittet.
Ich warnte Michael, das Geld würde schneller ausgezahlt, als das Heu eingebracht wurde.
Ich zeigte Michael die Zahlen. Er war überrascht. Er wird Sanski sagen, er würde ihm kein Geld mehr geben, bevor die Arbeit beendet ist.

Sanski tobt. Er sagt, das Heu sei dichter, als er geschätzt hatte, er könne es nicht für den vereinbarten Betrag einbringen, er müsse mehr Geld haben.
Auch Michael tobt. Er hat Sanski gesagt, er sei ein Halsabschneider. Sanski drohte, er würde die Arbeit einstellen. Michael erwiderte ihm, er solle sich zum Teufel scheren.

Sanski ist abgezogen, mit Männern und Maschinen, einen Teil der letzten Wiese ungepreßt zurücklassend. Michael und Riley fahren das lose Heu ein und stapeln es in dem kleinen Turm. Sanski will Michael verklagen. Michael will Sanski verklagen.
Ich bin sicher, sie werden es beide bleiben lassen. Doch die Sache hat uns eine schöne Stange Geld gekostet.

Jeden Herbst, wenn die Heuernte zu Ende ist, lassen wir die Kühe auf die Wiesen, so daß sie an dem Segen teilhaben können. Es soll einen angenehmen Wechsel für sie bedeuten nach der Sommerweide, die im September etwas dürftig zu werden beginnt. Doch in jedem Herbst benehmen sie sich wie eine Bande übermütiger Kinder. Anstatt auf der Wiese zu bleiben, folgen sie den Männern und den Gespannen durch die Gatter, die offen bleiben für die Heuwagen. Sie rennen gegen die Heustapel an, werfen das Heu mit den Hörnern in die Luft, bleiben immer in der Nähe der Leute, beobachten sie mit verwirrt glotzenden Augen ...

Ich kann es kaum glauben! Die ganze Ernte ist eingebracht. Kein Halm verdorben. Hunderte von Ballen sind gepreßt, vielleicht zweihundert. Alle sind bereits in der Scheune verstaut.
Ein Vermögen an Heu. Die Preise sind sogar jetzt, obwohl es überall genug Futter gibt, gut. Später, wenn das Futter knapp ist, werden sie um das Doppelte steigen. Wir haben uns nie so reich gefühlt. Wir stehen in der Scheune, und sie ist dunkel und kühl, wie eine Schatzkammer, in der Goldbarren aufgestapelt sind.
Ich klettere zwischen den Ballen herum.
Missy müßte hier sein mit ihren Jungen. Meistens führt sie sie hierher. Doch ich entdecke sie nicht. Die Jungens und die Erntemannschaft waren zuviel für sie dieses Jahr, und sie hat ihre Kleinen in Sicherheit gebracht.

Wenn wir nach dem Osten gehen, wird es jeweils nur für den Winter sein. Ich möchte nicht verlieren, was wir hier haben. Ich kann die Weite und Tiefe dieser Landschaft nicht für immer missen. Ich möchte sie mir bewahren. Ich möchte bis an das Ende meines Lebens immer wieder hier heraufkommen, diese himmelsnahe Schönheit mit allen Poren genießen, mich reinwaschen lassen von allen irdischen Kümmernissen.
Doch immer kann man nicht hier oben in dieser gewaltigen Welt leben. Sie ist zu groß, zu dramatisch und zu einsam.

29

Ich werde Streit mit Michael kriegen. Es tut mir leid, doch es muß sein. Ich werde beginnen, indem ich zu ihm sage: „Michael, du unterstützt mich nicht bei den Kühen."

Wenn er seine Antwort auf Vernunftgründe stützt, habe ich meine Argumente bereit, doch da er dies weiß, wird er jeder Logik ausweichen, das Thema wechseln, Gefühlselemente ins Spiel bringen. Und all das macht mich hilflos und sprachlos.

Der Grund dafür, daß ein so milder Vorwurf meinerseits einen Streit auslösen wird, liegt darin, daß Michaels Würde überhaupt keinen Vorwurf erträgt. Ich zerbreche mir den Kopf nach einem Weg, das Problem zu lösen, ohne ihm einen Vorwurf zu machen, doch es fällt mir keiner ein.

Das Problem ist folgendes. Die Kühe sind mein Ressort, doch Michael erlaubt nicht, daß jemand anders als er selbst Riley und George Anweisungen gibt. Wenn ich will, daß die Kuhfütterung geändert wird, daß eine bestimmte Kuh gedeckt wird oder nicht gedeckt wird, daß Kälber entwöhnt werden, dann muß ich es Michael sagen. Michael sagt es Riley, und Riley macht es anders.

Ich habe Michael im Verdacht, daß er schuld daran ist. In dem Augenblick, da er Riley meine Anweisungen übermittelt, fällt ihm etwas ein, das er für besser hält, und instruiert Riley entsprechend. Ich stelle Riley zur Rede. Riley verweist mich an den Boß. Ich frage Michael, doch Michael hat es vergessen oder leugnet es oder ist zu ungeduldig oder zu beschäftigt, um zuzuhören.

Dieses Mal aber werde ich es auf einen Streit ankommen lassen. Ich habe mir genau überlegt, was ich sagen werde, und ich werde es sagen.

Doch nicht heute.

Heute ist er in besonders freundlicher Laune, und die möchte ich ihm nicht verderben. Ich werde es ihm morgen sagen. Ich *muß* es sagen, denn eine der Kühe wird heiß, und ich will nicht, daß sie vor Oktober gedeckt wird, damit sie erst kalbt, wenn im nächsten Juli das Lager beginnt. Sie muß eingeschlossen werden.

Als ich im letzten Jahr eine Kuh eingeschlossen haben wollte, bat ich Michael, es Riley zu sagen, doch er dachte hinterher, es sei ein Jammer, sie bei so schönem Wetter einzuschließen, und sagte zu Riley, er solle sie auf eine bestimmte, entfernte Weide bringen. Dort war zufällig ein Hereford-Stier auf der anderen Seite des Zauns, und so hatten wir nach angemessener Frist nicht nur eine trächtige Kuh, während niemand auf der Farm war, der die Milch brauchen konnte, sondern das Kalb war auch noch rot mit einem weißen Gesicht.

Nein, ich kann es auch heute nicht sagen, weil einige Leute zum Abendessen kommen. Außerdem ist Michael sehr beschäftigt. Und überdies muß ich genügend Zeit haben, die Sache bis zum Ende durchzustehen.

Es wird bestimmt ein harter Kampf werden. Ich sehe nicht, was er gegen meine Argumente vorbringen wird.

Ich wollte, ich wüßte es, damit ich eine gute Antwort parat halten könnte.
Er schneidet mich. Er weiß, daß etwas im Anzug ist. Oft dauert das Wochen. Viele Frauen kennen das. Manchmal, wenn sie etwas Wichtiges zu sagen haben und zu lange damit warteten, stellen sie ihre Ehemänner, wenn sie ein Bad nehmen, was die Ehemänner in eine ungünstige Lage versetzt.
„Michael, du unterstützt mich nicht bei den Kühen."
„Und du unterstützt mich nicht bei den Pferden." Dies traf mich so überraschend und brachte mich so aus dem Konzept, als hätte ich die Szene überhaupt nicht geprobt.
„Was? . . . Wie kannst du so etwas sagen, Michael? Du weißt genau . . ."
Er begann zu schreien. (Er weiß, daß ich es nicht ausstehen kann.) Er ließ die Worte so schnell hintereinander folgen, daß ich keine Entgegnung einschieben konnte.
„Ich kann die Ranch nicht bewirtschaften, wenn sich dauernd jemand einmischt."
„Ich kann den Milchbetrieb nur in Ordnung halten, wenn die Leute meine Anweisungen richtig befolgen."
„Ach so! Ich mache alles verkehrt! Ich mache nie etwas richtig! Ich bin ein Dummkopf!"
Jetzt schrie auch ich. „Aber, Michael, das habe ich nicht gesagt. Wenn du nur zuhören würdest . . ."
Obwohl ich das vorausgesehen, ja mit Absicht heraufbeschworen hatte, war es dennoch zuviel für meine Nerven, und ich flüchtete weinend hinauf in mein Zimmer. Dort lief ich schluchzend, Hände ringend und Verwünschungen ausstoßend auf und ab. Ich fand mein Benehmen kindisch, doch innerlich beglückwünschte ich mich,

daß es so gekommen war. Das Schlimmste war überstanden, und am Ende würde ich erreichen, daß die Kuh eingeschlossen würde. Sie würde zur rechten Zeit kalben im nächsten Juli, und wir würden Milch haben für die Jungens.

Und dann mußte ich mich beeilen, meine Tränen zu trocknen und mein Gesicht in Ordnung zu bringen für die nächste Szene, die ich mir etwa so vorstellte:

Michael würde Riley und mich rufen und mit der eisigen Stimme eines zum Nachgeben gegen seinen Willen gezwungenen Mannes sagen: „Nun, was war es, was du wolltest?"

„Ich will, daß Bouquet eingeschlossen wird, bis sie nicht mehr heiß ist."

Und er wird Riley den entsprechenden Befehl geben, ihn dabei wütend anschauen, und Riley wird, sehr freundlich, sagen: „Jawohl, Boß", und ich werde wieder weglaufen, mich an den Flügel setzen und *Svenska* spielen . . .

Und so geschah es auch.

Doch an den nächsten Tagen wurde Michaels Gesicht immer eisiger. Ich wurde meines Sieges nicht froh. Die Atmosphäre wurde unerträglich. Michael schien entschlossen, mir eine gründliche Lektion zu erteilen.

Ich hielt es nicht mehr aus. Ohne ihn anzuschauen, sagte ich zu Michael, daß ich in die Stadt fahren würde. Als ich im Wagen saß und die Bremsen lösen wollte, um den Hügel hinunterzurollen, hörte ich hinter mir ein Rufen. Ich schaute nach hinten, sah Michael laufend näherkommen. Ich startete den Motor, gab Gas. Doch schon war Michael neben dem Wagen, sprang auf das Trittbrett, legte seinen Arm um meine Schulter, zog mich an sich, sagte: „Verzeih' mir", und sprang wieder ab. Ich war verwirrt, wollte bremsen. Doch eine innere Stimme flüsterte mir zu: „Jetzt nicht nachgeben", und ich fuhr weiter.

Ich fuhr nach Cheyenne und tat das, was ich immer tue, wenn ich mit mir ins reine kommen will, nämlich ins Kino gehen und mich selbst vergessen in der dunklen Einsamkeit des Saales, neben unbekannten Nachbarn und in der Teilnahme am Schicksal fremder Menschen.

Ich hatte Glück, denn der Film entführte mich in Walt Disneys Märchenwelt, und als ich am Abend gegen elf Uhr nach Hause kam, war ich mit mir selbst versöhnt und entschlossen, den nächsten Schritt zur Versöhnung mit Michael zu tun.

Er saß in seinem Sessel neben dem Radio, lauschte versunken einem Hörspiel.

Als ich ins Zimmer trat, wollte er aufstehen. Ich winkte ab, sagte ihm, er solle das Stück ruhig zu Ende hören. (Ich wollte die Großmütigere sein.) Doch Michael schaltete das Radio aus, stand auf und nahm mich wortlos in die Arme.

So habe ich erreicht, daß Bouquet eingeschlossen wurde. Rückblickend erscheint es mir ziemlich kompliziert.

Wir sind jetzt ganz ohne Hilfe.

Riley hat uns verlassen, um in der Stadt eine Winterstellung anzutreten. Auch George ist gegangen, doch nur in Ferien, und wird zurückkommen, wenn wir ihn brauchen.

Michael meinte, Etta könnte bleiben und für uns kochen, bis ich nach Los Angeles und er nach Washington gehen würde, doch ich wollte sie nicht behalten, und sie ersparte mir die Notwendigkeit, sie zu entlassen.

Ich stieß fast mit ihr zusammen an der Küchentüre, als

ich ihr kündigen wollte. Sie hatte Besuch . . . den großen schwarzhaarigen Burschen von Sanskis Erntemannschaft. Er stand am Fenster, mit der Schulter gegen den Rahmen gelehnt, und betrachtete uns schweigend mit undurchdringlichem Blick, als sie sagte: „Ich gehe, Mrs. Bergwin."

„O-kay, Etta", antwortete ich. „Ich nehme Sie morgen früh mit, wenn ich George in die Stadt bringe."

Unterwegs machte ich in Granite-Canyon halt, um die Post abzuholen, und man händigte mir ein großes Kuvert mit der unverkennbaren Handschrift meines „Genies" aus. Es mußte sein Urteil über *Freude am Morgen* enthalten. (Von Betty noch keine Antwort. Sie könnte inzwischen geschrieben haben.)

Ich las Spencers Brief in der Stadt, sobald ich einen Augenblick allein war. Er konnte nichts Günstiges über das Stück sagen. Seine Worte erinnerten mich an die Stelle in einem Gebet, das wir in der Sonntagsschule gelernt hatten . . . „Wir haben jene Dinge ungetan gelassen, die wir hätten tun sollen, und wir haben jene Dinge getan, die wir nicht hätten tun sollen, und so ist kein Heil in uns."

Als ich nach Hause kam, setzte ich mich mit dem Brief an den Flügel und spielte das Stück mehrere Male, verglich es mit Spencers Kritik.

Er hatte natürlich recht.

Ich war ziemlich deprimiert. Mein Kummer wurde etwas besänftigt durch die Tatsache, daß mein letztgeborenes (und deshalb meistgeliebtes) Werk nicht mehr dieses Stück war, sondern *Svenska.* Er sollte nur abwarten, bis er *Svenska* las!

Außerdem hatten wir das Heu!

Ich konnte nicht lange deprimiert sein.

Ich entschloß mich, Michael nichts von der Sache zu sagen. Er würde mich bedauern. Auch würde er sich in seiner Einstellung unterstützt fühlen, daß ich bei meinen Geschichten bleiben und die Musik vergessen soll. Außerdem will ich ihm *Svenska* vorspielen, sobald ich die Technik vollkommen beherrsche. Das braucht Zeit. Ich habe im übrigen bereits mit der Tintenkopie des ersten Teils begonnen.

Ich hatte am Abend Rachel mit auf mein Zimmer genommen, als Michael hereinkam und rauchend an der Türe stehenblieb.

„Betty scheint deinen Brief noch nicht beantwortet zu haben. Wohin hast du ihr geschrieben?"

„Nach Newport. Dort ist sie immer um diese Jahreszeit. Außerdem hat Alan es erwähnt. Sie geht Ende nächsten Monats nach Europa."

Rachel, die sich von ihrem Platz neben meinem Bett erhoben hatte, ihn zu begrüßen, stand vor ihm, schaute, sanft mit der Rute wedelnd, zu ihm auf. Seine Hand senkte sich, sie an den Ohren zu kraulen.

„Ich werde auf alle Fälle nach Washington gehen."

„Ja, und ich nach Los Angeles."

Michael schaute auf seine Pfeife, die ausgegangen war. Er benutzte beide Hände, sie wieder in Brand zu setzen, und Rachel kehrte zu ihrem Platz neben meinem Bett zurück.

Ich zog meine Knie an und lehnte mein offenes Buch gegen sie.

„Ich habe darüber nachgedacht", sagte Michael, als seine Pfeife wieder brannte. „Sind wir eigentlich auf sie angewiesen? Könnten wir es nicht ohne sie schaffen?"

„Das habe ich mich auch gefragt.“ Wir sprachen darüber.
Was wir brauchten, wäre ein großes Landhaus, mit zahlreichen Schlafzimmern und Badezimmern, mit Ställen, einer Scheune und Gelände. Es gab viele solcher Besitzungen in New England, die verfügbar waren, weil sie zu groß waren zur ständigen Unterhaltung, und niemand wollte sie kaufen oder mieten. Sie wurden übernommen von Akademien, Konventen, Schulen, Wohlfahrtseinrichtungen usw.
„Die Schwierigkeit wäre, ein solches Anwesen zu finden.“
„Wenn ich in Washington fertig bin, könnte ich nach New England fahren und mich umsehen.“
Wir schwiegen beide, dachten über die Kosten einer solchen Suche nach — kreuz und quer durch die Gegend fahren, in Hotels oder Motels schlafen, dreimal am Tage in Restaurants essen — und dann war da auch die Frage der Zeit. Wenn wir in diesem Winter beginnen wollten, müßten wir rechtzeitig mieten.
Und das Geld für alles das müßte ausgegeben (und wahrscheinlich vorher geborgt) werden, bevor wir das Heu verkauft hatten — oder wußten, wieviel es bringen würde.
Alles ist so unsicher . . .
Am nächsten Tag schrieb ich noch einmal an Betty. Sie war vielleicht irgendwo auf Besuch.

Natürlich haben wir jetzt mehr Milch, als wir brauchen; zuviel schlachtreife junge Enten und zuviel Pilze auf den Wiesen.
Ich lasse alle Kühe trocken werden bis auf zwei. Ich bin nämlich jetzt der Melker.

Michael kann nicht melken. Als wir mit der Milchfarm begannen, sagte ich: „Jemand von uns muß melken können."
Michael anerkannte die Notwendigkeit. Das sah ich an seinem Blick. Dann sagte er: „Ich werde nicht derjenige sein, welcher."
Sonst ist er derjenige, der alles tut, Häuser und Brücken bauen, Leitungen reparieren, Ställe reinigen, Pferde zähmen, gleichgültig, wie schwer oder unangenehm die Arbeit ist, er tut sie. Wenn er melken könnte, würde er auch das tun. Doch er kann es nicht, aus gutem Grund. Diese großen starken Finger, die alles andere können, sind vollkommen ungeeignet, mit dem Euter einer Kuh umzugehen. Sie wendet den Kopf nach hinten, schaut ihn überrascht an. Wer stellt sich denn da so unmöglich an? Und sein Gesicht ist das eines Pianisten, der eine unmögliche Passage spielen soll.
Während ich als Kind in Deercreek war, durfte ich zur Melkzeit mit in den Stall gehen und eine Kuh melken, das heißt, zu melken versuchen. Joe legte meine kleinen Hände an das Euter, zeigte mir, wie ich die Zitzen packen und ziehen sollte. Ich werde das Gefühl nie ganz vergessen. Und als ich es dann auf der Ranch wieder versuchte, lernte ich es leicht.
Ein Glück, daß ich es konnte, als die Zeit kam, wo ich es tun mußte.
Das war damals, als ich die Milchfarm betrieb. Wir hatten zwei junge Burschen als Melker, die in gewissem Sinne als Mündel auf der Farm lebten. Sie waren Michael von seinem guten Freund John Picket, dem Staatsanwalt von Cheyenne, zur Beaufsichtigung gegeben worden.
Die Jungens hatten ein schweres Verbrechen begangen.

Sie waren eines Tages mit ihren Büchsen aufs Land gegangen, um Kaninchen zu schießen, doch statt dessen erschossen sie einen Mann, und das nicht ganz ohne Absicht.

„Wie ist es passiert?“ fragte John Picket die Jungen, als er sie zwei Stunden später, immer noch auf der Kaninchenjagd, antraf.

„Wir sahen dort drüben einen Frachtzug vorbeifahren, sehr langsam. Und auf einem der Wagen stand ein Vagabund. Und ich sagte: Versuch mal, ob du den Kerl da treffen kannst. Wir schossen beide. Und er fiel herunter.“

„Nun, ihr habt den Mann getötet.“

„Oh weh . . .“

„Ich muß euch mitnehmen in die Stadt.“

„Oh weh . . .“

„Und euch ins Gefängnis stecken.“

„Oh weh . . . wir haben noch kein einziges Kaninchen geschossen.“

„Kommt mit.“

„Ach, könnten Sie uns nicht noch ein bißchen jagen lassen. Wir hatten uns schon so lange auf diesen Jagdausflug gefreut.“

„Na . . . noch eine halbe Stunde.“

John setzte sich auf einen Baumstamm und rauchte.

Die Jungens erhielten Bewährung. John bat Michael, ihnen Arbeit zu geben und ein Auge auf sie zu haben.

Sie waren ausgezeichnete Melker. Einer von ihnen melkte eine Kuh in vier Minuten leer. Eines Tages während ihrer Mittagspause fiel es ihnen ein, daß es Spaß machen würde, auf der Eisenbahnstrecke immer weiterzuspazieren.

Sie kamen nicht zurück am Abend.
Glücklicherweise hatte ich zu jener Zeit einen Koch im Gesindehaus, der vor zwanzig Jahren Melker auf einer Milchfarm gewesen war.
Es waren achtzehn Kühe zu melken. Tim und ich, wir melkten sie um vier Uhr nachmittags und um vier Uhr am nächsten Morgen bei zehn Grad unter Null.
Tim weckte mich in der Frühe, indem er an mein Fenster klopfte. Michael erwachte ebenfalls und kam in mein Zimmer. Er wollte mit mir kommen. Ich hielt das für überflüssigen Heroismus, doch er bestand darauf. Und so stand er neben mir in dem dunklen Stall, hielt die Laterne, während ich meine Reihe Kühe melkte. Und er munterte mich auf, wenn meine Kräfte verbraucht waren, und nahm meine Hände zwischen die seinen und drückte sie und wärmte sie, wenn sie so steif waren, daß sie mir nicht mehr gehorchten.
Vierundzwanzig Stunden später kamen die beiden Melkjungen zurück, hungrig, weinend, Besserung versprechend.

Und nun soll ich Brot backen.
Als ich zum ersten Mal auf die Ranch kam, erwartete ich, von meinen ländlichen Nachbarinnen in allen Dingen wie im Einpökeln von Schinken, im Räuchern von Zungen und im Brotbacken beschämt zu werden.
Statt dessen stellte ich fest, daß die Rancher es für moderner hielten, im Warenhaus in der Stadt Brot zu kaufen.
Ich liebe Brot mit weicher, dichter Krume, nicht zu hell, etwas rahmfarben (was man durch Beigabe von voll ausgemahlenem Weizenmehl im Verhältnis eins zu fünf

erreicht) und gemacht mit Wasser und nicht mit Milch. Und ich liebe es mit einem Geschmack nach Nüssen, Käse oder Eigelb.
Ich experimentierte unermüdlich.
Meine besten Ergebnisse erzielte ich mit einem Rezept aus einer Zeitung, das aus der Familie von Teddy Roosevelt stammen soll.
Die Hefe bereitet man, indem man etwas Maismehl mit frischer Milch anrührt und eine Prise Zucker und Salz beigibt, dann das ganze eine Nacht lang bei gleichmäßig warmer Temperatur gären läßt.
Am Morgen, wenn die Hefe *lebendig* geworden ist, fügt man weiteres Mehl hinzu, knetet und läßt den Teig gehen, wie man jeden anderen Teig gehen läßt. Dies tut man mehrere Male.
Das Resultat ist das herrlichste weiche Brot mit einem feinen Geschmack nach Käse.
Ob die Hefe *lebendig* geworden ist oder nicht, kann man daran erkennen, wie es im Hause riecht, wenn man morgens herunterkommt.
Beim ersten Mal hat es mich einfach umgeworfen. Ich rief, etwas müsse verendet sein im Hause. Dann fiel mir die Hefe ein, ich eilte hinunter, an ihr zu riechen, wich zurück, mir die Nase zuhaltend, näherte mich wieder vorsichtig, um festzustellen, ob sie wirklich, ob überhaupt etwas *so* riechen konnte.
Wenn man also am Morgen die Augen öffnet, braucht man nur zu schnüffeln, und man weiß sofort Bescheid. Meistens kann man sich — leider — auf die andere Seite drehen und noch eine Runde schlafen. Doch ab und zu kann beziehungsweise muß man aus dem Bett springen und schleunigst hinuntereilen, um sich nicht den Zorn der Hausbewohner zuzuziehen.

Ich esse dieses Brot, in nicht zu dünne Scheiben geschnitten, auf einem eisernen Ofen getoastet und mit frischer ungesalzener Butter bestrichen, lieber als alles andere auf der Welt.

30

Bevor die Jungens gegangen waren, sollten noch drei Wildpferde gezähmt werden.

Es stellte sich dann heraus, daß es nur zwei waren. Cinder, der kleine Rotschimmel, war auf die Stallwiese gegangen und konnte nicht ausfindig gemacht werden.

Cinder ist ein zweijähriges Stutenfüllen, schnell wie der Wind, mit einem leichten, fast unirdischen Laufstil. Ihr ganzes Leben hatte sie in einer kleinen Rotte von sechs Fohlen ihres eigenen Jahrgangs verbracht. Während des Winters hielten sie sich in einer der geschützten Sektionen der Ranch auf und im Sommer oben auf dem Hochplateau. Auf meinen Ritten hatte ich die Gruppe oft gesehen. Die Tiere waren scheu wie Rehe. Beim geringsten Geräusch stoben sie davon. Cinder war die scheuste, leichteste und schnellste der Rotte.

Sie segelt über Gräben ohne Sprung, nur die schlanken Beine unter sich bewegend. Sie scheint frei von Schwerkraft zu sein.

Michael mußte sie finden und sie zähmen, bevor der Sommer vorüber war.

An dem Tage, bevor Riley ging, suchten sie die Stallweide nach Goldmünze und Diabolo ab, fanden Cinder, brachten sie in den Pferch und unterzogen sie der routinemäßigen Prozedur des Zähmens.

Es stellte sich heraus, daß Cinder eins von jenen Pferden war, die eher sterben als aufgeben.

Sie hörte nicht auf, sich hinzuwerfen, zu schlagen, hochzugehen und sich dannzurückfallen zu lassen. Die Dämmerung kam, und sie war noch nicht gebrochen. Michael ließ sie am Pfosten angebunden, als er zum Abendessen herunterkam, wollte sie losbinden, bevor er zu Bett ging, und sie über Nacht im Pferch in Freiheit belassen.

Er war müde und finster, sprach kaum.

Ich ging um acht Uhr hinauf, um sie mir anzuschauen. Im Zwielicht konnte ich ihre elegante Silhouette sehen. Als ich näher kam, sah ich, daß sie an einem Dutzend Stellen blutete. Ihre Augen blickten wild und entsetzt. Ich sprach beruhigend auf sie ein, holte den Eimer mit Hafer heran. Doch als ich mich ihr näherte, begann sie wieder ihr wahnsinniges Toben. Ich ließ sie allein.

Um zehn Uhr ging Michael hinaus, um sie loszubinden. Er blieb länger, als ich erwartet hatte, und als er zurückkam, sagte er: „Ich fürchte, diese kleine Stute ist erledigt."

Er hatte sie bewußtlos vorgefunden, mit dem Kopf an dem Pfosten hängend und mit lahmen Beinen. Er hatte sie losgebunden, doch sie blieb auf dem Boden liegen, ohne sich zu rühren. Er sagte, er glaube, sie sei bei ihrem Springen mit dem Kopf zwischen Strick und Pfosten geraten und habe sich das Genick gebrochen.

Doch ich hoffte . . . hoffte . . .

Ich wurde nicht enttäuscht. Am nächsten Morgen war sie wieder auf den Beinen.

Michael ließ sie frei. Sie graste ein wenig, doch ihr Hals war immer noch böse verrenkt und an einer Stelle dick geschwollen. Sie konnte den Kopf senken, um Gras und

Wasser zu erreichen, doch sie konnte ihn nicht heben noch den Hals strecken.
Michael brachte sie auf Nummer Sieben, wo sie allein sein kann. Sie meidet natürlich die anderen Pferde. Alle Pferde schämen sich, wenn sie krank sind, und wollen allein sein.
Ich sah sie ein- oder zweimal in einer verborgenen kleinen Senke stehen, bewegungslos, mit gesenktem Kopf. Als ich das nächste Mal an der Stelle vorbeiritt, war sie verschwunden.
„Sie wird es überstehen oder sterben", sagte Michael.

Ich habe eine ziemlich böse Hautabschürfung an der Hand. Pom drückte mich gegen einen Baum. Es stört mich beim Klavierspielen, doch ich habe ohnehin nicht viel Zeit neben dem Kochen und Melken.

Bald werde ich frische Schonbezüge auf allen Möbeln im Wohnzimmer haben.
Den ganzen Sommer haben auf ihnen Blue-jeans im Zustand fortschreitender Verschmutzung gesessen. Jeden Herbst, wenn die Jungens abgereist sind, nehme ich sie ab und schicke sie in die Wäscherei. Im Frühjahr, bevor die Jungens kommen, lasse ich sie in verschiedenen Farben färben, blaßgelb, hellgrau, blaugrau. Diesen Sommer waren sie weiß gewesen.
Sie sind jetzt in der Wäscherei. Sie kommen feucht zurück, und dann muß ich sie bügeln, und das Wohnzimmer wird wieder frisch und sauber aussehen. Ich hoffe, meine Hand ist dann in Ordnung.
Ich habe wieder Brot gebacken. Die Hefe wurde schnell *lebendig*, und ich taumelte fast, als ich am Morgen nach unten kam.

Michael nimmt lebhaften Anteil an dem Vorgang. Dieser dauert fast den ganzen Tag. Der Geruch vergeht allmählich, bis das Brot aus dem Ofen auftaucht, so köstlich und üppig duftend, daß Michael schnüffelnd an die Türe kommt, wenn ich die Laibe in saubere Tücher wickle und sie auf dem Küchentisch aufstaple.
„Ist es schon fertig?"
Wenn er den Stapel sieht, kommt er herein, nimmt das Brotmesser, schneidet die Enden eines Laibes ab, noch heiß und krustig, bestreicht sie dick mit frischer Butter und ißt sie.
Als ich heute morgen beim Backen war, rief er mich plötzlich von der Terrasse her, wohin er sich nach dem Frühstück mit einer Tasse Kaffee zurückgezogen hatte.
„Was ist?" rief ich.
„Ich möchte dir etwas zeigen."
„Was?"
„Einen Wassertropfen, der an der Spitze eines Fliederblattes hängt."
„Aber ich habe zu tun."
„Die Sonne scheint drauf. Du hast noch nie solche Farben gesehen . . . blau, rot, orange . . ."
Ich rührte weiter in meiner Hefe.
„Du mußt kommen", rief er.
Ich ging hinaus in meiner Küchenschürze, den langstieligen Holzlöffel in der Hand.
Damit ich in die richtige Blickrichtung käme, zog er mich herunter auf seine Knie und streckte den Arm aus. Den Hals verdrehend, beugte ich mich vor.
Was ich sah, war wirklich sehenswert. Alle Farben des Regenbogens spielten in dem winzigen Wassertropfen. Wir betrachteten das Wunder eine ganze Weile. Es war keine fünf Sekunden lang das gleiche Schauspiel, die

Farben wechselten ständig ... von Orangegelb in Karminrot, in Violett, in Grün ...
„Wie ein Diamant", sagte ich schließlich und erhob mich.
Michael legte die Hand über die Augen, denn das funkelnde Licht des Tropfens schmerzte, und sagte: „Das ist es wohl, was man meint, wenn man sagt: ‚Ein Diamant von reinstem Wasser'."

Er treibt mich an, er hetzt mich.
Obwohl er die Tatsache anerkennt, daß ich an meiner Musik arbeiten muß, und auch will, daß ich es tue, muß er jetzt, da niemand anders da ist, den er kommandieren kann, mich ständig in Trab halten, indem er überflüssige Dinge tut, mir zum stummen Vorwurf.
Ich bin daran gewöhnt, von einer Sekunde zur andern ein Essen, das zu bereiten ich im Begriff bin, aufzugeben, weil er aus der Speisekammer kommt, beladen mit Sachen für ein ganz anderes Gericht.
Ich brauche das Geschirrtuch, suche es und sehe es über seiner Schulter hängen. Ich sage nichts, schleiche mich aus der Küche, überlasse ihm das Geschirrspülen. Wenn ich später indirekte Vorwürfe erhalte, sage ich auch nichts. Als meine Schonbezüge aus der Wäscherei zurückgekommen waren und ich in der Küche am Bügelbrett stand und die Plisseefalten der Volants bügelte, stand er plötzlich in der Türe und sah mir zu.
„Mußt du die Dinger bügeln? Werden sie nicht von selbst glatt, wenn du sie über die Möbel ziehst?"
„Bis auf die Volants."
„Dann laß doch die Volants ungebügelt."
„Mir scheint aber, daß die Volants erst frisch und nett aussehen, wenn sie gebügelt sind."

„Das stimmt", sagte er prompt, schaute mir eine Weile weiter zu. Dann sagte er: „Aber ich könnte das für dich tun ... wegen deiner kranken Hand."
„Oh, die ist nicht schlimm ..." Ich wußte, daß er die sauber ausgebügelten kleinen Falten entzückend fand. Ich bügelte einen Bezug fertig, sprengte die andern ein und ließ sie auf der Anrichte aufgestapelt liegen.
Wie ich es erwartet hatte, fand ich am Nachmittag Michael in seinem Reitdreß (der wie eine Paradeuniform aussieht) in der Küche vor, am Bügelbrett stehend und die kleinen Falten ausbügelnd.
„Ich möchte, daß du deine Hand schonst ...", erklärte er verlegen.
„Oh, Michael, ich danke dir vielmals!"

Ich habe die Stute Pink geritten. Jerome hatte mir gesagt, sie hätte einen guten Gang und wäre sehr schnell. Man sollte es nicht erwarten von einem Pferd, das so aussieht. Pink ist ein rotgrauer Schecke, eine Mischung von Sattelpferd und Arbeitspferd, dick, unvorteilhaft gebaut. Und jetzt hat sie ein Fohlen, ebenso häßlich wie sie selbst, mit einem langen, ungelenken Körper, einem eckigen Hammerschädel und Ohren so flach, wie ich sie noch bei keinem Pferd gesehen habe. Es zeigt ständig die Zähne und beißt alles, was in Sicht kommt, seine Mama, wenn diese nicht genau in der Sekunde stehen bleibt, da es saugen will, oder ihren Reiter.
Michael meinte, sie wäre nicht das richtige Pferd für mich, doch ich versprach ihm, vorsichtig zu sein. Jerome hatte recht ... sie ist eins der schnellsten Pferde auf der Ranch. Leider hat sie ein hartes Maul, und wenn sie es sich in den Kopf setzt loszurennen, rennt sie los.

Doch ich dachte mir, mit dem Fohlen würde sie nicht rennen, und sie tat es auch nicht.

Ich halte weiter Ausschau nach Cinder. Kürzlich sah ich, ziemlich weit entfernt, ein Pferd, das den Kopf seltsam hielt, jedoch wie ein Pfeil dahinschoß. Ich bin sicher, es war Cinder . . .
Auch Michael hat das Pferd jetzt gesehen und sagt, es ist Cinder. Wenn wir sie nur einfangen könnten, ohne sie zu erschrecken . . .

Gestern stieß ich bei einem Spaziergang über Nummer Sechzehn in einer kleinen Senke auf die Jährlinge. Sie umdrängten mich, folgten mir in einem dichten Haufen. Sie sehen phantastisch aus. Glatt und glänzend ist ihre Haut und so gespannt, als ob sie platzen wollte.

Es ist viel kälter geworden.
Als wir gestern am späten Abend im Wohnzimmer saßen und lasen, hob Michael plötzlich den Kopf und lauschte; er hatte draußen etwas gehört.
Auch ich hatte es gehört, doch unbewußt, ohne von meinem Harmoniebuch abgelenkt zu werden. Er ging hinaus und kam zurück, eins von Missys Jungen vor der Brust tragend.
„Böse Missy. Sie hat es hinaus in die Kälte gebracht. Armes Baby. Ja, ja, Papa hält dich warm. So eine böse Mama." Er stand vor mir, zeigte mir das winzige Wesen, das seinen hübschen Kopf aus seinen zu einem Kelch geformten Händen herausstreckte. Seine Augen schimmerten zärtlich.
Nachdem wir es beide ein wenig gehalten, mit ihm gespielt und es beruhigt hatten, trug Michael es zurück

in die Scheune und sagte zu Missy mit strenger Stimme, sie müsse ihre Kleinen bei sich behalten, dürfe sie nicht in die Kälte hinausbringen.
Wir verbrachten den Abend damit, Flöhe an uns zu fangen.
Kaum waren wir zu Bett gegangen, als wir die dünnen scharfen Schreie wieder hörten. Sie hatte das Kleine zurückgebracht.
Und dann brachte sie noch eins und noch eins. So schnell wir sie wieder in die Scheune bringen konnten, brachte sie sie wieder zurück. Sie wollte, daß sie im Haus lebten, nachdem alle Eindringlinge fort waren und es kälter wurde.
Doch Michael sagte nein. Wir schlossen alle Türen, machten unsere Herzen hart und gingen zu Bett.

Michael ist am frühen Morgen weggefahren zu dem Regierungs-Remontegestüt in Nebraska. Sie haben dort einen Hengst, den er sehen möchte. Wir lassen vielleicht einige unserer Stuten von ihm decken.
Nicht lange, nachdem er aufgebrochen war, kamen zwei Männer von der Landwirtschaftsbehörde, um unsere Kühe zu inspizieren. Sie haben ein Programm zur Verringerung der Milchkühe in Wyoming entworfen.
Jede Kuh, die nicht einem gewissen Standard an Alter, Gewicht, Verfassung und Milchproduktion entspricht, erschießen sie auf der Stelle, geben dem Rancher einen Scheck über den festgelegten Betrag, der sehr niedrig ist, fahren weiter und überlassen es dem Farmer, den Kadaver fortzuschaffen.
Unter den trockenen Kühen wählten sie Bella aus und sagten, sie müßten sie erschießen.
Ich habe eine Schwäche für Bella, denn sie ist die Kuh,

deren Euter so übel zugerichtet wurde durch Stacheldraht, daß sie die groben Hände der melkenden Jungen nicht ertragen konnte. Ich melkte sie selbst, vorsichtig und sanft, nahm mir viel Zeit, ihr Euter zu leeren, und während ich es tat, blieb sie ruhig stehen und betrachtete mich mit nach hinten gewandtem Kopf, erleichtert, daß die Milch aus ihrem prallen Euter entfernt wurde, und sicher, daß es, weil ich auf dem Melkstuhl saß, geschehen würde, ohne ihr weh zu tun.

Ich tat dies jeden Morgen nach dem Frühstück, wenn die Scheune leer war und die Kühe bereits draußen im Pferch, wahrscheinlich liegend und wiederkäuend, darauf warteten, auf die Weide hinausgelassen zu werden. Wenn ich dann zur Scheune hinunterging, war Bella bereits draußen im Pferch bei den andern Kühen.

Ich rief sie beim Namen. Ich stellte mich in das Scheunentor, rief: „Bella, komm!", und sie drehte langsam den Kopf, erblickte mich, ging auf die Füße und kam in die Scheune in ihren eigenen Verschlag.

Und nun wollte man sie erschießen und sie liegenlassen, wo sie fiel . . .

Es hat keinen Zweck, mit den Männern von der Regierung zu streiten. Das Programm ist außerdem weise und wird die Milchwirtschaft im Staat sanieren.

Ihnen zu sagen, ich sei allein auf der Ranch, war nicht meine Art. Doch welch ein Empfang für Michael! Spät in der Nacht nach Hause zu kommen und das tote Tier zum Silberminenschacht schleifen zu müssen . . .

Ich sah, daß es den Männern leid tat.

Ich fragte sie, ob sie sich nicht soviel Zeit lassen könnten, mich die Kuh zu dem Schacht führen und dort töten zu lassen.

Sie stimmten zu, schienen jedoch zu bezweifeln, daß ich

die Kuh führen konnte, sagten, sie könnten keine große Treibjagd veranstalten.
Doch ich brauchte sie nur zu rufen.
Sie kam sofort zu mir von der Kälberweide, wo sie graste, schaute mich vertrauensvoll an mit ihren großen braunen Augen.
In Wirklichkeit brauchte ich sie überhaupt nicht zu führen. Ich sprach die gleichen Worte wie immer ... „Komm, Bella ...", und sie folgte mir, und die beiden Männer gingen hinter ihr.
Wir stiegen den sanften Hügel von Nummer Sechzehn hinan, bis wir zu dem Schacht kamen. Als sie am Rand des Schachtes stand, schossen die Männer. Sie stürzte nach vorne, verschwand in der Tiefe.
Wir verharrten schweigend, warteten, bis wir den Aufschlag hörten.

Mitternacht nahte, und Michael war noch nicht zurück. Wie so oft, wenn ich nachts allein hier bin, fühlte ich mich unruhig und beengt im Haus und ging hinaus, wanderte umher. Der Himmel sah nach Sturm aus. Große Wolken zogen langsam nach Westen, mit zerrissenen Rändern und hellen Streifen. Ab und zu schimmerte der Mond durch die dünnen Schichten, verschwand aber nach wenigen Minuten wieder.
Ich dachte an Michael, der jetzt sicher unterwegs war, sah ihn im Geiste auf der dunklen Überlandstraße. Manchmal bedrückt mich der Gedanke an die Lebensgefahr auf der Ranch, auf den Straßen, an die Dinge, die immer passieren können. Ich lauschte angespannt in die Nacht. Ich hörte die Züge auf der fernen Strecke, einen nach dem andern. Ich hörte einige Wagen die Steigung auf der Lincoln-Überlandstraße nehmen, hörte

den Wechsel der Gänge und ein Horn, wahrscheinlich das eines der transkontinentalen Busse. Ich hörte Stromer stöhnen. Ich hörte eine Kuhglocke bimmeln. Doch ich hörte keinen Wagen, der auf den Ranchweg einbog ...

So ging ich wieder ins Haus, machte mich an die Tintenkopie von *Svenska.*

Ich schlief auf dem Sofa ein, und Michael kam um drei nach Hause.

Das Feuer war ausgegangen. Er zündete es wieder an und holte sich einen Drink aus der Küche.

Er setzte sich zu mir, und wir plauderten eine Weile über das Staatsgestüt. Dann sagte ich: „Ich nehme an, du warst nicht in der Lage, die Post abzuholen?"

„Nein. Als ich heute in Granite vorbeikam, war der Postzug noch nicht durch."

„Und heute abend war das Postamt nicht geöffnet?"

„Nein."

Wir schwiegen. Unsere Gedanken gingen den gleichen Weg und landeten an dem gleichen Punkt, der Bank.

„Ich war in der Bank, als ich heute morgen durch Cheyenne fuhr."

„Ja? Wegen eines Kredits?"

„Ja. Bevor ich nach Washington gehe, muß ich wissen, was ich tun werde."

„Natürlich. Was haben sie gesagt?"

„Sie werden uns geben, was wir brauchen ..."

Aus seiner Stimme klang Zweifel. Wieder dachte er an das gleiche wie ich, nämlich an das, was wir schon so oft getan hatten ... an die Verpfändung der kommenden Ernte, um die Bedürfnisse des Augenblicks zu befriedigen.

„Das einzige, was wir sonst tun könnten, wäre, das Heu sofort zu den derzeitigen Preisen verkaufen."

„Das werden wir nicht tun."

„Oder", fuhr er fort, „die Schule für dieses Jahr aufgeben ..."

„Nun ... das können wir noch nicht entscheiden ..."

„Ich traf den alten Harvey in der Stadt", fuhr er fort. „Er fragt immer noch, wann er herauskommen kann, um eine Kuh für dich einzupökeln. Wie wär's, wenn wir ihn jetzt kommen ließen? Bis George zurück ist? Das würde dir das Melken ersparen und die Hausarbeit."

„Trinkt er noch?"

„Seit langem nicht mehr und nie wieder, wie er mir versicherte."

„Daß ich nicht lache ..."

„Sei nicht immer so pessimistisch."

„Wen hast du sonst getroffen?"

„Niemand am Morgen, doch ich kam gegen sechs wieder nach Cheyenne zurück und stieß auf Jessie Reid, als ich meinen Wagen in die Garage brachte zum Ölwechsel. Er lud mich zum Abendessen bei sich zu Hause ein. Auf der Kommandantur war eine große Party für General Todhunter. Wir gingen auch hin nach dem Essen."

„Oh, er ist zurück?"

„Seit vorgestern. Dann gingen wir alle ins Hotel. Ich kam mit Leutnant Guffey ins Gespräch. Wir landeten bei Rühreiern in der Kneipe von Old Joe. Ich bin ganz langsam gefahren auf dem Heimweg. Es war wundervoller Mondschein."

„Oh, das Wetter hat sich also aufgeklärt? Vor ein paar Stunden war der Himmel noch bedeckt."

„Ja, der Mond ist draußen. Und sie spielten eine Symphonie von Beethoven im Radio."
„Welche?"
„Ich habe die Nummer vergessen. Es war die mit dem Gewitter."
„Ah, die Pastorale."
„Ja, ich glaube, die war's. Ist hier was passiert?"
Ich schwieg so lange, an Bella denkend und mich fragend, ob ich es ihm gleich sagen oder bis zum Morgen warten sollte, bis ich merkte, daß er mich scharf ansah.
„Nun?"
„Ich habe die Komposition beendet, an der ich arbeitete, das Stück, das ich *Svenska* nennen will."
Er klopfte die Asche aus seiner Pfeife, steckte sie in die Tasche und erhob sich. Er begann, die Lampen auszublasen und den Schirm vor das Feuer zu rücken, sagte dabei: „Du mußt es mir vorspielen."
„Nicht bevor ich es richtig spielen kann."
„Ich denke, du wärst fertig damit."
„Mit dem Komponieren und mit der Niederschrift. Spielen ist wieder etwas anderes."

Ich habe fleißig *Svenska* geübt. Doch es klingt immer noch etwas unsicher.

Wundervolles Wetter heute. Wir haben Cinder gesehen, in der Nähe der Kühe. Michael meint, sie ist einsam, fühlt sich besser und sucht Gesellschaft.
Michael sagte, wenn ich heute ausritte, sollte ich nach Nummer Sieben reiten und sehen, ob Cinder zu mir herankäme. Vielleicht würde sie mir sogar folgen. Wenn ja, dann sollte ich sie hereinbringen.
Ich ritt einen großen Bogen, so daß ich die Nordkette

einschließlich Sektion Sieben berührte. Ich sah nichts von ihr.
Ich ritt Pink, und das Fohlen war eine Plage. Jedesmal, wenn es nahe genug herankam, schnappte es nach meinem Bein, schlug nach uns, legte seine Ohren zurück, gab böse kleine Schreie von sich. Es war wütend, weil ich so eng mit seiner Mutter verbunden war.
Ich kam zu dem Schluß, daß Cinder am andern Ende der Sektion sein mußte, und ritt den Hügel hinunter. Plötzlich blieben Pink und das Fohlen stehen und spitzten die Ohren. Sie drehten die Köpfe, und ich war sicher, daß Cinder in der Nähe war. Ich blickte um mich, sah sie jedoch nicht, aber plötzlich kam sie den Hang herunter auf uns zugaloppiert.
Ich freute mich, sie zu sehen. Sie hatte also keinen Dauerschaden erlitten, war nicht verkrüppelt, war ihr altes, schnelles, schönes Selbst.
Pink wieherte. Cinder wieherte. Das Fohlen lief zu Cinder, bremste scharf ab, kam zurück zu uns, lief wieder zurück zu Cinder.
Entschlossen, keine Zeit zu verlieren, wendete ich und schlug die Richtung zur Ranch ein, gefolgt von dem Fohlen und von Cinder.
Ohne mein Tempo zu verlangsamen, galoppierte ich den ganzen Weg zurück nach Hause, über die Weide direkt in den Pferch.
Michael war im Pferch. Er nahm einen Eimer Hafer, bot ihn zuerst Pink an, die gierig fraß, während Cinder aus einiger Entfernung argwöhnisch zuschaute. Dann hielt er ihr den Eimer hin. Erregt und ängstlich lief sie vor Michael hin und her, den Blick gierig auf den Eimer gerichtet. Schließlich blieb sie, besänftigt durch Michaels Stimme und Ruhe, stehen. Noch nicht nahe genug,

streckte sie ihren kleinen Kopf vor, erreichte fast den Eimer, streckte ihn noch ein wenig vor, und dann immer weiter, bis sie das Maul im Hafer hatte und zubiß. Erschreckt über ihre eigene Kühnheit, sprang sie zurück in sichere Entfernung, blieb kauend stehen.

Das Gatter war noch offen. Als ich Pink auf die Weide hinausführte, folgte Cinder uns, und dort ist sie jetzt. Juanita und Clown, Goldmünze, Pink und ihr Fohlen, sie alle sind bei ihr, eine ruhige Gesellschaft, die sie besänftigen, ihr alles über uns Menschen sagen wird, und daß wir ihre Freunde sind, und daß sie keine Angst vor uns zu haben braucht.

31

Wenn dieses Leben auf der Ranch ein Abenteuer ist, dem ja das Hollywood-Abenteuer vorausgegangen war und ein anderes folgen wird und diesem wieder ein anderes und so fort, wenn das ganze Leben also ein Abenteuer zu sein scheint, wie kann man es dann noch ernst nehmen?

Man soll es ernst, aber nicht zu ernst nehmen. Sonst ist es unerträglich.

Der Winter schickt seine Vorboten.

Der Wind hoch oben in den Kiefernwipfeln, ein stetes schwaches Sausen, macht mich ruhelos.

Es ist seltsam und geheimnisvoll, daß ich meine Gefühle mit den Jahreszeiten wechseln muß. Jetzt im Herbst verlangt es mich, andere Dinge zu tun, andere Gedanken zu denken, andere Pläne zu machen, andere Kleider zu tragen.

In Cheyenne gibt es einen ungewöhnlich guten Militärschneider. Er macht auch Damenkostüme. Michael und ich werden uns einen Anzug beziehungsweise ein Kostüm machen lassen. Michaels Anzug wird oxfordgrau sein. Er ist sehr konservativ in seiner Kleidung. Der Anzug wird das richtige sein für Washington.

Mein Kostüm, so habe ich entschieden, wird grün sein, ein derber grüner Wollstoff, nicht zu schwer. Ich kann es in Los Angeles tragen und auch in New York, wenn ich hinkommen sollte, doch es wird ein richtiges Kostüm fürs Land sein. Ich kann es den ganzen Connecticut-Winter tragen.

Ich stehe auf der Terrasse und frage mich, wohin über Nacht die leuchtenden Grün, Rot und Blau verschwunden sind.

Der Himmel ist bleich geworden. Die Wiesen, der Anger, das Haus, meine Blumen, alles ist wie beschlagen. Es ist bitter kalt. Einige meiner Geranien in den blauen Kästen sind erfroren. Aus Laramie kam die Nachricht, daß es dort geschneit hat.

Die Holunderbüsche hängen dicht voll Beeren, und ich habe viele Liter gepflückt. Rube Haygood hat mir ein Rezept zum Ansetzen von Holunderbeerwein gegeben. Er sagt, es gibt nichts Besseres, und wenn man sich an das Rezept hält, kann nichts schiefgehen. Es war das Rezept seiner Mutter. Die Prozedur dauerte mehrere Wochen.

Der Wein gärt jetzt in einem Faß im Keller, und er riecht. Nicht so schlimm wie „lebendige" Hefe, aber auch ganz schön.

Svenska wirklich zu meistern, so daß ich es Michael sicher und einwandfrei vorspielen kann, ist im Augenblick mein eifrigstes Bemühen.

Manchmal spiele ich recht gut.

Dies geschieht gewöhnlich, wenn ich etwas Neues komponiere, Tag und Nacht mit aller Kraft arbeite und anfange, die Musik in die Finger zu bekommen. In solchen Momenten ist meine Technik plötzlich erstaunlich souverän.

Manchmal, meist um Mitternacht, wenn niemand in Hörweite ist, spiele ich wie ein Virtuose. Mir gelingen

Dinge, die ich sonst nicht kann, und ich tue sie mit Leichtigkeit.
George sagt zu den Tagelöhnern, die kommen und gehen: „Wartet ab, bis Ihr die Missus spielen hört. Es gibt nichts Ähnliches im Radio."
Vor dem Gesindehaus steht eine lange Bank, und auf ihr sitzen sie dann abends, rauchen und hören zu.
Ich muß gut spielen, wenn ich Michael *Svenska* vorspiele, und deshalb übe ich die ganze Zeit.
Es ist wirklich ein großartiges Stück.
Ich hörte Michael in die Küche stampfen.
Ich erschrak. Es war fast dunkel.
„Sind die Kühe gemolken?" brüllte er.
„Mein Gott, nein! Ist schon Melkzeit?"
„Es ist halb sechs."
„Ich gehe sofort." Ich stürzte zur Türe. Er folgte mir.
„Wo sind die Kühe?" fragte er. (Es ist meine Arbeit, die Kühe hereinzuholen, wenn sie nicht von selbst hereingekommen sind.)
„Sind sie nicht in der Scheune?"
„Keine Spur von ihnen."
Ich war sicher, daß er wußte, wo sie waren. „Hast du nach ihnen gesucht?" fragte ich.
Er nickte. „Ja. Jemand muß das Gatter zu den Weiden offen gelassen haben, und sie sind natürlich hineinspaziert." (Hierüber gerät er immer in Wut.) „Komm. Ich nehme dich mit im Wagen."
Auf der Terrasse stockte ich, als ich den dunklen Himmel sah. „Es wird regnen", sagte ich und lief zurück ins Haus, holte meinen Regenmantel und meine Regenmütze.
Nichts zu sehen von den Kühen, weder auf der ersten noch auf der zweiten Weide, und als wir die Felsen-

schloß-Weide erreichten, ging ein richtiger Wolkenbruch auf uns nieder.
Die Kühe hatten in dem Birkenhain am äußersten Ende der Weide Unterschlupf gefunden.
Um Kühe zu treiben, muß man auf bestimmte Weise schreien; von Nutzen ist es auch, einen Stock in der Hand zu haben. Die Kühe waren auf beiden Seiten des Baches.
Während Michael mit laufendem Motor im Wagen wartete, schrie ich und schwang meinen Stock und sprang hin und zurück über den Bach, bis ich die Kühe zusammengetrieben und auf den Heimweg gebracht hatte. Dann sprang ich in den Wagen, und wir fuhren langsam hinter ihnen her. Ich melkte in meinen nassen Kleidern.
Michael war wütend wegen der offenen Gatter. Alle Pferde waren wieder durcheinandergewürfelt.
Und so geriet auch ich in Wut, und es war mir einerlei, ob ich ihm *Svenska* vorspielte oder nicht . . . ich mußte mich umziehen, und als ich in meinem dunklen Zimmer nach etwas suchte, stolperte ich über meine Reitstiefel und wurde noch wütender, und als ich nach meinem Buch suchte, bevor ich hinunterging, stieß ich das Tintenfaß auf meinem Schreibtisch um. Die Tinte floß über meine Hände und die Schreibtischplatte.
Mit eisiger Selbstbeherrschung zündete ich die Lampe an, nahm einen Lappen, wischte die Tinte auf.
Michael sah meine Hände, als ich herunterkam, bezeugte sein Entsetzen und Bedauern, führte mich zum Küchenausguß, probierte alles aus, bis er meine Finger wieder sauber hatte.
Ich schlief nicht gut in dieser Nacht, wachte immer wieder auf. Verrückte Gedanken plagten mich und böse

Hustenanfälle. Ich fühlte mich todunglücklich, unendlich einsam. Ich bemitleidete mich, fand in dieser Selbstbemitleidung Genugtuung und schlief ein mit dem Entschluß, eine Geschichte über den Trost der Einsamkeit zu schreiben.

Der alte Harvey ist gekommen. Man nennt ihn den „alten" Harvey, obwohl er noch keine fünfzig ist. Diese „alten" Männer des Westens sehen alle frühzeitig verbraucht aus.

Harvey ist hager, freundlich, fast schüchtern. Er wird die Kühe melken, die Hühner füttern, für uns kochen und eine Kuh für mich einpökeln.

Keine Küchenarbeit mehr für mich!

Es scheint zu schön, um wahr zu sein.

32

Michael sagte mir, Harvey war fast zu Tränen gerührt vor Dankbarkeit, als er ihm eröffnete, Mrs. Bergwin brauchte ihn.

Ich habe immer schon wissen wollen, wie man eine Kuh einpökelt. Wenn eine alte Kuh keine Zähne mehr hat, gibt sie keine Milch mehr, kann nicht mehr kalben und liefert kein Fleisch zur sofortigen Verwendung. Harvey sagt, diese alten Kühe eigneten sich am besten zum Einpökeln.

Meine Arbeit ist jetzt halbiert. Wenn wir eine Fahrt machen, brauchen wir sie nicht abzukürzen wegen des Melkens. Ich werde Zeit haben, noch eine Menge an meiner Musik zu arbeiten, bevor ich von hier weggehe. Für heute abend brauche ich nicht zu kochen. Michael fährt in die Stadt und wird wahrscheinlich nicht zum Essen zurück sein, doch ich werde Brathuhn zum Dinner haben. Ich habe Harvey gesagt, er soll eine unserer weißen Junghennen fangen, töten und rupfen.

Michael, der sich für die Stadt umzieht, ist festlich gestimmt. Er kam in mein Zimmer und fragte mich, ob *diese* Krawatte richtig sei oder ob er eine andere umbinden solle.

Ein seltsamer Tag heute. Ich stand lange am Fenster,

habe den Himmel betrachtet, der wolkenlos, aber trübe ist. Die Sonne ist eine große braune Kugel.
Ich habe Harvey angewiesen, zuerst das Huhn auszunehmen und dann mein Mittagessen zu machen.
Er ist zur Scheune gegangen, das Huhn zu fangen.
Ich werde ein wenig nähen.

Ich sah eben Harvey von der Scheune, wo er das Huhn gefangen hat, zum Brunnenhaus gehen, wo er es rupfen und ausnehmen wird.
Er ging sehr langsam und schwang das Huhn, das er am Hals gepackt hatte, im Kreis wie eine Schleuder.
Ich blickte ihm gebannt nach. Meine Nadel stockte.
Es verwirrte mich, daß er das tat. Es sah ungeschickt aus. Ich fragte mich, ob er betrunken war. Gewöhnlich kommen sie an mit einer Flasche im Koffer und werden nicht nüchtern, bevor die Flasche leer ist. Dann wird es besser.
Ich muß zu ihm gehen und es herausfinden . . .

Ich mußte mir heftig zureden, zu ihm zu gehen.
Ich fand ihn im Brunnenhaus.
Er war sehr respektvoll, sagte, es sei ein schönes Huhn, er werde es bald fertig haben und dann mein Mittagessen machen.
Doch er erschien mir etwas seltsam. Ich war nicht sicher.

Jetzt höre ich ihn unten in der Küche. Er ist umhergewandert, durch Speisekammer, Keller, Küche, Waschküche, wahrscheinlich um festzustellen, wo alles aufbewahrt wird.
Jetzt ist er zum Gesindehaus hinübergegangen.
Zwei Uhr. Kein Mittagessen. Und kein Harvey.

Ich muß zum Gesindehaus gehen. (Wie zuwider mir das ist.)

Er lag vor meinen Füßen auf dem Boden, als ich die Türe öffnete, vollkommen betrunken, bewegungslos wie ein Toter.
Der Anblick eines im Rausch bewußtlos auf dem Boden ausgestreckten Mannes ist mehr als schockierend.
Ekel und Angst befielen mich. Ich wünschte, Michael wäre im Hause. Ich versuchte, mir vorzustellen, was Harvey tun würde, wenn er wieder zu sich kam. Würde er ins Haus kommen? Ich hoffte, nicht. Vor allem nicht in das Eßzimmer.
Um dies zu verhüten, stellte ich einen der Eßzimmerstühle gegen die Türe, die in die Küche führte, so daß er nicht in das Eßzimmer gelangen konnte, ohne den Stuhl umzustoßen und mich so zu warnen.
Dann ging ich wieder in mein Zimmer hinauf, setzte mich wieder an meine Näharbeit.
Um halb vier hörte ich ihn in die Küche stolpern. Ich lauschte gespannt und entsetzt.
Nach dem, was ich hörte, schien er jedes Möbelstück in dem Raum umzuwerfen. Dann kämpfte er mit der Türe, die ins Eßzimmer führt, bis meine Barriere nachgab und mit einem letzten Krachen umfiel. Er war nun im Eßzimmer, von dem die Treppe direkt in mein Schlafzimmer führt.
Er war nie zuvor im Haus gewesen. Ich bildete mir ein, der Anblick des Eßzimmers würde ihn veranlassen, sich als Eindringling zu fühlen, und sein Instinkt würde ihn davon abhalten, sich allzu weit von seiner eigenen Domäne zu entfernen.
Er nahm meine kleine Silberglocke von der Anrichte,

stellte den Stuhl wieder gegen die Küchentüre, setzte sich, jetzt diesseits meiner Barriere, auf den Stuhl und läutete.

Er läutete nach *mir.* Ich hatte ihm die Glocke gezeigt, hatte ihm erklärt, wie ich nach ihm läuten würde, wenn ich ihn brauchte. Soviel hatte er behalten, daß, wenn man einen Menschen herbeirufen wollte, man nur zu läuten brauchte.

Er läutete und läutete.

Schließlich ging ich hinunter, stellte mich vor ihn, sah ihn fest an.

„Harvey, Sie sind betrunken. Ich bin sehr überrascht und sehr enttäuscht. Gehen Sie sofort zurück ins Gesindehaus."

„Nein. Ich mache jetzt Ihr Mittagessen."

„Sie gehen zurück ins Gesindehaus."

„Ich mache zuerst Ihr Mittagessen."

„Ich habe vor zwei Stunden zu Mittag gegessen. Es ist vier Uhr vorbei."

Das verblüffte ihn. „Sie haben die ganze Zeit geschlafen drüben im Gesindehaus, und sagen Sie nicht, es sei nicht wahr, denn ich habe Sie gesehen. Sie haben eine Flasche in Ihrem Koffer, nehme ich an. Und jetzt gehen Sie hinüber. Los!" Ich erhob meine Stimme zu einem scharfen Ton. „Ich will Sie hier nicht mehr sehen, bevor Sie nüchtern sind!"

Ich drängte ihn hinaus, verschloß alle Türen und setzte mich in meinem Zimmer wieder an meine Näharbeit.

Meine Hände zitterten, und ich konnte die Nadel nicht mehr einfädeln.

Ich hörte, daß der Wind stärker wurde, und als ich zum Fenster hinausblickte, sah ich kleine Staubwirbel hochschießen und über den Boden fegen.

Ich war zu unruhig, um im Hause bleiben zu können, gleichgültig, ob ein Unwetter kam oder nicht.
Ich ging vors Haus, warf einen Blick nach oben. Auf einer Ranch tritt man nie ins Freie ohne jenen fragenden Blick in den Himmel.
Ein schwarzer Vorhang hing über dem östlichen Horizont in der Richtung der Stadt. Dunkle Wolken türmten sich auf im Süden. Es konnte Regen sein oder auch nur Wind.
Bunny und Rachel, genau wissend, was ich tun wollte, rannten in wilden Sprüngen herbei.
Ich ging zum Pferch, sattelte Pom, brachte sie zum Haus, band sie an den Pfosten, während ich mich umzog.
Ich wollte durch das Kieferngehölz auf die Weiden und an dem Zaun entlang reiten, wollte kontrollieren, ob er überall intakt war, wollte die Fohlen zählen, kurz, wollte alles tun, was mich für den Rest des Nachmittags draußen und fern vom Haus hielt.
Ich verschloß sorgfältig die Türen, nachdem ich das Haus verlassen hatte.
Auf der Weide angekommen, stellte ich fest, daß der Wind stärker und überraschend kalt geworden war. Er pfiff mir durch die dünnen Kleider. Wir waren langsam, auf Umwegen durch die Kiefern, in die freie Ebene gelangt. Hier traf uns die volle Kraft des Windes. Er war zu scharf, sich ihm lange auszusetzen in meiner leichten Kleidung. Sicher war ein heftiger Sturm im Anzug. Vielleicht konnte Michael überhaupt nicht nach Hause zurückkehren am Abend. Mein Mut sank.
Wenn wir ein Unwetter bekamen, war Harvey nicht nur keine Hilfe beim Vieh, er war auch eine ständige Bedrohung meines Seelenfriedens.

Ich trieb Pom zu einem scharfen Galopp an, bis wir das Gatter des Pferchs erreichten.
Als ich abstieg, hörte ich plötzlich das Geräusch eines Wagens. Michael war zurückgekommen. Ich war unsagbar erleichtert.
Ich erzählte ihm, was geschehen war, und wir machten uns auf die Suche nach Harvey. Im Gesindehaus war niemand. Er fand ihn schließlich in der Scheune auf dem Heu, tief schlafend. Er ließ ihn dort liegen.
Michael war dafür, Harvey zu entlassen und ihn gleich am nächsten Morgen in die Stadt zurückzubringen; doch ich wollte die Kuh eingepökelt haben.
„Wenn du", argumentierte ich, „einen anderen Mann bekommst, wird auch er eine Flasche in seinem Koffer haben und die ersten Tage betrunken sein. Was hat es also für einen Zweck, Harvey wegzuschicken?"
Michael mußte mir beistimmen, und so warten wir nun darauf, daß Harveys Flasche leer wird.

Als wir zu Bett gingen, hatte der Wind sich gelegt, und es fiel ein eisiger Graupelregen. Wir deckten die Geranien in den Fensterkästen mit Tüchern ab.
In der Nacht wurde ich mehrere Male wach und spürte, daß ein kalter Wind pulvrigen Schnee zum offenen Fenster hereinwehte, und als ich heute morgen ziemlich spät aufwachte, war die ganze Welt weiß.
Michael rief aus seinem Zimmer: „Wie findest du den Schnee?"
„Wunderbar!" antwortete ich jubelnd.
Schnee ist für mich wirklich jedes Mal wieder ein neues Wunder. Er macht mich jung, so jung wie damals, als ich ihn zum ersten Mal erlebte.

Er macht auch ein wenig Arbeit. Man muß ihn wegräumen vor den Türen.
Nach dem Frühstück ging Michael zum Gesindehaus. Ich rief ihm durch das Fenster nach: „Ich muß raus in den Schnee und brauche meinen Skianzug. Wo ist er?"
„In der Kampferkiste, bei deinen Wintersachen", rief er zurück. Ich fand die Kiste mit meinen (von Michael) sorgfältig und mit überreichlich Mottenkugeln verpackten Pelzsachen. Auf der Kiste stand in Michaels fließender Schrift: Marys Biberjacke, pelzgefütterter Mantel, Skianzug, Muff.
Ich machte einen Spaziergang, tollte mit den Hunden im Schnee.
Als ich zurückkam, berichtete mir Michael, Harvey sei nüchtern, schäme sich sehr, fühle sich unwürdig, länger zu bleiben.
Doch ich wollte meine Kuh eingepökelt haben. Dies war nicht der Augenblick, wegzugehen, da er jetzt wieder nüchtern und fähig zur Arbeit war.
Ich rief ihn und redete mit ihm, doch er blieb hart. Er müsse gehen, sagte er, weil er es nicht verdiene zu bleiben.
Ich war verblüfft. „Alles, was ich wissen will, Harvey, ist folgendes: Ist die Flasche leer, die Sie in Ihrem Koffer mitgebracht haben?"
„Ja. Die hab' ich leergemacht. Der Mister hat heute morgen meinen Koffer durchsucht und selbst gesehen, daß ich keinen Alkohol mehr bei mir habe."
„Dann werden Sie bleiben, und damit basta! Und außerdem wollten Sie mir doch zeigen, wie gut Sie eine Kuh einpökeln können, oder nicht?"
Seine Augen leuchteten auf. „Oh doch, Missus, das möchte ich schrecklich gerne."

„Und Harvey ... verstehen Sie etwas vom Holunderbeerweinmachen? Rube Haygood hat mir das Rezept seiner Mutter dafür gegeben, und da wir so viele Holunderbeeren hatten, habe ich etwas Wein angesetzt."

„O ja, Missus, ich weiß, wie man ihn macht. Ich könnte Ihnen sagen, ob Sie es richtig gemacht haben."

„Nun, dann kommen Sie mit und schauen Sie sich ihn an. Er ist unten in einem Faß im Keller."

Er folgte mir nach unten. Ich zeigte ihm den Wein und erklärte ihm die Anweisungen, die ich befolgt hatte.

„Ja", sagte er bedeutungsvoll, „in diesem Stadium ist es am wichtigsten, den Wein in Ruhe zu lassen. Er muß sich einundzwanzig Tage setzen in dem Faß. Wußten Sie das?"

„Ja. So sagt das Rezept. Er ist jetzt zwölf Tage in dem Faß."

„Er ist das reine Gift jetzt, Missus."

„Gewiß. Er muß noch neun Tage ruhen. Glauben Sie, daß er gut wird?"

„Holunderbeerwein ist fabelhaft. Er wird bestimmt gut werden."

„Na schön. Jetzt wollen wir uns die trockenen Kühe auf der Weide ansehen und eine aussuchen. Sie können morgen anfangen. Für heute möchte ich, daß Sie im Gesindehaus saubermachen. Es hat kaum einen Besen gesehen, seit die Erntemannschaft weg ist."

Wir hatten einen friedlichen Tag. Michael fuhr hinunter nach Laramie zu der Fischzuchtanstalt; er will unseren Forellenbestand im Bach und im Teich auffrischen. Harvey war unsichtbar.

Doch als ich am späten Nachmittag von einem Ritt zurückkam, sah ich Michael von der Scheune über den Anger gehen mit etwas auf der Schulter, das aussah wie

eine Vogelscheuche mit baumelnden Armen und Beinen.
„Um Gottes willen!" rief ich aus.
„Wieder betrunken", sagte Michael. „Ich fand ihn im Heu. Ich hatte Bedenken, ihn dort liegen zu lassen. Es wird kalt, und er könnte erfrieren. Er muß eine zweite Flasche irgendwo versteckt haben. Ich werde ihn morgen früh in die Stadt bringen."
Ich seufzte bei dem Gedanken an meine einzupökelnde Kuh. Da hilft nur Philosophie.

Heute ist der Himmel klar. Der Schnee ist fast gänzlich verschwunden. Michael fuhr mit Harvey in die Stadt. Harvey war noch immer so betrunken, daß er kaum aufrecht sitzen konnte im Wagen. Michael sagte, er würde sich nach einem andern Mann umsehen. Vielleicht war Jack zu haben. Hoffentlich bringt er Jack mit. Jack war bei der Armee und hat Dienst gemacht als Ordonnanz. Er bedient bei Tisch mit viel Haltung.

Jack ist mitgekommen.
Er ist gewandt, hat ein nettes rosiges Gesicht und weiße Haare, ein gewinnendes Lächeln und die Angewohnheit zu erröten. Er kleidet sich, soweit er es sich leisten kann, wie Michael.
Er hat schon früher andere Tätigkeiten auf der Ranch ausgeübt, doch am besten ist er im Haus.
Er hat nie gehört, daß ein Butler unsichtbar sein kann oder soll. Statt dessen ist er, wenn er mit dem Tablett die Schwelle zwischen Küche und Eßzimmer überschreitet, ganz Primadonna, errötend, lächelnd, sich verbeugend.
Jack ist einer aus der langen Serie von Alicens „Ehemännern".

Wir hatten endlich Brathuhn zum Abendessen und einen köstlichen Salat.

Michael berichtete mir das Erlebnis seiner Fahrt. „Zunächst stöberte ich Jack in der Stadt auf, und Jack sagte, er wäre glücklich, kommen zu dürfen. Ich erzählte ihm von Harvey, wie er dauernd betrunken war und daß wir nicht begreifen konnten, wie er soviel Alkohol mitgebracht hatte. Nun, während ich meine Besorgungen machte, wurde Jack neugierig, machte Harvey ausfindig, und Harvey verriet es ihm. Was glaubst du, was er gemacht hat?"

Ich zuckte die Achseln.

„Er trank von deinem Holunderbeerwein."

Jack grinste, als er mir den Salat vorlegte, und sagte: „Ja, Mrs. Bergwin, und er sagte, er wäre stark genug, einen Ochsen umzuwerfen."

„Der Schuft!" Ich war empört. „Und zu mir sagte er ständig, der Wein wäre Gift in diesem Stadium, und niemand dürfe davon trinken."

Es ist ein Trost, Jack hier zu haben.

Ich nehme den letzten Satz zurück. Beim Frühstück wurde Jack allzu vertraulich, dann frech, und Michael brüllte ihn an.

Jack retirierte in die Küche, die Türe hinter sich zuschlagend. Michael ging ihm nach, und ich saß allein am Tisch, verzweifelt, den Kopf in den Händen, und lauschte dem Gewitter in der Küche.

Plötzlich erschien es mir — war es möglich? — als ob Jack weinte.

Ich öffnete die Türe, schaute in die Küche. Jack saß am Küchentisch, die Arme auf dem rotkarierten Tischtuch ausgestreckt, den Kopf auf den Armen.

Er schluchzte hysterisch. „Schnauzen Sie mich nicht an, Captain. Sie wissen, ich tue alles, was Sie wollen, doch ich kann es nicht ertragen, angeschnauzt zu werden." Seine Stimme überschlug sich.

Michael schaute mich an. Uns beiden ging ein Licht auf.

„Sie sind betrunken, Jack."

„Sagen Sie nicht so etwas, Captain."

„Jack, Sie waren an dem Holunderbeerwein!"

„Captain, bei meiner Ehre, ich habe ihn nicht angerührt."

Michael stampfte die Kellertreppe hinunter, kam zurück mit dem Faß auf der Schulter.

Ich folgte ihm, und Jack folgte mir.

Michael überquerte den Anger und entleerte das Faß in den kleinen Teich unter der Klippe.

Jacks Gesicht war ein Panorama von Verlegenheit, Kummer und Trotz.

Michael kam zurück und brüllte Jack an: „Und Sie, Jack, den einzigen Mann, dem ich glaubte vertrauen zu können, Sie werde ich morgen früh in die Stadt zurückbringen." Jack begann wieder zu weinen.

Michael war wirklich wütend. Ich aber fand das Ganze entsetzlich komisch, und als ich vor dem Mittagessen einige Hühner die Holunderbeeren aus dem Teich pikken und umhertaumeln sah, fand ich es noch komischer.

Am späten Nachmittag bog ein großer grauer Wagen auf den Ranchweg ein und hielt vor dem Haus.

Obwohl wir oft Besuch von den Offizieren der Garnison und ihren Frauen und Kindern haben, sehen wir dennoch selten einen siebensitzigen, mit Uniformen überfüllten Wagen. Das sah nach offiziellem Anlaß aus.

„Oh ... General Todhunter ... und Leutnant Guffey

... warum haben Sie Ihre Frauen nicht mitgebracht?"
Sie strömten in das Wohnzimmer, und Michael begann zu fragen, ob es Scotch oder Bourbon sein sollte, da brach Guffey in schallendes Gelächter aus und sagte: „Was uns mehr interessiert, ist ein gewisses Faß Wein in Ihrem Keller. Er soll ja so phantastisch sein. Die ganze Stadt spricht von nichts anderem."
„Und da sind Sie gekommen, ihn zu probieren?" fragte Michael grinsend.
„Wenn er seinem Ruf gerecht wird, ist er etwas, das man sich nicht entgehen lassen darf."
Ich hob einen Finger. „Er ist nicht mehr im Keller. Kommen Sie mit. Ich werde Ihnen zeigen, wo er jetzt ist."
Sie folgten mir zu dem Teich. Hier waren jetzt nicht nur ein halbes Dutzend Hühner versammelt, sondern das ganze Volk. Es war ein trauriger Anblick.
Hinter uns stand Jack, seine weiße Schürze zerknüllend, in schamhaftem Lächeln errötend.
Als alle die schwankenden Hühner lange genug betrachtet hatten (einige von ihnen lagen bewegungslos auf der Seite) und wir erschöpft waren vom Lachen, gingen wir ins Haus zurück.
Jack sagte mit Würde: „Scotch oder Bourbon, meine Herren?"
Als unsere Besucher gegangen waren, legte ich Fürbitte ein für Jack. Michael ließ sich erweichen. Jack konnte bleiben ... „Aber nehmen Sie sich in acht jetzt!" Daß Michael ihn anbrüllte, gab Jack das Gefühl der Geborgenheit wieder.

Doch jetzt mußten wir Jack wegschicken. Es ist so kalt

geworden, daß wir die Küche als Wohnzimmer brauchen. Ich trage Wollsocken in der Nacht.
Hinter der Küche ist ein kleiner Raum, in dem Hilda immer schlief. Er wird mein Schlafzimmer sein. Michael und Jack haben Decke und Wände frisch geweißt und den dunklen Holzfußboden geölt. Hier steht mein Bett mit der grün-weiß-gesprenkelten Steppdecke. Vor dem Bett liegt ein dicker gehäkelter Teppich.
Mein Schaukelstuhl und mein Nähtischchen stehen jetzt in der Küche zwischen Herd und Fenster. Wir haben einige der Geranien gerettet, sie in Töpfe umgepflanzt, die auf dem Küchenfenstersims stehen.
Missy fährt fort, ihre Kleinen ins Haus zu bringen. Es sind sechs. Wann immer wir sie sehen, hat sie ein kleines haariges Bündel im Maul, das sie uns vor die Füße legt, und dann schaut sie mit einem flehentlichen Miau zu uns auf. Michael hat sie in den kleinen Schuppen gebracht, in dem unsere überschüssigen Möbel stehen.
Nach dem Frühstück sitzen Michael und ich für Stunden am Tisch, gehen von Zeit zu Zeit zu dem großen Kaffeetopf, der auf dem Herd steht, besprechen unsere Pläne, wägen unsere Aussichten ab, bedrückt durch die Melancholie der Jahreszeit, die Ungewißheit unseres Lebens und die bevorstehende Trennung und Veränderung.
Diese Kälte hat etwas Trostloses.

33

Es ist wieder viel wärmer.
Wie friedlich es jetzt hier draußen ist.
Ich stand auf der Terrasse, atmete die Stille, die reine Luft. Da hörte ich vom Geräteschuppen her das Geräusch einer Säge.
Mir fällt ein, daß man mich manchmal fragt, ob ich mich nicht einsam fühle, wenn ich mit Michael allein hier bin, was ich mit mir selbst anfange, was unsere Tage ausfüllt.
Nun, was tat ich heute? Ich will es mir selbst in Erinnerung rufen und es festhalten.
Ich schlenderte zum Geräteschuppen hinüber und fand Michael, mit Brettern, Säge und anderem Handwerkszeug hantierend. Ich setzte mich auf den Sägebock, fragte ihn, was er da mache.
Aufgeräumt erklärte er mir, er repariere den Schneezaun, erging sich in technischen Einzelheiten, sprach von Nuten und Zapfen, von der unterschiedlichen Qualität des Holzes . . .
Ich saß hinter ihm, seinen Worten lauschend, manchmal aber auch nur den Klang seiner Stimme im Ohr und meinen eigenen Gedanken nachgehend.
Er redete so ununterbrochen, um mich bei sich zu halten. Ich kannte das von ihm und tat ihm den Gefallen.

Als ich dann schließlich doch aufstand und mich zum Gehen wandte, sagte er: „Bleib' noch ein bißchen."
Ich setzte mich wieder auf den Sägebock.
Als ich nach einer Weile wieder aufstand, sagte er fast unwillig: „Wo willst du hin? Warum hast du es so eilig?"
„Nun, ich wollte die Hunde holen und ein wenig spazierengehen. Ich habe den ganzen Tag geschrieben."
„Was?"
„Geschichten. Ich will eine oder zwei fertig machen und sie mitnehmen nach Hollywood. Vielleicht kann ich sie verkaufen."
„Das wäre fein."
„Ich wollte mir jetzt etwas Bewegung machen, wollte zum Becken hinuntergehen und nachsehen, wieviel Wasser drin ist."
„Gut, tu das. Wenn du zurückkommst, werde ich hiermit zu Ende sein. Und dann können wir zu Rube hinüberfahren und fragen, ob er meinen Pflug repariert hat. Auf dem Rückweg können wir über Granite-Canyon fahren und die Post abholen. Dann werden wir auf der Terrasse ein Glas Sherry trinken, bevor du melken gehst . . ."
Und so gibt es ein Dutzend kleiner Alltagsdinge, die wir zusammen tun, zwischendurch trennen wir uns immer wieder und sind allein, ohne uns einsam zu fühlen.
Und am Abend, bevor er zu Bett geht, kommt er zu mir in mein Zimmer für eine letzte Pfeife, setzt sich auf den Bettrand, und wir plaudern, oder die Stille der Nacht macht uns stumm, und wir lauschen den fern aus der Ebene aufsteigenden Lauten, dem Heulen eines Kojoten,

dem Stöhnen des Stieres, dem Schrei eines Nachtvogels . . .

Die Post hatte es gut mit uns gemeint. Sie brachte nicht nur eine, sondern gleich zwei gute Nachrichten. Betty hat geantwortet; natürlich könnten wir das Haus haben, sie sei mitten in den Vorbereitungen für ihre Europareise, daher die Verspätung. Von dem zweiten Brief habe ich Michael noch nichts gesagt. Er enthielt Spencers Urteil über *Svenska*. Mein Genie ist dieses Mal sehr zufrieden mit meiner Arbeit, nennt sie ein kleines Meisterwerk.
Ich werde Michael diesen Brief vorläufig nicht zeigen. Ich möchte, daß er das Stück zunächst unbefangen hört und dann seine eigene Meinung frei ausspricht. Vielleicht ist es verkehrt, seine Kritik so herauszufordern. Ich weiß doch, daß er einen anderen musikalischen Geschmack hat als ich. Aber anscheinend hoffe ich immer noch, ihn überzeugen zu können.

Es ist schiefgegangen. *Svenska* hat keine Gnade gefunden vor Michaels Ohren. Und es fing so gut an.
Nach dem Frühstück sagte Michael: „Was war das, was du heute morgen gesungen hast, bevor du herunterkamst?"
„Das war das Hauptmotiv von *Svenska*. Hat es dir gefallen?"
„Ja. Es klingt so lustig, so einfach."
„Oh! Möchtest du das ganze Stück hören, Michael? Ich möchte es dir vorspielen."
Er setzte sich auf das Sofa.
Als ich geendet hatte, begann er zu lachen.
„Es ist phantastisch", rief er aus. Er lachte immer hem-

mungsloser, schlug sich mit der flachen Hand aufs Knie. Ich starrte ihn verwirrt an.
Als er sich gefaßt hatte, stand er auf und sagte kopfschüttelnd: „Es ist wirklich phantastisch."
„Wie meinst du das?" fragte ich zögernd.
„Es ist immer dasselbe mit dir. Du fängst einfach an, dann komplizierst du alles, und bevor du fertig bist, ist das ganze Orchester drin . . ."
Das ließ mich hoffen. Das war es, was ich wollte, was Spencer mich gelehrt hatte.
„. . . und man versteht nicht mehr, was das Ganze soll", beendete Michael seinen Satz.
„Ja, es ist vielleicht schwierig zu verstehen", sagte ich kleinlaut.
Doch ich gab nicht auf. „Vielleicht verstehst du es nicht, weil du es zum ersten Mal ganz gehört hast. Erinnerst du dich an die ungarischen Tänze, die wir gestern abend im Radio gehört haben? Fandest du die auch kompliziert?"
„Ja, genau wie deine Stücke."
Das tröstete mich etwas. Es waren die Ungarischen Tänze von Brahms gewesen.
Michael schien den Fall für erledigt zu halten, denn er ging in sein Büro, um einige Briefe zu adressieren.
In trotziger Selbstbehauptung spielte ich das Stück noch einmal und spielte es viel besser als beim ersten Mal.
Michael mußte gemerkt haben, daß ich verstimmt war, denn er rief mir aus seinem Büro zu: „Jetzt hat es schon besser geklungen, aber es ist immer noch zu kompliziert, zu intellektuell."
„Möchtest du wissen, was Spencer dazu gesagt hat? Ich werde dir seinen Brief vorlesen."

Michael kam aus seinem Büro, die Umschläge seiner Briefe ableckend und zuklebend. Ich stand auf, holte Spencers Brief.

„Du brauchst ihn mir nicht ganz vorzulesen. Sage mir nur ungefähr, was er schreibt."

Ich überflog die Seiten. „Nun, hier schreibt er ... es ist verblüffend ... und hier, es ist transparent ..."

„Was meint er damit?"

„Daß keine überflüssige Note drin ist ... und dann schreibt er noch, daß er nicht eine einzige Korrektur anbringen kann ... und daß es ausgezeichnet ist in der Entwicklung ..."

„Und was bedeutet das?"

„Nun ... in der Entwicklung des Themas. Das ist das, woran ich die ganze Zeit gearbeitet habe. Man nimmt ein Thema und entwickelt es ..."

„Und verwickelt es, bis man es nicht mehr wiedererkennt. Das ist ja das schlimmste mit dieser Art Musik ... sie fängt nett an, und dann wird sie so kompliziert, daß man sie nicht mehr versteht. Aber laß nur, auf mich kommt es nicht an. Ich bin eben unmusikalisch. Übrigens ... wann fährst du in die Stadt?"

Ich ließ den Brief sinken. „Jetzt gleich. Ich muß zum Schneider, mein Kostüm anprobieren."

„Dann vergiß nicht, diese Briefe mitzunehmen." Er legte seine Briefe auf den Flügel, gab mir einen flüchtigen Kuß und fügte hinzu: „Und beeile dich nicht mit dem Nachhausekommen. Ich werde die Kühe für dich hereinholen. Wenn du um fünf Uhr melkst, ist es früh genug."

Während der ganzen Fahrt dachte ich über Michaels problematisches Verhältnis zu meiner Musik nach. Sein Urteil war hart für mich, aber es war ehrlich. Ich kam zu dem Schluß, daß es besser war, einen unmusikalischen Mann zu haben als einen unehrlichen. Das bedeutet allerdings, daß ich meinen Weg nach Shinar allein gehen mußte . . ., wenn ich ihn wiederfand.

Ich trat die Heimfahrt später an, als ich geplant hatte. Ich hatte die ganze Stadt nach grünen Äpfeln für eine Apfelpastete abgesucht. Apfelpastete von grünen Äpfeln ist eine Lieblingsspeise Michaels. Er hat schon mehrere Male danach gefragt. Ich hatte grüne Äpfel aufgetrieben.

Es war nicht schlimm, daß ich mich verspätet hatte, dachte ich, als ich in den Ranchweg einbog. Ich konnte im Nu aus meinem Kleid schlüpfen und in meine Bluejeans steigen und die Kühe melken, während Michael in der Küche Feuer machte für das Abendessen . . . für die Apfelpastete.

Als ich den Hügel umfahren hatte und die Ranch erblickte, war ich überrascht zu sehen, daß die beiden Kühe noch auf der Weide waren. Aha! . . . dachte ich, Mr. Michael war im Verzug dieses Mal . . . er hatte versprochen, die Kühe für mich hereinzuholen . . .

Als ich mich dem Hause näherte, sah ich Jinx gesattelt und gezäumt, reiterlos und nicht angebunden auf dem Anger stehen.

Hier mußte etwas nicht stimmen.

Als ich hielt und ausstieg, schaute mich Jinx hilflos flehend an.

Von Michael war nichts zu sehen.

Die Hunde umsprangen mich.

Ich lief vor das Haus und rief. Es kam keine Antwort. Er konnte nicht weit weg sein, wenn Jinx noch gesattelt dastand. Ich rief immer wieder.

Die Hunde schauten verwirrt um sich, lauschten ebenfalls.
Panische Angst stieg in mir auf. Ich kämpfte gegen sie an, sagte mir, wie oft ich diese Angst schon empfunden hatte und daß sie immer grundlos gewesen war.
Doch Jinx war *los!* Michael läßt nie ein Pferd frei mit Sattel und Zaumzeug.
Wenn er abgeworfen und verletzt worden war, wo war er? Er konnte nicht verschwunden sein, noch würde Jinx ihn verlassen haben. Jinx wäre neben ihm stehengeblieben.
Vielleicht war jemand gekommen. Vielleicht ein Mann, der Pferde kaufen wollte, Michael war von Jinx gestiegen, hatte ihn angebunden und war mit dem Mann in dessen Wagen weggefahren, und dann hatte Jinx sich losgerissen.
Dieser Gedanke beruhigte etwas, obwohl ich wußte, daß, wenn Michael ein Pferd festmacht, es sich nicht losmachen konnte.
Jedenfalls mußte ich die Kühe bald melken, denn wenn ich es nicht tat, würden sie sich wieder entfernen.
So führte ich die Kühe, bevor ich ins Haus ging, um mich umzuziehen, in die Scheune und in ihre Boxen, gab ihnen ihr Futter.
Dann ging ich zurück zum Haus. Als ich eingetreten war und die Türe hinter mir geschlossen hatte, sah ich Michael bewußtlos auf dem Boden liegen.
Ich lief zu ihm. Gesicht, Haare und Hemd waren naß, als ob man einen Eimer Wasser über ihn gegossen hätte. Sein Gesicht war verzerrt und grau.
An seinem rechten Handgelenk war ein schmaler Riemen befestigt. Er lag in einer seltsam gekrümmten Haltung, und die Spitze seines Stiefels stak in einer Schlaufe

am andern Ende des Riemens. Eine unmögliche, unerklärliche Stellung. Es sah aus, als habe jemand ihn überfallen und versucht, ihn zu fesseln ...

Ich brachte ihn in eine normale Lage, schob meine Hand unter seinen Kopf, rief ihn an: „Oh, Michael! Was ist geschehen! Michael!"

Er öffnete die Augen. Ich schleppte ihn auf die Couch, flößte ihm einen drei Finger hohen Whisky ein.

Er begann natürlicher auszusehen, und seine Stimme klang normal, als er dann sagte: „Verdammtes Pech!"

Bald war er fähig, mir alles zu erklären.

Er hatte Jinx gesattelt, um zu den Zuchtstuten hinauszureiten.

Auf dem Übungsgelände war Jinx mit einem Vorderfuß in ein Maulwurfsloch geraten und gestürzt.

Michael ist Experte im Fallen. Ich habe ihn oft gesehen, wie er die Zügel fallen ließ, den Kopf senkte, wie eine Kugel über den Hals des Pferdes rollte und nach einem Purzelbaum auf dem Boden landete.

Instinktiv hatte er dies auch heute getan, doch als er abrollte, hatte sich seine rechte Hand in den Zügeln verfangen, und der Arm war nach oben und nach hinten und schließlich vollkommen aus dem Schultergelenk gerissen worden.

Er schlug hart auf dem Boden auf, versuchte sich aufzurichten, verspürte einen Schmerz, als würde er in zwei Teile gerissen, und wurde ohnmächtig.

Jinx stand trauernd über ihm.

Irrsinniger Schmerz brachte ihn wieder ins Bewußtsein zurück, und als er die Augen öffnete, sah er seine Schulter, dick wie ein Kohlkopf, neben seiner Backe und begriff, was geschehen war.

Er erinnerte sich, daß Rube am Nachmittag herübergekommen war, um eine Arbeit zu erledigen in unserem Geräteschuppen. Er mußte auf die Füße kommen, zum Geräteschuppen gehen, sich von Rube helfen lassen.

Normalerweise wäre es ein Weg von sieben Minuten gewesen. Er sagte, er wäre wie eine lahme Spinne den Hang hinaufgekrochen, mußte ständig gegen eine neue Ohnmacht ankämpfen.

Jinx folgte ihm.

Als er zum Geräteschuppen kam, fand er ihn leer. Rube hatte seine Arbeit beendet, war nach Hause gegangen. Michael war allein auf der Ranch.

Er schleppte sich ins Haus, wissend, daß er seinen Arm wieder ins Gelenk bringen mußte.

Der Ingenieur in ihm gab ihm den richtigen Gedanken, und schließlich renkte er den Arm wieder ein, wie es besser kein Arzt hätte machen können.

Er löste den Riemen von einem seiner Skier, die in einer Ecke des Wohnzimmers standen, schlang ihn so um sein rechtes Handgelenk, daß eine etwa zwanzig Zentimeter lange Schlaufe herabhing.

Auf dem rechten Fuß stehend, schob er die Spitze seines linken Fußes in die Lederschlaufe, nahm seinen ganzen Willen und alles, was ihm noch an Kraft verblieben war, zusammen, stieß das linke Bein mit einem Ruck nach unten, hörte ein Knacken, das in seinen Ohren wie ein Pistolenschuß klang, und wurde wieder ohnmächtig.

Als ich ihn fand, schweißüberströmt und bewußtlos, saß der Arm wieder in seinem Gelenk.

„Sie können von Glück reden", sagte der Arzt, als ich Michael noch am gleichen Abend in die Stadt gebracht hatte, „daß Sie ihn so schnell wieder eingerenkt haben.

Er ist in der richtigen Lage. Wenn solche Verrenkungen Tage oder auch nur Stunden unbehoben bleiben, schwellen sie an, die Gelenke werden steif, und es ist dann sehr schwer, den Knochen wieder richtig einzurenken."
Es wird kein dauernder Schaden zurückbleiben und nur kurze Zeit schmerzen.

Doch ich kann mein Gleichgewicht nicht wiederfinden. Michael ist sehr vergnügt. Er lächelt den ganzen Tag triumphierend, und seine Augen strahlen.
Doch mir ist, als stünde ich in einem Moor, umgeben von tückischen Fallen. Wie können wir es wagen, die Jungens im Sommer hier auf die Ranch zu holen, sie auf diese halbwilden Pferde zu setzen? Wie können wir überhaupt wagen, etwas zu tun?
Ich erinnere mich, einmal mit Eugenie hierüber, über die Gefahren, die uns ständig umlauern, gesprochen zu haben, und sie sagte, resigniert lächelnd: „Ja . . . das Glück hängt an einem Haar . . ."

34

Mein grünes Kostüm ist fertig.
Ich habe es gestern abend Michael vorgeführt, und es hat ihm sehr gut gefallen.
Ich kann es aus einer Bekleidung für kühle Tage in eine solche für kältere Tage verwandeln, indem ich mit unsichtbaren Druckknöpfen einen Nerzkragen befestige und einen grünen Kaschmirsweater unter der Jacke trage. Dazu kommt noch eine Nerzkappe, die aber noch nicht fertig ist. Bei sehr kaltem Wetter nehme ich den Nerzkragen ab und trage die Biberjacke über dem Kostüm.
Wir waren bei Benzigers, und ich genoß jede Sekunde des Besuchs. Sie haben eine Fleischviehzucht an der Grenze von Colorado, etwa hundert Meilen von uns entfernt.
Sie sind eine Familie, die viele Ähnlichkeiten mit uns hat. Sie haben in allen Gegenden des Kontinents gewohnt, ihr Leben hatte viele unterschiedliche Kapitel, darunter Abenteuer in Europa und Korea. Und jetzt haben sie diese große Rinderranch. Sie fragen sich, ob es ihren jungen Töchtern und Söhnen gegenüber fair ist, sie hier aufwachsen zu lassen, wo es schlecht bestellt ist um Ausbildungsmöglichkeiten und Heiratsaussichten. Und ihre Finanzen sind immer unsicher ... wie die unseren.

„Wie fühlen Sie sich wirklich hier, Martha?" fragte ich, als wir einige Augenblicke allein waren.
Sie zuckte die Achseln, zeigte mir den roten Hautausschlag auf ihren Armen und Händen und sagte lachend: „Mir fehlt nichts, was sich nicht mit einer Million Dollar kurieren lassen würde."

Die Nerzkappe ist fertig.
Das Fell stammt von in unserem Bach gefangenen Nerzen.
Wir haben eine Menge Pelztiere hier auf unserer Ranch ... Nerze und Ottern und Bisamratten und Hermeline und Füchse und Kojoten. Auf dem Sattelrücken haben wir sogar Silberfüchse gesehen. Jetzt, da der Boden weiß ist, sieht man manchmal die Tiere, deren Fell dunkel ist. Die Kaninchen und die Hermeline werden weiß und sind unsichtbar.
Michael und ich sitzen jeden Vormittag nach dem Frühstück in der Küche, erledigen die für unseren Umzug notwendige Korrespondenz, stellen Listen auf, machen Pläne.
Wir werden unser Heu noch nicht verkaufen. Wir wollen warten, bis die Preise steigen. Wir haben einen Bankkredit beantragt, unser gepreßtes Heu als Sicherheit angeboten.

Gestern war ein klarer, klirrender Wintertag ...
Michael kam lärmend ins Haus gestürzt.
„Wir reiten aus! Zieh dich um! Ich möchte dir ein wunderbares Bild zeigen!"
Ich zog mich schnell um, während er Pom und Juanita sattelte. Clown, der kleine komische Hengst, war natürlich mit von der Partie. Er bockte wie üblich, schnellte

sich wie eine Forelle in die Luft, machte überzwerche Tanzschritte und die verrücktesten Sprünge.
Diese Possen sind natürliche Bewegungen für Pferde. Geradeausgehen ist unnatürlich. Sie müssen dazu dressiert werden.
Der hat nie ein Pferd wirklich erlebt, der es nur in angelernten Gangarten sah.
Das wunderbare Bild war der Neuschnee auf der fernen Kette der Rocky Mountains ... ein langer, welliger weißer Wall, unterbrochen von ragenden Gipfeln unter riesigen Wolkenmützen ... darüber das leuchtende, dunkle Blau.
Wir hielten unsere Pferde an, bewunderten in stummer Andacht das grandiose, überwältigende Panorama. Und in den Genuß des Augenblicks mischte sich jener seltsame Schmerz, den zuviel Schönheit auslöst.
Der Anblick der majestätischen Natur wurde immer gewaltiger, und nur schwer konnte ich mich von ihm losreißen. Auf dem Heimritt war mir bang ums Herz.

Wir fahren öfter in die Stadt, die letzten Besorgungen zu erledigen.
Unser Darlehen ist bewilligt. Wir warten auf die bestellten Kreditbriefe für Michael und für mich.
Michael bringt die Pferde auf die einzelnen für den Winter vorgesehenen Weiden.

Unsere Kreditbriefe sind angekommen. Gestern fuhren wir in die Stadt und kauften meine Fahrkarte nach Los Angeles. Michael fährt erst nach dem Erntedanktag, den er bei den Benzigers verbringen wird.
Nur noch eine Woche bis zu meiner Abreise. Es ist so kalt, daß wir jeden Abend das Kühlwasser aus dem

Wagen ablassen müssen. Der Wagen steht auf dem sanften Abhang hinter dem Haus, gegenüber den Kabinen der Jungens.
Bevor er wegfährt, füllt Michael das Kühlwasser wieder ein. Wenn er dann die Bremsen löst und den Wagen mit eingeschaltetem Gang den Abhang hinunterrollen läßt, springt der Motor von selbst an. (Fast immer.)
Der Winter macht alles schwieriger.

Die Sonne schien, als wir uns gestern zum Mittagessen setzten.
Es war so viel zu besprechen in den letzten Tagen ... die Stunden, die ich bei Mr. Spencer nehmen werde ... ob ich eine Geschichte in Hollywood verkaufen werde (ich werde es jedenfalls versuchen) ... und natürlich, wie wir die Schule gestalten und welche Jungens wir nehmen werden (es liegen bereits einige Anmeldungen vor).

„Es bezieht sich", sagte Michael, zum Fenster hinausschauend.
Jetzt erst merkte ich, daß die Sonnenstrahlen nicht mehr in die Küche fielen.
Es wurde immer dunkler. Michael schaute wieder hinaus. „Nebel", sagte er. „Er kommt von Osten, wie gewöhnlich. Ich hoffe, er bringt keinen Sturm."
Die meisten unserer Stürme kommen von Osten und beginnen mit einem kalten Nebeltreiben.
Ich stand auf, um etwas aus der Speisekammer zu holen, und dies führte mich zur Hinterfront des Hauses, und auch hier sah ich durch das Fenster den Nebel vorbeitreiben.
Er trieb in rollenden Wölkchen und wirbelnden Fetzen. Er sah seltsam aus. Ich starrte ihm nach wie gebannt.

Ich rief: „Der Nebel ist so komisch, Michael. Er sieht aus wie Rauch.“
Und da wußte ich es, wußte alles. Ich rannte zurück in die Küche. „Es *ist* Rauch, Michael! Die Scheune!“
Er stürzte zur Türe, riß sie auf, prallte zurück. Wir eilten hinaus.
Die Scheune brannte lichterloh. Wir standen vor einer riesigen orangefarbenen Flammenwand.
Warum hatten wir das Knistern nicht gehört? Jetzt klang es wie Peitschenschläge in unseren Ohren, und plötzlich hörten wir über dem Knattern und Rauschen die Schreie von Pferden . . .
„Fanny und Captain!“ rief Michael wild und rannte auf die Scheune zu. Das Arbeitsgespann war in seinen Boxen, Juanita, Clown und Pom waren draußen im Pferch.
Ich rannte hinter Michael her, entschlossen, ihn nicht für alle Pferde der Welt in dieses Inferno brennenden Heus gehen zu lassen.
Noch während wir liefen, stürzte die Vorderwand ein. Das Gebäude mußte buchstäblich explodiert sein, wie er immer prophezeit hatte. Es brannte, als wäre es mit Benzin übergossen worden.
Er lief um die Ecke des Schuppens in den Pferch, um zu sehen, ob die Seitenwand schon vom Feuer erfaßt war, doch sie war nicht mehr zu sehen hinter den Flammen, auch das Tor in ihrer Mitte nicht.
Juanita war in Panik, stampfte wild, ging auf die Hinterbeine, als wollte sie jeden Augenblick gegen das Feuer anstürmen.
Drinnen schrien Fanny und Captain immer noch.
Michael lief auf die Stelle in der Wand zu, wo das Tor

sein mußte. Ich packte ihn beim Gürtel und hielt ihn zurück.
„Laß mich los!"
„Wenn du hineingehst, gehe ich mit . . ."
Er vermochte sich freizumachen. „Laß mich los!"
Ich rief: „Da . . . Juanita!" Die Stute näherte sich tänzelnd der Scheune, gefolgt von Clown und Pom.
Michael stellte sich ihr entgegen. Wir verabredeten schnell, wie wir die Tiere aus der Gefahrenzone bringen konnten. Michael, zwischen Scheune und Juanita stehend, breitete die Arme aus, redete ruhig auf sie ein, während ich um sie herumging und das Gatter zum nächsten Pferch öffnete. Dann trieb Michael die drei Pferde in diesen Pferch. Ich schloß das Gatter, so daß sie nicht zurückkommen konnten.
Als wir zur Scheune zurückkehrten, waren alle Wände und das Dach eingestürzt, das Feuer fraß sich brüllend in das Heu, und die Flammen vereinigten sich zu einem Turm, der zwanzig Meter hoch in den Himmel ragte. Captain und Fanny schrien nicht mehr.
„Wo können wir Hilfe herkriegen?" schrie ich in den Lärm.
„Nimm den Wagen und hole die Rottenarbeiter, die drüben auf der Bahnstrecke arbeiten!" brüllte Michael.
„Es ist kein Wasser im Kühler."
„Ich fülle ihn." Er rannte zur Küche.
„Das Heu ist auf alle Fälle hin", keuchte ich, neben ihm herlaufend.
„Da ist noch der Stapel am Ende des Schuppens. Das Feuer hat erst begonnen, an dem Kuhunterstand entlangzukriechen. Wenn ich dieses Heu retten kann, haben wir genug Futter für den ganzen Winter."
Die Flammensäule stieg höher, und plötzlich kam ein

Windstoß aus dem Osten und blies die Säule nieder, so wie man die Flamme einer Kerze niederpustet, und drückte sie auf das Dach des Hauses.

Und ich dachte an meinen Flügel. Zittern befiel mich. Sollte alles verlorengehen?

Auch Michael hatte es gesehen. Er kam angerannt, in jeder Hand einen Eimer Wasser, schleuderte das Wasser auf das Dach des Hauses. Dampf zischte hoch. Der Flammenturm richtete sich auf.

Er lief zum Brunnenhaus, neues Wasser zu holen.

„Halte die Eimer, während ich auf das Dach des Kuhunterstandes klettere."

Ich reichte ihm die Eimer hinauf, und er schüttete das Wasser auf das Dach vor die vorrückenden Flammen.

„Hole mir die Axt!"

Ich lief zum Geräteschuppen, brachte ihm die Axt, und er begann, einen breiten Spalt in das Dach des Unterstandes zu schlagen. „Wenn ich hier ein genügend breites Stück heraushauen kann, ist der Heustapel vielleicht zu retten."

Er hatte ständig ein Auge auf das Haus. Die Flamme über der Scheune neigte sich wieder und leckte an dem Dach des Hauses, richtete sich wieder auf, leckte, richtete sich wieder auf.

Mehrere Schindeln warfen sich, ihre Ränder begannen zu glühen.

Michael sprang vom Dach des Kuhunterstandes, holte Wasser in den beiden Eimern und schleuderte es auf das Dach des Hauses, löschte die bereits züngelnden kleinen Flammen.

Das Haus und der quadratische Turm losen Heus, sie konnten vielleicht gerettet werden.

„Hol jetzt die Rottenarbeiter", rief er mir zu, und ich

lief zu dem Wagen. Ich hatte darauf gewartet, daß er den Kühler füllte. Er war gefüllt. Wann hatte er es getan? Ich hatte es nicht gesehen.
Ich stieg ein und löste die Bremsen. Würde der Motor anspringen? Er tut es nicht immer.
Der Wagen setzte sich in Bewegung, gewann an Geschwindigkeit. Ich schaltete den Gang ein. Der Motor spuckte. Ich gab Gas. Der Motor heulte auf.
Es sind anderthalb Kilometer bis zur Bahnstrecke. Ich brauchte nur zu schreien „Feuer!", und die Männer ließen ihre Werkzeuge fallen, kamen herbeigeeilt. Ich wendete den Wagen, während sie hineinkletterten.
Sie bekämpften das Feuer eine Stunde lang. Michael hatte abwechselnd Wasser auf das Dach des Hauses geschleudert und den Spalt in dem Dach des Kuhunterstandes erweitert, doch beide Bauten waren noch in Gefahr.
Die Gewalt des Feuers verkürzte seine Dauer. Bald war seine Wut gebrochen. Die Scheune war ein Hügel glühender Holzkohle. Die Hälfte des Kuhunterstands stand noch, und der Heustapel an seinem Ende war unversehrt.
Es dauerte den Rest des Tages, bis mit Hilfe der Rottenarbeiter die letzte Flamme gelöscht war.
Als die Milchkühe zur Melkzeit hereinkamen, blieben sie bestürzt vor der rauchenden Ruine stehen, wagten sich dann vorsichtig zwischen die Trümmer und fanden schließlich einen Berg nasser Körner, die aus den brennenden Kästen herausgefallen waren, und fraßen unbekümmert.

Mehrere Tage später.
Michael hat im Pferch, in der Nähe des Heustapels, ein

Pultdach errichtet, unter dem ich die Kühe melken kann.
Es ist noch nicht Melkzeit, doch die Sonne wird bald untergehen. Ich stehe auf der Terrasse, mit dem Rücken an die Wand des Hauses gelehnt. Ich blicke hinüber zu den dunklen Kiefern auf der Klippe über dem Bach und folge der scharf abfallenden Kontur, die ihre Wipfel gegen den Himmel bilden.
Ich rieche Schnee.
Ich rieche Asche.
Ich rieche verbranntes Fleisch.
Auf allen Hecken leuchten die roten Hagebutten der winterkalten Wildrosen.
Die Natur hat keine Empfindungen. Der ganze Himmel beginnt zu leuchten. Bänder von rotem Gold wechseln ab mit dem Blau des Himmels; ihre Ränder sind gesäumt mit dunkelroten Spitzen. Das verspricht einen schönen Tag für morgen. Und übermorgen reise ich ab.

Michael schläft nicht und spricht nicht. Sein Gesicht ist verschlossen. Er denkt an Captain und Fanny. Er denkt an das Heu.
Am Tage meiner Abreise werden wir früh in die Stadt fahren, damit Michael zum Schneider gehen kann, seinen neuen Anzug zu probieren. Dann wird er mich in den Zug setzen, in der Stadt zu Mittag essen und in ein Kino oder ins Kasino gehen.
George ist heute mit dem Bus herausgekommen. Michael hat ihn in Granite-Canyon mit dem Wagen abgeholt.

In einer Eisenbahnstadt werden die Züge nach ihren Nummern benannt.

Zug Nummer Siebenundzwanzig verläßt die Stadt in westlicher Richtung um sechs Uhr fünfzehn abends. Eine Extralokomotive wird vorgespannt, um zu helfen, den Zug die letzte Strecke des „Großen Berges" hinaufzuziehen. Diesen Zug werde ich nehmen, werde in ihm zu Mittag essen ... sie haben gewöhnlich Regenbogenforellen in dieser Gegend.

Ich habe diesen Zug Hunderte von Malen vorbeifahren sehen, wenn ich draußen war in Sektion Acht, zu Fuß oder zu Pferd.

Es ist eigenartig, in die erleuchteten Fenster zu schauen, die Passagiere beim Essen zu sehen, einander gemütlich gegenübersitzend, bedient vom Kellner in weißer Jacke. Es ist ein Sinnbild zivilisierten Lebens.

Manchmal schauten die Leute zum Fenster hinaus, und wenn es nicht zu dunkel war, mögen sie mich dort haben stehen sehen mit den Hunden oder vielleicht im Sattel. Und ich blickte ihnen nach, bis die Reihe der hellen viereckigen Fenster vorbeigeglitten und die Strecke leer war.

Doch jetzt sitze ich selbst in diesem Pullman-Speisewagen, die Speisekarte in der Hand, auf den Kellner wartend, und ich schaue zum Fenster hinaus, während wir an unserer Ranch vorbeifahren. Ich trage ein hübsches grünes Kostüm.

Ich wäre kaum überrascht, eine Frau zu Pferd, zwei Hunde mit hängenden Zungen an ihrer Seite, den Zug beobachten zu sehen; doch das Land ist leer. Es sieht öde und leblos aus. Keine Lichter, kein Zeichen von Leben.

Doch für mich ist es nicht leer und leblos.

Ich weiß, George sitzt im Gesindehaus, hat sich für den

Winter eingerichtet. Wenn er Bunny und Rachel noch nicht in den Geräteschuppen gebracht hat, sitzen sie jetzt auf dem Hügel, bewachen den Weg, der sich zur Überlandstraße hinüberschlängelt, warten, daß Michaels Wagen auftaucht. Von jenem Punkt aus kann man die vorbeifahrenden Züge sehen. Vielleicht folgen ihre Augen in diesem Moment den Lichtern dieses Zuges.

Dort oben auf dem Hochland ist Blazes, umgeben von all seinen Stuten und Fohlen. Und Posaune ...? Wo ist Posaune? Was werden wir mit diesem Hengst machen? Der Kellner fragt mich nach meiner Bestellung ... Regenbogenforelle natürlich ... vielleicht kommt sie aus dem Einsamer-Baum-Bach.

Während wir die Steigung zum Kamm der Rocky-Mountains-Wasserscheide hinaufkriechen, gezogen von den zwei keuchenden Lokomotiven, gehen meine Gedanken in ein Dutzend Richtungen. Ich denke an Pat, die ich bald in den Armen halten werde. Ich denke an Spencer und sein Lächeln, wenn wir über *Svenska* sprechen. Ich denke auch an meinen Hollywood-Agenten, dem ich meine Kurzgeschichte über das kleine Stutenfüllen geben werde. Ich habe sie nicht einfach Flicka sondern *Mein Freund Flicka* genannt, weil ich es herrlich finde, mit einem Pferd Freundschaft zu schließen. Ich habe noch eine andere Geschichte im Kopf, doch erst im Entwurf. Sie wird von Pinks kleinem Gnomenfüllen handeln, das ein wahrer Ausbund an Wunderlichkeit ist.

Ich denke an Michael, der jetzt in Cheyenne mit einem oder zwei Offizieren der Garnison beim Mittagessen sitzt.

Ich denke an die Winterschule in Connecticut, die nun doch nicht zustande kommt in diesem Jahr, doch sicher in einem späteren.

Wir fahren langsamer . . . die zweite Lokomotive löst sich von uns . . . biegt ab auf ein Nebengleis . . . wir sind auf dem Großen Berg . . . wir nehmen einen Anlauf für die lange, mühelose Abfahrt.